LA DYNAMIQUE DE LA SCIENCE

 *PHILOSOPHIE ET LANGAGE*

Larry Laudan

la dynamique de la science

Traduit de l'anglais par Philip Miller

PIERRE MARDAGA, EDITEUR
2, GALERIE DES PRINCES, 1000 BRUXELLES

Copyright © 1977 by
The Regents of the University of California

© Pierre Mardaga, éditeur
37, rue de la Province, 4020 Liège
2, Galerie des Princes, 1000 Bruxelles
D. 1987-0024-31

*A Rachel, Heather & Kevin
compagnons de pèlerinage*

Préface
Le savoir en question

par Michel MEYER

L'ouvrage de Larry Laudan sur l'évolution de la science, que nous proposons ici au public francophone, s'inscrit dans le courant des théories qui, après Popper et Kuhn, s'efforcent de montrer comment les problèmes et leur résolution sont les éléments moteurs du progrès dans le savoir. A l'inverse d'une certaine tradition, Laudan veut souligner que l'histoire des sciences, fût-elle réfléchie par le savant lui-même au soir d'une vie fructueuse, ne saurait tenir lieu de théorie de la science. De nombreux essais publiés récemment en France ont pu laisser croire le contraire. Jamais on n'aura de conception sur la démarche scientifique, sur la synthèse cognitive, en la présupposant dans une histoire, laquelle il faut le souligner, ne se donne pas toute faite mais renvoie à une grille de lecture qui ne peut que lui être extérieure si l'on veut bien renoncer à une lecture qui prend le développement de la vérité comme un fait qui s'imposerait de soi-même à chaque époque. On peut lire une histoire de multiples manières, la science elle-même n'échappe pas à cette pluralité d'interprétations. Espérer que l'histoire des sciences puisse constituer un donné en soi, un fait brut, dont on n'aurait plus qu'à se nourrir pour savoir comment la science procède est donc illusoire.

Dès lors, la question qu'il importe de poser ne peut être que celle de savoir comment, à chaque époque, la scientificité des réponses émerge, ce qui la détermine spécifiquement, par-delà l'évolution des contenus produits, des théories particulières et nouvelles. La vision ainsi offerte ne sera statique que si l'on suppose une scientificité immuable, aux contours éternels toute pénétrée d'anhistoricité. Une telle démarche serait tout aussi fausse que l'extrême opposé, qui ne veut connaître de la synthèse en science que sa composante historique. La perception juste qui s'impose considère que la synthèse est à la fois intrinsèque — avec des mécanismes formels qui demeurent à chaque époque et que l'on peut donc ressaisir à la nôtre, quelle qu'elle soit, parce qu'ils font partie d'un héritage qui se perpétue — et historique, parce que le savoir se renouvelle, s'élargit mais aussi se crée en disciplines qui n'existaient pas un ou deux siècles auparavant. La science s'éclate alors en savoirs distincts, qui bien souvent s'autonomisent, se structurent en sphères d'objets reliés au sein d'un réseau de pertinence théorique.

Le rapport entre l'historique et le stable, entre le variable et le constant, entre le progrès intertemps et celui qui se produit au cours d'une époque donnée, n'est pensable qu'en termes de questionnement, donc ici, chez Laudan, qu'en référence au problématique et au résolutoire. En quoi l'interrogation est-elle cruciale pour comprendre l'articulation de toute synthèse, de toute novation scientifique? A chaque époque, la science répond. De diverses manières et avec diverses contraintes quant aux critères d'acceptation des réponses, mais elle répond. L'immuable du savoir est qu'il est un répondre. Il s'agit de produire un savoir en s'attaquant à des problèmes: cela est vrai aujourd'hui comme hier. Les problèmes qui se posent, eux, varient, comme les solutions. Ceci étant admis, il importe de comprendre comment la science peut surgir de cette articulation différenciée des questions et des réponses.

Fondamentalement, le mécanisme est le suivant. On s'interroge sur un objet, un événement, un fait, un phénomène. Il pose problème. On aimerait donc en savoir plus, le connaître et l'expliquer. La question à résoudre doit pour cela se laisser comprendre. Que fait-on quand on interroge ce fait? Qu'est-ce au juste que l'interroger? Qu'est-ce qui, précisément, fait question? Que veut-on dire par l'expression «interroger les faits»?

Prenons un exemple. Je m'interroge sur la Révolution Française. Je m'efforce de l'expliquer, ou de la comprendre, peu importe; j'essaie en tout cas de répondre, c'est-à-dire de connaître ce qui s'est passé, d'en rendre raison. Le fait, semble-t-il, existe indépendamment de mon interrogation. Certains événements, communément appelés Révolution Française, se sont produits. En réalité, ce qui fait problème n'est pas l'occurrence d'événements mais leurs relations mutuelles, leur intégration.

Appartiennent-ils tous au même ensemble, dit la Révolution Française? Que faut-il exclure, que faut-il incorporer? La réaction nobiliaire inaugure-t-elle la grande révolution? L'épopée napoléonienne en fait-elle encore partie? La réponse à toutes ces questions dépend clairement de ce qu'il faut entendre par « Révolution Française », et peut-être même par révolution tout court. La factualisation du réel, lequel est indépendant de nous est, elle, le résultat d'une théorisation préalable. Selon que l'on a telle ou telle conception de la Révolution Française, on la définira, au sens littéral du terme, de façon différente. On la factualisera diversement, selon qu'on l'interroge comme ceci plutôt que comme cela, même si la réalité de l'interrogé demeure ce qu'elle est au-delà de toute interrogation possible. La manière dont on thématise ce réel, ces faits, renvoie inévitablement à une vision sous-jacente, à une définition, alors même que l'on s'interroge sur la nature des faits en question. Ce qui est problématique semble en même temps ne pas l'être : on prend la Révolution Française pour objet d'interrogation, ce qui n'est possible que si l'on en sait suffisamment au départ sur ce qui est interrogé et qui n'est pas en question. N'est-il pas contradictoire de supposer non problématique l'objet même qui fait problème, de prendre pour hors-question cela même qui, pourtant, en est l'objet, et cela, précisément, afin de résoudre le problème posé, en l'occurrence par la Révolution Française? Procéder de la sorte n'est rien d'autre que se livrer à un raisonnement en cercle, puisqu'on se donne comme résolu ce qui est à résoudre, et qui, à ce titre, est problématique, la conception adéquate de la Révolution Française. Pour véritablement répondre à la question posée, il faut donc mettre à l'épreuve la conception pro-posée et la confronter à d'autres faits pour lesquels elle n'a pas été prévue, ce qui revient à la comparer à d'autres théories. Ce qui ressort clairement de ce qui vient d'être dit est la double nature de la factualisation qui fait émerger la réalité du réel. Celui-ci apparaît comme objet de question, donc comme ce qui est question, ce qui fait question, et en même temps, il se présente comme dissocié et autonome, comme une base indépendante à partir de laquelle l'interrogation procède, et sur laquelle elle ne porterait qu'en retour, médiatement pour ainsi dire, indirectement en tout cas. Le sens commun s'arrête aux réponses sans question de son découpage analytique, avec des évidences partielles qu'il globalise plus ou moins, alors que la science, elle, sait que ce qui est apparemment réponse est problématique et se doit d'être enrichi d'une réelle vérification pour valoir comme réponse. Les faits qui émergent sont autant de questions posées à celui qui les perçoit que de véritables réponses — point d'arrêt. Ce qui explique que toute question portant sur un point donné se dédouble en quelque sorte. Si je parle de la question du progrès de l'Histoire, je mets simultanément en question *le fait* qu'un tel progrès existe, et j'admets ce progrès pour demander la réponse qui justifie cette idée, qui explique ce progrès comme s'il allait de soi. Si l'on est également en droit de distinguer ces deux questions au sein du problème pris dans toute sa généralité, il faut l'attribuer au processus de factualisation qui pose le fait comme hors-question au même moment qu'il l'interroge. Le fait ne peut être interrogé qu'en étant posé tel, non problématique si l'on veut, car c'est là la seule manière de le problématiser effectivement. La réalité du fait est bien indissociable de la problématicité qui l'affecte, et qui exige d'aller au-delà de lui pour qu'il cesse réellement de faire problème, alors même qu'il apparaît hors-question au sein même de la problématisation dont il est l'objet. Le sens commun, en isolant totalement les deux lectures des problèmes pris selon leur généralité indifférenciée, se *donne* la factualité des faits, la réalité du réel, comme une évidence qui va de soi; il voit celle-ci comme un donné, un déjà-là-tout-fait sur lequel il est inopportun, absurde, « philosophique » donc, de s'interroger. Pour reprendre l'exemple ci-dessus, il est clair que, ou bien l'Histoire progresse ou bien elle ne progresse pas, et que si elle progresse, la question doit être distinguée de celle de savoir pourquoi. Pourtant, l'explication du progrès de l'Histoire est indissociable de celle qui consiste à s'interroger si un tel progrès existe. La conception que l'on se fera de l'Histoire comprend les deux questions, qui ne sont plus alors que des moments dans l'interrogation globale qui est mise en œuvre. Mais pour le sens commun, les choses vont ou non de soi d'abord, on a les faits et une telle possession se produit indépendamment, elle existe en quelque sorte par elle-même. Ce qu'il importe de voir, est que l'émergence des faits dans leur réalité indépendante de faits n'a lieu qu'au sein même du processus interrogatif. Celui-ci est une dynamique au cours de laquelle le réel s'impose dans son autonomie comme une extériorité indépassable, mais une extériorité tout de même. Cela s'explique par le fait que l'on ne peut avoir de réalité qu'en s'interrogeant, qu'en l'interrogeant, ce qui fait ressortir du même coup le caractère extérieur de ce qui fait problème comme étant précisément résistant par rapport aux évidences familières qui constituent notre monde, non problématiquement. Par l'interrogativité se trouve posé un écart à combler, une extériorité à intégrer, une réponse à acquérir. La réalité apparaît dans cette réponse comme ce à *quoi* elle se réfère, comme ce que recouvrent ses interrogatifs sous-jacents; *ce qu*'ils désignent. La réponse se refoule comme telle pour ne laisser apparaître que son contenu référentiel. Celui-ci est donc au départ d'une énigme pour nous, qui devons poser le réel comme au-delà de tout posé. Le réel est la positivité qui représente l'envers de ce qui n'est qu'en fonction de nous, c'est ce à quoi renvoie l'interrogativité et sur lequel elle s'appuie. Le réel ne se donne interrogativement que parce qu'il ne se donne pas. Il est à chercher dans les éléments qui sont à notre portée et qui ne l'épuisent aucunement. Le réel ne s'offre que comme événement d'une recherche dont il se doit d'être le point d'aboutissement, l'ancrage extérieur et permanent qui va sous-tendre sa propre élaboration. Il est l'absence présente dans son évidence d'absence, en ce qu'on le reconnaît chaque fois comme l'au-delà de nous-même, au sein de notre propre démarche.

L'interrogation du réel est ce par quoi il peut se constituer pour nous, qui devons le chercher si nous voulons le trouver, car il n'est pas présent, toujours déjà présent, offert au regard. L'interrogativité caractérise bien notre rapport au monde, aux faits, puisque par elle, il y a requête d'un autre chose qui dépasse ce rapport et en constitue le résultat. L'interrogativité pose ce qui existe comme réellement existant tout en se demandant ce qu'il en est de cette réalité attribuée, mais toujours à éprouver. Le réel, au départ, nous apparaît problématiquement, comme une question qu'il nous faut résoudre, et aussi comme un au-delà, une positivité extérieure, qu'il faut assurer. S'il y a un au-delà de la question qu'est le réel pour nous, c'est précisément parce que cette interrogation est pour nous, et que son objet se détache, pour ainsi dire, dans le questionnement même comme étant ce qui est à vérifier et qui donne lieu à réponse. A nous donc de répondre à cette interrogation, mais en ne perdant jamais de vue que la réalité objective de la réponse est issue d'une mise en question préalable qui s'est vue abolie de par la positivité du non-problématique atteint. Le réel est, de la sorte, la réponse qui, en supprimant la question qui en a permis l'apparaître, cesse d'apparaître pour être, disparaît comme réponse pour ne plus renvoyer qu'à la seule positivité toute solide et extérieure au processus interrogatif qui l'a fait surgir à l'humain. Le réel peut ainsi se présenter comme éternel aussi bien, dans son évidence non problématique, comme étant le produit d'une question qui ne se serait finalement jamais posée. Contradiction apparente que la dynamique résolutoire fait éclater. Le savoir du réel est bien le savoir d'un réel autonome, une autonomie qui renvoie donc à ce par rapport à quoi il y a autonomie. Contradiction ? Non, répétons-le, mais processus, phénoménalisation d'un réel qui n'est indistinctement, indifféremment, qu'au bout du compte, et seulement au bout du compte. Au départ, les faits ne sont les faits que parce qu'ils font question. Mais au même moment, ils sont perçus comme autre chose qui ne fait pas question, qui excède toute question et qui assure aux faits une autonomie par rapport à toute question. *Nous* concevons le réel comme cela même qui déborde le concevoir. Si tout nous était donné, il n'y aurait plus de problème, le réel serait immanent; et s'il était inconcevable en étant totalement extérieur, inaccessible (et dire cela est bien sûr littéralement impossible, contradictoire; c'est la «chose en soi» de Kant), donc indicible, et il n'y aurait plus de problème non plus car on ne pourrait même pas le poser. Dans le premier cas, on aurait tout sous la main, déjà résolu; et dans le second, aucune solution affirmant le réel ne pourrait voir le jour. Ce qui est donné est ainsi une réalité à trouver au travers d'éléments qui ne laissent pas de poser problème. Le réel est la réponse du processus de factualisation, mais il commence par se présenter problématiquement, comme quelque chose en attente de détermination, parce qu'il se présente à nous comme au-delà de nous, il est dans notre recherche, notre quête, il définit la transcendance de l'humain comme ce qui est extérieur à lui et qu'il peut atteindre. Il est la différence, donc, puisque le réel n'est pas immédiatement donné en tant qu'il échappe, le problème d'une réponse, réponse qui n'a pas besoin, pour être, d'être réponse. Ce qui ne fait pas question, dans ce rapport interrogatif, est qu'il y a de l'interrogation, que quelque chose se trouve en question, et qu'il faut déterminer en réponse, et ce faisant, offrir comme réponse ce qui fera sortir le contenu de celle-ci indépendamment d'elle.

Les faits, tels qu'on vient d'en décrire l'émergence à la pensée, ont ce double aspect d'êtres autonomes et d'êtres constitués. Le hors-question du rapport au monde, c'est l'objet même que l'on questionne, à propos duquel on s'interroge, et qui est pourtant bien cela même qui s'avère être en question dans ce rapport. Un fait interrogé est à la fois supposé, présupposé, et soumis à enquête. Autonome et indépendant, le fait est aussi bien le questionné. On suppose résolu le problème qu'il représente afin de le résoudre, parce qu'il émerge dans sa réalité autonome comme objet d'interrogation et seulement de la sorte. La réalité de ce questionné, tel qu'il est questionné, est ce qui est ultimement en question. On suppose le problème résolu, le fait attesté, son interprétation adéquate : c'est ce que l'on appelle l'*analyse* depuis les Grecs, Euclide et Pappus notamment. En réalité, l'analyse n'est rien d'autre, si on la comprend bien, qu'un processus interrogatif par lequel on s'efforce de vérifier de l'hypothétique. Si l'on se donne un fait à interroger, sa factualité, hors-de-question, présuppose cependant une vision correspondante qu'il s'agit de mettre à l'épreuve. Autrement, on aurait un cercle vicieux entre le fait sur lequel s'appuie la théorie et la théorie elle-même. Celle-ci renverrait à celui-là, pour lequel elle a été mise en avant, et le fait, quant à lui, n'existerait que pour vérifier ladite «théorie». L'indépendance du fait ne serait alors que factice, et la conceptualisation offerte ne serait qu'une interprétation parmi d'autres et probablement fausse si elle ne s'appliquait qu'aux faits pour lesquels on l'a proposée. Dès lors, en posant un fait comme étant ceci ou cela, en le conceptualisant, même comme autonome, on l'interroge, et pour bien faire, on s'interroge sur l'adéquation de la conceptualité proposée en faisant porter son attention sur d'autres faits qu'impliquerait cette conceptualisation. Une théorie peut ainsi naître et valoir pour un ensemble de faits reliés en pertinence. Systématicité, simplicité, adjonctions de «preuves», cohérence, vont ainsi de pair. Ce sont là de grandes caractéristiques propres à la science. Certes, il existe d'autres discours sur le monde que la science, et le plus proche est sans doute ce que l'on appelle le sens commun. Quelle est la nature de ses évidences, et en quoi se distingue-t-elle de ce que l'on voit en science? Les vérités de bon sens sont indéniablement plus parcellaires, moins systématiques. Tout cela est bien connu, mais ce que cela signifie essentiellement est que l'homme du quotidien assume des réponses toutes faites sans s'interroger sur leur applicabilité à d'autres faits, interrogation qui le pousserait à raffiner la conceptualisation, à la complexifier, à déborder le cadre de la simple lecture ponctuelle, *ad hoc*, pour développer une réelle théorisation des phénomènes. C'est ce que fait la science et qu'ignore le sens commun qui, le plus souvent, suppose comme allant de soi les réponses dont il ne se pose pas les problèmes. La solidité du réel est un acquis, il ne saurait donc faire question; la problématisation, qui marque le rapport au monde, est alors empreinte d'un cercle, puisqu'elle est toujours résolue *a priori* par de multiples opinions, qui seraient fausses ou incohérentes si l'on s'acharnait à en établir les conséquences ou la validité objective générale. Le «système» qui sous-tend le sens commun est un système clos, où tout ne peut jamais que «marcher» et fournir ses preuves pour une efficace d'habitude et «d'expérience» renouvelée. Rien ne peut jamais remettre en question ces évidences, car elles sont précisément instaurées et vécues pour éviter que des questions qui remettraient en cause ces évidences puissent surgir. Le sens commun est le savoir du constitué, un savoir qui semble avoir toujours été là, comme le réel auquel il s'adresse.

La science, par contre, opère sur les faits, qu'elle admet comme indépendants, tout en sachant au même moment qu'ils ne sont tels qu'au sein d'une interrogation qui les situe en des termes qui, eux, ne font pas question, et qui sont adaptés au réel qu'ils servent à décrire et, ce faisant, expliquer. Ainsi, pour reprendre l'exemple de la Révolution Française, les faits qui la composent sont problématiques et leur découpe en faits dépend de la théorie que l'on en a et qui, en dernière analyse, repose sur ce que l'on pense des révolutions en général. Ce qui ne peut se vérifier qu'au regard d'autres révolutions. Chaque fait nouveau invoqué déploie une problématisation qui se nourrit de nouveaux objets et de nouveaux concepts à intégrer, à harmoniser, qui doivent aussi bien s'adresser à l'ancien pour cette raison. D'où la rivalité avec les théories existantes à supplanter par une plus grande explicativité, portant sur des faits acceptés, intégrés, et inconnus.

Tout ceci ressort bien de l'approche «problématologique», si l'on peut dire, de Laudan. Mais l'originalité du livre tient aussi à ce qui est dit de l'histoire des sciences, sur la manière de la pratiquer et de la concevoir.

Le contraste avec «l'épistémologie archéologique» de Foucault mérite d'être souligné. Il y a là plus grand enjeu qu'un simple conflit d'école mais une différence quant à la nature même de l'histoire en général. Celle-ci est-elle faite de ruptures et de seuils qui scandent la marche du temps en couches hétérogènes, où certaines réalités apparaissent subitement et finissent par disparaître au bout d'un temps plus ou moins long? Un problème insoluble ne peut que surgir à la faveur d'une telle conception. Comment expliquer le surgissement des réalités nouvelles sans les rattacher à l'ancien, si les deux niveaux sont irréductiblement séparés? Comment croire que quelque chose en histoire puisse ne pas procéder de ce qui précède, quel que puisse être, par ailleurs, le quantum de nouveauté présente dans ce qui a changé? Semblablement, peut-on véritablement soutenir qu'il existe en science des ruptures radicales, des «coupures épistémologiques» qui soient leurs propres racines?

En réalité, l'histoire est davantage le produit de glissements continus, qui affectent des corrélations, les modifient, et font émerger à un moment donné des facteurs qui, pour l'heure, vont se présenter comme autonomes. Rupture, seuil nouveau? En un sens, sûrement, mais en un autre, l'autonomisation des faits et des événements est un produit de forces agissant les unes par rapport aux autres, se libérant progressivement au point de s'imposer dans une individualité toute neuve. Ainsi, la Révolution Française peut bien être un fait en soi, une rupture, elle n'en est pas moins pour autant le produit du rapport entre forces centralisatrices et forces centrifuges, rapport qui conduit à un démarquage d'autant plus prononcé qu'il fut violent.

En dernière analyse, le passé n'existe pas en soi, mais toujours pour un présent qui situe les interrogations que l'on peut adresser au passé. La différence entre présent et passé, l'émergence de l'un par rapport à l'autre, ne saurait véritablement être rupture radicale, mais une évolution continue qui mène à la propre réflexion de cette «histoire». Présent et passé peuvent être d'emblée autonomisés, comme s'ils existaient en eux-mêmes. Une telle positivisation du réel historique ne peut que conduire à une épistémologie de la rupture.

Par contre, si l'on veut bien accepter l'idée que le présent et le passé-pour-le-présent fonctionnent au sein d'une relation question-réponse, les réponses du passé renvoyant aux questions du présent qu'elles amènent et qui naissent de l'histoire qu'elles retrouvent ainsi comme leur propre histoire, alors, il n'est plus permis de penser que les différents moments de cette histoire sont autant de seuils en coupure les uns par rapport aux autres. L'histoire n'est au fond que l'évolution de problématiques qui finissent par devenir dominantes et ce faisant se détachent indépendamment des problématiques mêlées, où l'on retrouve bien des composantes, et qui sont alors reprojetées sur ce qui a précédé, au prix, quelquefois, d'une monopolisation abusive par l'un ou l'autre facteur. L'économique qui va individualiser les rapports humains au XIXe siècle est-il véritablement la cause *première* de *toute* histoire? Existe-t-il véritablement une causalité quasi mécanique qui régit l'évolution des sociétés et de leurs discours? Si l'on admet que tel n'est pas le cas, on accepte cependant l'idée qu'il existe une action causale matérielle plus ou moins forte qui détermine les discours tenus à une époque donnée. L'espace de liberté au sein de la discursivité est donc plus ou moins grand, sans être univoquement encadré et déterminé par les rapports de force matériels au sein du social. D'où la question de savoir comment évaluer l'autonomie des différents genres discursifs, ou plutôt de comprendre comment cette autonomie, admise désormais, est possible. C'est ici qu'intervient la conception rhétorique du discours, vision topologique des réponses par rapport aux problèmes suscités à l'intérieur comme à l'extérieur des ordres discursifs. Car l'ordre du discours est toujours ordre rhétorique, parce que ordre. L'articulation des concepts s'opère en fonction de problématiques, ce qui est bien ce que l'on entend aujourd'hui par rhétorique. Il s'agit de répondre à des questions et de les ordonner au sein de conceptualisations qui en traitent et les rapportent les unes aux autres. L'émergence d'une telle structure rhétorique vise à «faire passer» certaines solutions, donc à en exclure d'autres. L'autonomie d'une structure rhétorique se mesure finalement aux rééquilibrages internes qu'elle doit prendre en charge, sous le coup de pressions externes.

Voyons par un exemple comment s'effectue le rapport entre changement et agencement rhétorique, entre l'externe et l'interne qui lui correspond comme réponse. Pour Platon, l'analyse et la synthèse s'intègrent à la dialectique comme mouvements ascendant et descendant. C'est par eux qu'un savoir, qu'une science, peut voir le jour. Par science, il faut entendre le non-problématique, l'évacuation des incertitudes, des doutes, des propositions opposables et opposées, donc la nécessité du vrai qui exclut toute autre proposition que son affirmation même. Dès lors, la dialectique, qui est aussi jeu interrogatif, interlocution de sujets et pas seulement rapport objectif, ne pourra véritablement être exempte du probable, du plausible, de l'opinion propre au sujet humain. L'analyse, qui part du problématique en le supposant résolu, contient la synthèse puisque celle-ci est le mouvement en sens inverse qui aboutit déductivement au point de départ analytique. Ce faisant, elle l'implique, donc le justifie. Telle est du moins l'opinion de Platon, et non celle d'Aristote. Pour ce dernier, la synthèse, ne pouvant être indépendante de l'analyse qu'elle doit vérifier, puisqu'elle s'y trouve contenue à titre d'inversion, ne peut assurer la fonction justificatrice qui lui est impartie. Croire le contraire serait tomber dans un cercle vicieux, c'est-à-dire dans l'illusion d'avoir résolu le problème de la justification, qui en réalité demeure intact.

L'évolution va se marquer par un problème : maintenir l'idée que la vérification contraignante, apodictique comme l'on dit, qui conduit à la nécessité dans la vérité, à l'impossibilité d'une autre proposition que celle à laquelle on aboutit par déduction est la norme du *logos* comme discours vrai. D'où le rééquilibrage des concepts chez Aristote qui découle de cette situation. La synthèse se doit de rester apodictique, on part du connu pour arriver à l'inconnu, lequel se voit déterminer en sa vérité indiscutable. D'où l'autonomisation de la synthèse par rapport à l'analyse, laquelle va cesser d'être scientifique, et va alors définir le seul champ du problématique, l'opinion selon Platon et Aristote. On aura respectivement la rhétorique et la syllogistique scientifique.

Que peut-on tirer des observations qui viennent d'être faites concernant la topologie d'une problématique? En quoi y a-t-il là une illustration de cet ordonnancement de concepts dont nous avons parlé précédemment? Sous le coup d'une difficulté, la théorie de la rationalité se modifie de Platon à Aristote. Comme la dialectique cesse de caractériser la science pour n'être plus que joute oratoire, celle-ci acquiert un statut propre, et la science se doit à son tour d'être spécifiée. Et théorisée. Voilà comment va se scinder le *logos* et comment les concepts vont à leur tour se différencier et s'articuler du même coup fût-ce de façon antagoniste, en opposition, en contraste. Ils changent de sens, de définition, exigent des concepts-appuis pour redonner cohérence à l'ensemble du champ problématisé, et par voie de conséquence, une théorisation propre, *mais interne*. Ce qui vient d'être dit du champ philosophique s'applique à toutes les formes de conceptualisation. Et ce qu'il faut bien saisir ici est que l'articulation visant au maintien de l'identité du champ est une rhétorique, elle a pour objet de restaurer les identités que des problèmes sont venus secouer. On peut parfaitement souscrire à l'idée d'une pression extérieure, «infrastructurelle», sans que cela implique en quoi que ce soit un mécanisme de la causalité de cette pression sur les concepts, puisque les concepts ont aussi une logique purement interne, qu'on a appelée rhétorique.

Ainsi, le souci de coller au réel implique la mise en place de structures rhétoriques visant à clôturer le discours sur lui-même, à prévenir toute question ruptrice qui confronterait l'ordre du pensable à de l'impensable, à de l'irréductible. Une question doit, au contraire, pouvoir se réduire à l'ancien, fût-ce symboliquement, analogiquement, si d'aventure la nouveauté était inassimilable telle quelle. L'automatisme dans la réponse dépend d'une structure rhétorique qui, par définition, assure une réponse préétablie à toute question possible pouvant se poser. La déduction n'est plus alors que le mécanisme par lequel on arrive à des propositions par l'intermédiaire de celles dont on dispose déjà. Il y a là un déploiement qui est en quelque sorte contenu dans les prémisses, elles-mêmes hors-de-question. L'idéologie est une composante de cette structure, mais celle-ci comprend d'autres aspects, que l'on regroupe généralement sous l'étiquette de «conception du monde», et qui réunit les présupposés, les implicites et les lieux communs en tous genres empruntés à de nombreux domaines. La structure rhétorique fonctionne toujours par rééquilibrage, par économie, par substitution et complémentation de concepts, afin précisément d'assurer la cohérence structurale à la clôture du discours qui peut ainsi «avoir toujours raison». L'insurrection se produit quand le champ rhétorique se modifie, et non quand une réfutation ou un problème insoluble viennent heurter la structure, toujours close sur elle-même, *a priori*. Quant à l'évolution même du champ d'équilibrage conceptuel, elle se produit chaque fois en fonction du souci d'intégration de problèmes nouveaux à côté des anciens. Le paysage conceptuel se modifie sous le coup d'une historicité plus grande qui oblige à redéfinir la problématique par une plus grande différence, puisque l'ancien et le nouveau accusent une plus grande différence par évolution externe. La différence (problématologique) est alors l'opérateur-clé au niveau de la structure rhétorique, et la modifie, car problématisation (externe) et différenciation (interne) se correspondent. Ce qui explique que l'histoire puisse agir sur des structures discursives *a priori* closes sur soi. Les expressions conceptuelles, à une époque donnée, s'articulent progressivement par fermeture rhétorique, c'est-à-dire par intégration du problématique au sein de structures résolutoires *a priori*. Il serait erroné d'opposer la rhétorisation, comme mode de fermeture et de constitution du discours, à l'ouverture affirmée de la science. Mais si la science progresse, ce n'est pas autrement que par glissements internes et successifs, qui donnent alors naissance à des arrangements intra-paradigmatiques comme dirait Kuhn, qui expriment, rappelons-le, des problèmes *réels* à prendre en compte. La rhétorisation vise à restaurer chaque fois la cohérence en avalant la nouveauté comme métaphore de l'ancien, du constitué. Les conditions de la rhétorisation changent avec une plus grande problématisation, et par là, la théorisation du problématique se modifie, parfois jusqu'à l'abandon pur et simple d'un cadre conceptuel jusqu'ici admis. La plus fermée des mythologies parle du réel et ne sera pourtant pas réfutée par le réel quand bien même celui-ci en serait le démenti permanent. Prenons même l'idéal de réfutabilité comme norme scientifique. Elle semble bien valoir pour la science exclusivement (Popper), mais en disant cela, on ne se rend pas bien compte que le critère logico-expérimental est un critère tardif dans l'histoire du savoir. Il est un moment particulier, même s'il est exemplaire, dans la rhétorique de la science, puisque le respect de la logique et l'adhésion à l'expérience caractérisent la force de conviction d'un certain type de discours. Ce sont, l'un comme l'autre, des conditions *a priori* de la résolution de questions. A un moment donné de l'histoire, le discours, pour être scientifique, doit répondre à ces questions, même si l'on peut souvent rétablir la cohérence logique et trouver des faits sans trop de difficulté. Peut-être objectera-t-on que cette double exigence logico-expérimentale déverrouille précisément le discours, en l'ouvrant sur l'alternative, l'être-autre, la contingence du réel? Une telle affirmation, en réalité, déplace la question: pourquoi la mathématisation et l'expérimentation ne seraient-elles pas source de clôture, dès lors qu'on admet que l'on peut toujours délimiter des champs de validité factuelle, invoquer des interprétations préalables et en formaliser les réseaux propositionnels? L'expérience sert alors de procédure rhétorique identifiant *a priori* la vérité scientifique avec l'expérience. Et c'est sans doute bien plus complexe que cela, comme le démontre Larry Laudan. A ce titre, comme à bien d'autres, *La dynamique de la science* restera sans nul doute une étape importante dans la théorisation des problèmes posés par la science et en science, un livre indispensable de l'épistémologie nouvelle.

Avant-propos

J'ai eu la chance d'être l'élève ou le collègue de nombreux savants dont les travaux ont beaucoup contribué à former les caractéristiques actuelles de l'histoire et de la philosophie des sciences. C.G. Hempel, T.S. Kuhn, Gerd Buchdahl, Paul Feyerabend, Karl Popper, Imre Lakatos et Adolf Grünbaum ont tous laissé leur empreinte sur les doctrines éclectiques qui constituent cet essai. Si ce livre critique avec persistance certaines de leurs idées, c'est parce qu'un désaccord de bon aloi (contrairement à l'imitation) est le signe le plus profond d'une admiration constante. Malheureusement, il m'est devenu impossible de distinguer spécifiquement ce que ma vision de la science doit à chacun de ces penseurs. Ma dette envers eux est cependant énorme. L'éventuelle originalité de cet essai résulte presque entièrement des intuitions (et dans certains cas des confusions pleines de promesses) qu'on peut trouver dans leurs écrits.

D'autres aspects de ma dette sont plus aisés à localiser: les bourses de recherche consenties par la National Science Foundation, la Fulbright-Kommission de la R.F.A. et l'Université de Pittsburgh m'ont procuré le temps nécessaire pour réaliser ce projet. La chaleureuse hospitalité de l'Université de Constance m'a donné un climat favorable pour mettre sur papier les idées qui se développaient dans mes séminaires depuis 1970. Cindy Brennan et Karla Goldman m'ont beaucoup aidé dans la préparation du manuscrit. Certaines parties des premiers jets de cet essai ont fait l'objet de discussions fructueuses avec A.

Grünbaum, D. Hull, J.E. McGuire, K. Schaffner, M.J.S. Hodge, M. et R. Nye, I. Mitroff, P. Machamer, N. Rescher, R. Creath, A.G. Molland, S. Wykstra, F. Kambartel, J. Mittelstrass, P. Janich et J.M. Nicholas. Ce livre serait bien plus imparfait qu'il ne l'est sans leurs critiques et suggestions. Ma plus grande reconnaissance toutefois, c'est à Rachel que je la dois: sa patience, son sens critique, ses encouragements ont soutenu ce projet pendant sa difficile période d'incubation.

Juin 1976.

Prologue

> *Nous devons expliquer pourquoi la science — notre exemple le plus sûr de connaissance solide — progresse comme elle le fait, et nous devons découvrir avant tout comment, en fait, elle progresse.*
>
> T.S. Kuhn (1970), p. 20.

L'épistémologie est un sujet ancien et elle est restée, jusqu'en 1920 environ, un grand sujet. Mais la conjonction de trois évolutions indépendantes, chacune affectant l'étude de la connaissance, a provoqué un changement profond dans son statut. Il y eut, en premier lieu, la crise qui survint lorsqu'on eut admis que le savoir n'était ni aussi certain, ni aussi définitif que les penseurs, depuis Platon et Aristote, ne l'avaient cru. En second lieu, il y eut, d'une part, l'isolement grandissant des philosophes académiques et d'autre part, la conviction apparentée que des disciplines comme la psychologie et la sociologie, qui avaient pourtant joué un rôle important dans les théories épistémologiques antérieures, n'avaient en fait rien à offrir. (Cet isolement fut intensifié par la duplicité ouverte des chercheurs dans d'autres domaines qui n'étaient que trop heureux de léguer «le problème de la connaissance» à des philosophes professionnels.) Enfin, il y eut la tendance grandissante (en particulier dans le monde anglophone) à s'imaginer qu'on pouvait appréhender la nature de la connaissance tout en restant benoîtement ignorant de son exemple le plus patent: les sciences naturelles.

Malgré la tentative d'appropriation des problèmes épistémologiques par les philosophes professionnels, la plupart des questions épistémologiques classiques concernant la nature de la connaissance scientifique restent d'intérêt général: les sciences progressent-elles? Nos idées relatives à la nature sont-elles réellement dignes de foi? Certaines de nos croyances relatives au monde sont-elles plus rationnelles que d'autres ? De telles questions dépassent de loin les frontières des disciplines spécialisées; et ceci en grande partie parce qu'en Occident, la plupart des gens basent leurs croyances relatives à la nature et même à leur personne sur les acquis de la science. Sans Newton, Darwin, Freud et Marx (pour ne mentionner que les noms les plus connus), l'image que nous nous faisons du monde serait fort différente. Si la science est un système de recherche rationnellement bien fondé, il est juste que nous imitions ses méthodes, acceptions ses conclusions et adoptions ses présuppositions. Mais si, toutefois, elle est en grande partie irrationnelle, il n'y a pas de raison pour prendre ses prétentions relatives au savoir plus sérieusement (ni moins d'ailleurs) que celles d'un voyant, d'un prophète religieux, d'un guru ou du diseur de bonne aventure local.

Longtemps, la rationalité de la science et son progrès ont été admis comme des faits évidents ou des conclusions qui s'imposaient, et certains lecteurs penseront probablement qu'il est curieux de croire qu'il y a là un problème important à résoudre. Bien que cette attitude confiante ait été rendue presque inévitable par l'attitude favorable dont bénéficient les sciences dans la culture moderne, il y a un certain nombre de développements nouveaux qui la remettent en question :

1. Les philosophes des sciences, dont le but principal est de définir ce qu'est la rationalité, ont constaté, en général, que leurs modèles de la démarche rationnelle trouvent peu d'exemples, ou même aucun, dans le processus réel de la démarche scientifique[1]. Si nous acceptons les prétentions de ces modèles à définir la rationalité, nous sommes obligés de considérer tout le savoir comme étant virtuellement irrationnel.

2. Depuis Aristote jusqu'à aujourd'hui, on a tenté de démontrer que le savoir résultant des méthodes scientifiques est vrai, probable, progressiste ou encore confirmé. Malgré un effort continu, cette entreprise a échoué[2], donnant naissance à la présomption qu'il n'a en fait aucune de ces propriétés.

3. Les sociologues des sciences peuvent citer des cas dans le passé récent (ou lointain) qui semblent révéler des facteurs non-rationnels ou irrationnels jouant un rôle décisif dans les prises de position scientifiques[3].

4. Certains historiens et philosophes des sciences (Kuhn et Feyerabend entre autres) ont reconnu que non seulement les décisions relatives au choix d'une théorie scientifique ont souvent été irrationnelles, mais encore que ce choix entre théories rivales doit, par nature, être

irrationnel[4]. Ils ont aussi suggéré (en particulier Kuhn) que chaque augmentation de notre savoir est accompagnée de pertes concomitantes et qu'il est donc impossible d'être sûr qu'il y a progrès[5].

Le scepticisme qui résulte de ces conclusions a été renforcé par les arguments généraux du relativisme culturel. Selon ceux-ci, la science n'est qu'un ensemble de croyances parmi de nombreux autres possibles; et nous la vénérons en Occident non parce qu'elle est plus rationnelle que d'autres voies, mais parce que nous sommes le produit d'une culture qui en fait traditionnellement grand cas. Dans cette optique, tous les systèmes de croyances, y compris la science, sont considérés comme des idéologies et des dogmes entre lesquels une préférence rationnelle et objective est impossible.

En reconnaissant ainsi que l'analyse traditionnelle échoue à nous éclairer un tant soit peu sur la rationalité du savoir, trois options semblent être ouvertes :
1. Nous pouvons continuer à espérer qu'une variation mineure de l'analyse traditionnelle, variation à découvrir, clarifiera et justifiera nos intuitions sur le bien-fondé cognitif du savoir et prouvera que cette analyse traditionnelle est bien un modèle valable de la rationalité.

2. Nous pouvons abandonner la recherche d'un modèle adéquat de la rationalité comme cause perdue et, du coup, accepter la thèse selon laquelle la science, pour autant que nous puissions le savoir, est manifestement irrationnelle.

3. Enfin, nous pouvons repartir à zéro pour analyser la rationalité de la science en essayant d'éviter délibérément certaines des présuppositions clés qui ont causé l'effondrement de l'analyse traditionnelle.

Des efforts énormes ont été faits, en particulier pendant la dernière décennie dans le sens des options 1 et 2. Les philosophes des sciences ont, dans l'ensemble, adopté la première option. Ainsi, Lakatos se demande : « Quels sont les changements *minimaux* indispensables à apporter à l'analyse des sciences de Popper pour lui permettre de résoudre le problème de la rationalité ? »[6]. Salmon se demande : « Quels sont les ajustements *minimaux* nécessaires dans la théorie de Reichenbach pour la faire cadrer avec la pratique scientifique ? » Hintikka pose la question suivante : « Comment peut-on *bricoler* la logique inductive de Carnap pour qu'elle puisse s'appliquer à l'expérimentation scientifique ? » Tout en admirant la ténacité et l'ingénuité des tenants de ce point de vue, il faut bien dire que les résultats dans l'ensemble ne sont pas très encourageants. La plupart des obstacles qu'un Popper, un Carnap ou un Reichenbach eurent à affronter sont toujours des difficultés pour leurs disciples récents[7].

La seconde option a rencontré plus de succès auprès des penseurs orientés vers l'histoire. Ainsi, Kuhn et Feyerabend concluent que les décisions scientifiques sont fondamentalement affaire de politique et de propagande : prestige, pouvoir, âge et polémique déterminent le choix entre les théories rivales et les théoriciens. Il semble que l'erreur de ces deux philosophes provient d'une conclusion prématurée. Ils partent d'une supposition selon laquelle la rationalité est entièrement définie par un certain modèle de la démarche rationnelle (l'un et l'autre prennent le modèle de la falsifiabilité de Popper comme archétype). Ayant observé, avec raison, que ce modèle ne fait guère justice à la science telle qu'elle est, ils concluent précipitamment que celle-ci comporte nécessairement une large part d'éléments irrationnels et cela sans se demander si un modèle de la rationalité plus subtil et plus riche ne ferait pas mieux le travail.

Etant donné qu'une des options ne semble pas très prometteuse et que l'autre paraît prématurée, je suis enclin à croire que nous devons aller dans le sens de la troisième. Abandonnons en partie le langage traditionnel ainsi que certains concepts (tels que les degrés de confirmation, le contenu explicatif, la corroboration,...) et essayons de voir si un modèle de la rationalité scientifique potentiellement plus adéquat commence à se dessiner. Voyons si en se posant à nouveau certaines questions élémentaires sur les sciences nous ne découvrirons pas de nouvelles perspectives sur la connaissance scientifique.

Dans ce qui suit, j'essaierai d'étudier les conséquences du point de vue selon lequel la science cherche fondamentalement à résoudre des problèmes. Bien que cette optique soit courante, on ne l'a guère explorée de façon approfondie. Ce que sont les différents types de problèmes ; ce qui fait qu'un problème est plus important qu'un autre ; ce que sont les critères permettant de dire qu'une solution est adéquate ; la nature de la relation entre problèmes scientifiques et problèmes non-scientifiques : aucun de ces différents points n'a été étudié suffisamment en détail. En anticipant sur certaines de mes conclusions, je propose de dire que la rationalité et le progressisme[8] d'une théorie sont intimement liés — non à sa confirmation ou à sa falsifiabilité — mais à son *efficacité à résoudre des problèmes*. Je défendrai l'idée suivante : il y a des facteurs *non-empiriques*, et même «*non-scientifiques*» (dans le sens habituel) qui ont — et qui devaient — jouer un rôle dans le développement *rationnel* de la science. Je suggérerai, de plus, que de nombreux philosophes des sciences ont mal défini la nature de l'évaluation scientifique et, par là, le premier pas de l'analyse rationnelle, et cela parce qu'ils se concentraient sur les théories individuelles plutôt que sur ce que j'appellerai les *traditions de recherche*.

Cette étude montrera, en outre, que nous devons faire une distinction entre la *rationalité de l'acceptation* et la *rationalité de la poursuite* si nous voulons faire quelque progrès dans la reconstruction des dimensions cognitives de la démarche scientifique.

Mon attitude de base, dans ce qui suit, conduira à l'amenuisement, voire à la disparition, de la distinction classique, entre *progrès* scientifique et *rationalité* scientifique. Ces notions, toutes deux situées au centre de toute discussion sur les sciences ont souvent semblé s'opposer. La notion de progrès est un concept inévitablement *temporel*; parler de progrès scientifique implique nécessairement l'idée d'un processus s'étalant à travers le temps. La notion de rationalité, d'autre part, est ressentie comme un concept a-temporel; l'on a soutenu qu'on peut déterminer si une affirmation ou une théorie est rationnellement crédible indépendamment de toute connaissance de sa carrière historique. Dans la mesure où rationalité et progrès ont été liés, la rationalité l'a emporté sur le progrès à un degré tel que la majorité des auteurs considèrent le progrès *comme la simple projection* temporelle d'une série de choix individuels rationnels. Etre en progrès, selon le point de vue courant, c'est adhérer à une série de croyances de plus en plus rationnelles. Je suis profondément troublé par l'unanimité avec laquelle les philosophes ont fait du progrès un *parasite* de la rationalité. Mon inquiétude provient en partie du fait que cela oblige à expliquer un concept qui peut être aisément compris (le progrès) au moyen d'une notion (la rationalité) qui est sans doute de loin plus obscure. Ce qui est plus grave, cependant, c'est l'absence d'arguments convaincants nous disant pourquoi nous devrions expliquer notre concept de progrès en termes de rationalité. Les deux concepts sont sans aucun doute liés, mais pas nécessairement de la manière qu'on le suppose habituellement.

Nous supposerons dans cet ouvrage que nous pouvons apprendre quelque chose en adoptant le point de vue inverse, à savoir que la rationalité dépend du progrès. J'essayerai de montrer que nous disposons d'un modèle plus clair pour le progrès scientifique que pour la rationalité scientifique; et que, de surcroît, nous pouvons définir l'acceptation rationnelle en termes de progrès scientifiques. En résumé, je propose que la *rationalité consiste à faire les choix théoriques les plus progressistes*, et non que le progrès consiste à accepter successivement les théories les plus rationnelles. Cette inversion de la hiérarchie habituelle nous donnera de nouveaux éclairages sur la nature du savoir qui tendent à nous échapper quand nous gardons la relation habituelle entre progrès et rationalité

Un autre grand obstacle au développement d'une théorie du progrès scientifique résulte de l'idée très répandue selon laquelle le progrès ne peut survenir que s'il est *cumulatif*, c'est-à-dire si la connaissance augmente par accrétion. Cette idée conduit à de graves problèmes historiques et conceptuels. Je propose une définition du progrès scientifique qui n'exige pas le développement cumulatif.

Pour mener à bien cette tâche et pour éviter tout malentendu, il faut que j'insiste sur deux points importants. En premier lieu, le terme «progrès» véhicule beaucoup de connotations *émotives*, profondément enracinées dans les intuitions subjectives des partisans et des adversaires de la science. L'objet de ce travail n'est pas d'exploiter cette émotivité mais bien de présenter des critères objectifs permettant de décider quand il y a progrès. Trop de discussions sur cette notion ont négligé de distinguer la question de savoir ce qu'*est* le progrès de la question de ses avantages sur le plan moral et cognitif. Toute théorie adéquate du progrès doit établir cette distinction aussi clairement que possible. D'autre part, une deuxième ambiguïté cruciale dans l'emploi courant du mot «progrès» doit être notée. On parle communément de progrès dans le sens d'une amélioration des conditions de vie matérielles ou «spirituelles». Bien que cet aspect du progrès soit sans aucun doute important, je n'en dirai rien dans cet essai. Ma préoccupation exclusive sera ce que j'appelle le «*progrès cognitif*», c'est-à-dire le *progrès relatif aux aspirations intellectuelles de la science*. Le progrès cognitif n'est pas la cause du progrès matériel, social et spirituel, mais n'est pas non plus causé par ces derniers. Bien que ces notions ne soient pas totalement sans liens, elles font appel à des processus très différents et doivent être nettement distinguées, en tout cas dans cette discussion.

Je me dois d'ajouter encore ceci: dans le passé, trop de discussions sur la rationalité et le progrès scientifique n'ont pas fait appel aux données du développement réel des sciences, et aucune application n'était possible en ce qui concerne l'histoire de celles-ci. En effet, les différents modèles philosophiques de la rationalité se sont révélés inapplicables à la plupart des situations dans l'histoire des sciences où, intuitivement du moins, nous sommes convaincus que des choix raisonnables et rationnels ont été faits. Sans présumer que tout ce que fait la science est par définition rationnel, nous devons cependant pouvoir exiger de tout modèle de la science qu'il s'accorde à son développement réel. Pour cette raison, certains épisodes historiques seront longuement étudiés dans cet essai, non seulement avec l'intention d'*illustrer* mes positions, mais aussi dans le but de les *mettre à l'épreuve*. Si le modèle en discussion ici ne parvient pas à illustrer la façon dont la prise de décision scientifique a fonctionné dans les faits (du moins pour certains cas) alors il n'aura pas accompli son projet.

En raison de l'importance attachée, dans cette approche, au matériel historique — matériel que certains philosophes considèrent comme étant sans rapport avec l'épistémologie — je discuterai brièvement de la question générale des rapports entre les données descriptives (telles que celles de l'histoire) et la constitution d'une théorie normative (tel qu'un modèle de la rationalité scientifique).

La première partie de cette étude est consacrée à un modèle du progrès et de la rationalité scientifique. Elle montre comment ce modèle, en dépit de ses imperfections, évite de nombreux paradoxes que les modèles précédents ont engendrés et permet, en même temps, de rendre compte des données historiques. La deuxième partie étudie les conséquences de ce modèle, entre autres pour l'histoire des idées, l'histoire et la philosophie des sciences, et la sociologie de la connaissance.

Il ne m'a pas été possible d'explorer toutes les questions concernant le progrès scientifique de manière aussi détaillée qu'elles le méritaient. Je demande l'indulgence du lecteur pour ces insuffisances. Ceci n'est pas un travail achevé, et n'a pas la prétention de l'être. A différentes reprises, une ébauche d'argument passe pour une argumentation solide et des intuitions plausibles sont invoquées quand il faudrait, idéalement, des doctrines explicites. Il reste en effet beaucoup à dire sur ce sujet. L'étude de la connaissance rationnelle et de son développement, comme tout sujet de recherche, est une entreprise coopérative nécessitant une communauté d'intelligences. Mon but est seulement de présenter une nouvelle perspective sur des problèmes qui ont retenu l'attention des penseurs depuis fort longtemps.

PREMIERE PARTIE
UN MODELE DU PROGRES SCIENTIFIQUE

La compréhension et la résolution de problèmes sont deux activités essentiellement identiques.

K. POPPER (1972), p. 166.

Chapitre 1
Le rôle des problèmes empiriques

> *La formulation des problèmes scientifiques ne peut se comprendre qu'en observant le développement continu de toute l'entreprise scientifique.*
>
> H. SIMON (1966), p. 37.

La science est essentiellement une activité qui vise à résoudre des problèmes. Cette définition qui s'apparente plus à un cliché qu'à une philosophie des sciences a été acceptée par des générations d'auteurs de manuels et de gens qui se déclaraient des spécialistes de *la* « méthode scientifique ». Mais si l'idée que la science a pour but la solution de problèmes est généralement admise, peu d'attention est prêtée aux conséquences de cette idée, que ce soit par les philosophes ou les historiens des sciences[1].

Dans l'ensemble, les philosophes des sciences se sont imaginés qu'ils pouvaient mettre à nu la rationalité de celles-ci tout en ignorant, dans leurs analyses, le fait que les théories scientifiques sont habituellement des tentatives visant à résoudre des problèmes empiriques spécifiques relatifs au monde naturel[2]. De la même manière, les historiens des sciences se sont généralement imaginés que la chronologie des théories scientifiques contient une intelligibilité intrinsèque qui ne nécessite guère la connaissnce des problèmes particuliers que les grandes théories du passé avaient pour objet de résoudre.

Le but de ce court ouvrage est d'esquisser les implications, pour l'histoire et la philosophie des sciences, du point de vue selon lequel la science est, avant tout, une activité visant à résoudre des problèmes.

L'approche choisie ici ne prétend pas que les sciences ne sont « rien d'autre » que des activités de ce type. En effet, elles ont autant de buts que les savants ont de motivations : les sciences cherchent à expliquer et à contrôler le monde naturel; les savants recherchent (entre autres choses) la vérité, la puissance, l'utilité sociale et le prestige. Chacun de ces buts pourrait être utilisé (et l'a d'ailleurs été) pour fournir une grille au moyen de laquelle on pourrait essayer d'expliquer le développement et la nature des sciences. Mon approche, toutefois, prétend que celles-ci constituent des systèmes permettant de résoudre des problèmes. Cette perspective, plus que toutes les autres, permet sans doute de saisir ce que la connaissance scientifique a de plus caractéristique.

Il est évident que beaucoup de problèmes classiques de la philosophie des sciences et de thèmes de l'histoire des sciences apparaissent sous un jour différent si on considère le savoir scientifique comme un moyen de résoudre ou d'étudier des problèmes. Je vais donc défendre l'idée selon laquelle une analyse attentive des sciences, dans cet esprit, met au jour de nouvelles conceptions qui contredisent, en grande partie, la «sagesse conventionnelle» que les historiens et les philosophes des sciences considéraient comme acquise.

Les positions prises dans cet ouvrage n'ont rien de modeste. En bref, je suggère qu'une théorie sophistiquée des sciences — vues comme un ensemble de démarches visant à résoudre des problèmes — *doit* changer la façon dont nous percevons les grands sujets de leur historiographie et les problèmes généraux de leur philosophie et de leur méthodologie. Si le but des sciences (et d'ailleurs de toute recherche intellectuelle) est bien la solution ou la clarification de problèmes, alors nous aurons une image très différente de leur évolution historique et de leur évaluation cognitive.

Avant de comparer cette conception de la science, qui veut qu'elle ait pour but de résoudre des problèmes, avec certaines autres philosophies et histoires des sciences mieux connues, je dois préciser ce que je veux dire en parlant d'une «théorie des sciences orientée vers les problèmes». C'est ce premier sujet que les deux chapitres suivants ont pour objet d'expliquer.

LA NATURE DES PROBLEMES SCIENTIFIQUES

Tout au long de cet essai, je parlerai de ce que j'appelle des «*problèmes scientifiques*». Pour commencer, je veux insister sur le fait que je ne crois pas que ceux-ci soient fondamentalement différents des autres sortes de problèmes (bien qu'ils soient souvent d'un degré différent). En fait, je démontrerai dans le chapitre six que le point de vue que j'adopte peut être appliqué, avec seulement quelques spécifications, à *toutes* les disciplines intellectuelles. Mais si nous voulons étudier les méthodes permettant de résoudre des problèmes, nous devons commencer par les cas où elles ont rencontré le plus grand succès. Aussi vais-je limiter mes remarques dans les sections préliminaires en grande partie aux sciences elles-mêmes.

Si les problèmes constituent le point focal de la pensée scientifique, les théories en sont le résultat final. Or, celles-ci ont une importance cognitive dans la seule mesure où elles fournissent des réponses adéquates aux problèmes. Si les problèmes constituent les questions qui se posent aux sciences, ce sont les théories qui constituent les réponses. La fonction d'une théorie est de résoudre l'ambiguïté, de réduire l'irrégularité à l'uniformité, de montrer que ce qui arrive est d'une certaine manière intelligible et prévisible; c'est de cet ensemble de fonctions que je parle quand je dis que les théories sont des solutions aux problèmes.

Thèse 1 :
L'épreuve primordiale et essentielle de toute théorie est de voir si, oui ou non, elle permet de donner des réponses acceptables à des questions intéressantes, en d'autres mots, *si elles permet de donner des solutions satisfaisantes à des problèmes importants.*

A un certain niveau, ceci peut sembler indiscutable. La plupart des auteurs qui ont étudié la nature des sciences se rallieraient sans doute à cette façon de voir. Mais, malheureusement, la plupart des théories philosophiques ne permettent pas de justifier ce sentiment apparemment sans conséquence et évident. Elles n'en explorent pas les nombreuses ramifications.

Les écrits concernant la méthodologie des sciences ne nous donnent ni une classification des types de problèmes scientifiques, ni une méthode acceptable permettant d'évaluer leur importance relative. En particulier, ils ne nous disent pas quels sont les critères pour qu'une réponse soit appropriée à un problème donné.

Les textes ne nous disent pas non plus que les solutions ont des degrés d'adéquation différents, et que certaines d'entre elles sont en effet mieux adaptées et plus riches. Dans la mesure où la philosophie des sciences ne dit rien sur ces questions, elle tend à mettre toutes les solutions sur un pied d'égalité et à donner le même poids à tous les problèmes. En estimant la valeur d'une théorie, le philosophe des sciences se demandera généralement combien de faits la confirment mais il ne s'interrogera pas sur l'importance de ces faits. Il cherchera à savoir combien de problèmes la théorie résout et non la signification de ceux-ci. Il apparaît donc que la philosophie des sciences contemporaine ne permet pas de rendre compte du contenu de cette première thèse. C'est pourquoi je propose la thèse suivante :

Thèse 2 :

En évaluant les mérites des théories, il est plus important de se demander si elles apportent des solutions appropriées à des problèmes significatifs plutôt que de se demander si elles sont « vraies », « corroborées », « bien confirmées » ou justifiables à un autre niveau dans le cadre de l'épistémologie contemporaine.

Mais, s'il est plausible de penser que le contrepoint entre problèmes stimulants et théories adéquates est la dialectique de base de la connaissance, il nous faut être beaucoup plus clairs que nous ne le sommes actuellement sur ce que sont les problèmes, comment ils fonctionnent et comment on les évalue. Nous devons aussi préciser la nature des théories et leur relation exacte avec les problèmes qui les engendrent (ou, comme nous le verrons, qu'elles créent parfois de toutes pièces).

LES PROBLEMES EMPIRIQUES

Il y a deux espèces de problèmes, très *différentes*, que les théories scientifiques ont pour mission de résoudre. Je vais d'abord étudier ceux qui relèvent du sens le plus familier et archétype de ce concept que j'appellerai problèmes *empiriques*. Il est plus facile de donner des exemples de ceux-ci que de les définir. Ainsi, nous observons que les corps lourds tombent sur la terre avec une régularité stupéfiante : se demander comment et pourquoi ils tombent, c'est se poser un problème empirique. Nous observons de même que de l'alcool laissé dans un verre disparaît rapidement : chercher une explication à ce phénomène, c'est de nouveau soulever un problème empirique. Nous pouvons observer que les jeunes animaux ont des ressemblances frappantes avec leurs parents. S'enquérir du mécanisme de la transmission de ces traits, c'est aussi mettre en évidence un problème empirique. Plus généralement, on peut dire que tout ce qui nous apparaît, en rapport avec le monde naturel, comme bizarre ou nécessitant une explication constitue un problème de ce type.

En appelant problèmes « empiriques » ces sujets de recherche, je ne veux pas dire qu'ils nous sont fournis directement par le monde naturel.

Ils ne constituent pas des données dépourvues d'ambiguïté. En effet, les exemples historiques et les analyses philosophiques récentes ont démontré clairement que le monde naturel est toujours perçu à travers le prisme d'un certain réseau conceptuel et que les systèmes et les langages dans lesquels ils sont coulés peuvent, semble-t-il, donner une coloration difficile à éviter à ce que nous percevons. Plus précisément, *tout problème* (y compris les problèmes empiriques) *survient dans un certain contexte de recherche* et est en partie défini par ce contexte. Nos présuppositions théoriques sur l'ordre naturel nous disent ce à quoi nous devons nous attendre, ce qui paraît singulier ou « problématique », ce qui doit nous pousser à nous poser des questions. Ainsi des situations qui posent problème dans tel contexte de recherche ne le feront pas nécessairement dans d'autres. D'où le fait qu'on considèrera tel ou tel problème comme empirique ou non en fonction des théories dont on dispose.

Pourquoi, dans ce cas, les appeler problèmes « empiriques » ? Je le fais parce que, tout en reconnaissant qu'ils ne surgissent que dans certains contextes de recherche, et tout en admettant que leur énoncé sera influencé par nos positions théoriques, il n'en demeure pas moins que nous *traitons* les problèmes empiriques comme des problèmes concernant le monde. Quand nous nous demandons : « A quelle vitesse les corps tombent-ils lorsqu'ils sont dans le champ d'attraction de la Terre », nous présumons qu'il existe des objets semblables à nos conceptions des corps et de la Terre, qui se meuvent l'un vers l'autre selon une règle régulière. Cette présomption est évidemment imprégnée de théorie, mais nous affirmons néanmoins qu'il s'agit du monde physique. Les problèmes empiriques sont donc *des problèmes d'ordre premier* : ce sont des questions substantielles sur les objets qui constituent le domaine de toute science. Contrairement à ce qui se passe pour d'autres problèmes, d'ordre plus élevé (dont je discuterai au chapitre deux), nous jugeons l'adéquation des solutions des problèmes empiriques en étudiant les objets du domaine dont il est question.

Nous avons déjà remarqué qu'il y a une similarité fonctionnelle apparente entre, d'une part, la discussion et la résolution de problèmes et, d'autre part, la rhétorique plus familière relative aux faits et aux explications. En raison de cette similarité, on pourrait être tenté de traduire les remarques que je ferai sur la nature et la logique de la solution de problèmes en affirmations sur la logique de l'explication. Il s'agirait là, toutefois, d'une mauvaise interprétation de ma démarche car les problèmes sont très différents des « faits » (même des faits « imprégnés de théories ») et résoudre un problème ne peut être ramené à « expliquer un fait ». Je discuterai de ces différences de façon plus approfondie plus loin, mais on peut déjà cerner les divergences principales en comparant faits ou états de choses d'une part et problèmes empiriques d'autre part.

Certains états de choses qui sont supposés poser des problèmes empiriques sont en réalité *contrefactuels*. En effet, un problème ne doit pas nécessairement décrire avec précision un état de choses réel : ce qui est requis, c'est qu'il soit *ressenti* comme tel par quelqu'un. Par exemple, les premiers membres de la Société Royale de Londres, convaincus de l'existence de serpents de mer par les récits de marins, considéraient que les caractéristiques et les comportements de ces animaux constituaient un problème empirique qu'il fallait résoudre. De même, certains philosophes médiévaux, Oresme par exemple, croyaient que le sang de chèvre chaud pouvait fractionner le diamant et ils développèrent en conséquence des théories pour expliquer ce «phénomène» empirique[3]. De façon similaire, les biologistes du début du XIXe siècle, convaincus de l'existence de la génération spontanée, considéraient que c'était un problème empirique de montrer comment de la viande exposée au soleil pouvait se transmuter en asticots, ou encore comment les sucs gastriques pouvaient se transformer en vers solitaires. Pendant des siècles, la théorie médicale s'est efforcée d'expliquer le «fait» que les saignées guérissaient certaines maladies. Si la réalité du fait était une condition nécessaire pour que quelque chose puisse compter comme problème empirique, de telles situations ne pourraient être considérés comme des problèmes. Donc, aussi longtemps que nous prétendrons que les théories ont pour objet unique d'expliquer des «faits» (c'est-à-dire des énoncés vrais) nous nous trouverons dans l'incapacité d'expliquer la plus grande partie de l'activité théorique des sciences.

Beaucoup de faits relatifs au monde ne posent pas de problèmes empiriques parce que, tout simplement, ils ne sont *pas connus*. Par exemple, c'est sans doute un fait que le soleil est composé principalement d'hydrogène. Mais aussi longtemps que ce fait n'a pas été découvert (ou inventé), il ne pouvait pas générer de problème. En résumé, un fait ne devient un problème que lorsqu'il est traité et reconnu comme tel ; d'un autre côté, les faits sont des faits, qu'ils soient reconnus comme tels ou non. Les seuls faits qui peuvent compter comme problèmes sont ceux qui sont *connus*.

Toutefois, beaucoup de faits connus ne constituent pas des problèmes empiriques. Pour qu'un fait soit considéré comme tel, il faut qu'on ait l'impression qu'il *résultera un avantage de sa solution*. A n'importe quel moment de l'histoire des sciences, il y a beaucoup de phénomènes bien connus pour lesquels aucun besoin d'explication ni de clarification ne se fait ressentir. Par exemple, on sait depuis les temps les plus reculés que la plupart des arbres ont des feuilles vertes. Mais ce «fait» n'est devenu un «problème empirique» que le jour où quelqu'un a décidé qu'il s'agissait là de quelque chose d'assez intéressant et important pour mériter une explication. Autre exemple, les sociétés primitives savaient que certaines drogues pouvaient induire des hallucinations, mais ce fait largement connu n'a été considéré que récemment comme un problème relevant des théories physiologiques.

Enfin, certains problèmes reconnus comme tels, à une certaine époque et pour de bonnes raisons, cessent d'être des problèmes par la suite. Les faits ne pourraient jamais subir de pareilles transformations. Par exemple, les premiers théoriciens de la géologie considéraient qu'un des problèmes centraux de leur discipline était d'expliquer comment la terre s'était formée en six à huit mille années. Avec l'allongement de l'échelle chronologique en géologie, cette question saisissante disparut.

LES TYPES DE PROBLEMES EMPIRIQUES

Après avoir souligné certaines[4] des différences entre faits et problèmes empiriques ainsi que la nécessité de les séparer clairement, nous pouvons maintenant nous occuper du rôle que jouent ces problèmes dans le déroulement de l'analyse scientifique. Nous donnerons plus loin une classification plus détaillée des problèmes empiriques, mais nous pouvons déjà les diviser en gros en trois types, et cela en rapport avec la fonction qu'ils ont dans l'évaluation d'une théorie scientifique : 1) *les problèmes non résolus* — à savoir les problèmes empiriques qui n'ont encore été résolus par aucune théorie d'une manière satisfaisante[5]; 2) *les problèmes résolus* — ceux qui ont été résolus de façon satisfaisante par une théorie; 3) *les anomalies* — ceux qui n'ont pas été résolus par une théorie particulière mais bien par une ou plusieurs théories concurrentes[6].

Bien entendu, les problèmes résolus jouent en faveur d'une théorie, les anomalies constituent des arguments contre une théorie et les problèmes non résolus indiquent des voies pour la recherche scientifique future. En se servant de cette terminologie, on peut dire qu'*un des signes du progrès scientifique est la transformation d'anomalies et de problèmes empiriques non résolus en problèmes résolus*. Pour toutes les théories, nous devons nous demander combien de problèmes elles ont résolus et à combien d'anomalies elles se heurtent. Cette question, sous une forme légèrement plus complexe, constitue l'un des instruments fondamentaux pour l'évaluation comparative des théories scientifiques.

LE STATUT DES PROBLEMES NON RESOLUS

La sagesse conventionnelle considère que les problèmes non résolus sont la source du développement et du progrès scientifiques. Il ne fait aucun doute que la transformation des problèmes non résolus en problèmes résolus est un des moyens (mais certainement pas le seul) grâce auquel les théories progressistes établissent leur crédibilité scientifique. Trop souvent, cependant, on croit que l'ensemble des problèmes non résolus à un moment donné est bien défini et que les hommes de science savent avec précision à quels problèmes leurs théories devraient apporter une solution; on soutient aussi que l'incapacité d'une théorie à résoudre ses problèmes est l'indication claire d'une déficience de celle-ci.

L'examen soigneux de nombreux cas historiques révèle cependant que le statut des problèmes non résolus est beaucoup plus ambigu qu'on ne le soupçonne. Décider si un «phénomène» est un véritable problème, estimer son importance et son impact sur une théorie qui ne parvient pas à le résoudre sont des questions très complexes. Une première réponse approximative peut être formulée comme suit: *un problème non résolu n'est reconnu comme problème véritable qu'après avoir été résolu.* Jusqu'à ce qu'il soit résolu par une des théories traitant d'un certain domaine, il n'est qu'un problème «potentiel» et non un problème réel[7]. Il y a principalement deux facteurs qui expliquent cette situation: d'abord, comme nous l'avons dit, il est difficile d'établir l'authenticité d'un phénomène empirique. En effet, il faut souvent beaucoup de temps avant qu'un phénomène soit suffisamment authentifié pour être considéré comme un effet bien établi: cela en raison de la difficulté qu'il y a à reproduire des résultats expérimentaux, à isoler les systèmes physiques et à évaluer la fiabilité des instruments de mesure. En raison aussi de la théorie des erreurs qui nous conduit à nous attendre à des résultats aberrants. Quant au deuxième facteur, il provient du fait qu'*il est difficile de déterminer le domaine scientifique dont relève un phénomène*, une fois que celui-ci a été solidement établi. Par conséquent, il est difficile de savoir quelles théories devraient chercher à en rendre compte et seraient mises en difficulté si elles n'y parvenaient pas. C'est un fait que la lune paraît plus grande quand elle est près de l'horizon. Mais ce fait relève-t-il des théories astronomiques, optiques ou psychologiques ? La formation de cristaux et la croissance cristalline sont-elles des problèmes relevant de la chimie, de la biologie ou de la géologie ? Les étoiles filantes sont-elles un problème pour l'astronomie ou pour la physique de l'atmosphère supérieure ? Est-ce que les mouvements d'une cuisse de grenouille soumise à un courant électrique doivent être étudiés par la biologie, par la chimie ou par la théorie de l'électricité ? Aujourd'hui nous avons des réponses à toutes ces questions et nous assignons ces problèmes à telle ou telle discipline avec confiance. Mais la raison principale de cette assurance est que ces problèmes *sont résolus*. Tant que ce n'était pas le cas, c'est-à-dire pendant la plus grande partie de l'histoire des sciences, il était difficile de savoir de quelle discipline ces problèmes relevaient. La conséquence de cette incertitude est qu'ils ne jouaient pas sérieusement en défaveur d'une théorie qui ne pouvait les résoudre, car personne ne pouvait démontrer qu'ils relevaient des théories d'un domaine particulier.

Le statut ambigu des problèmes non résolus peut être illustré par l'histoire du mouvement brownien. Cette question fut longuement discutée par Robert Brown en 1828. Il fallut cependant presqu'un siècle avant que les savants ne puissent décider de son statut de problème véritable, de son importance et des types de théories qui devaient pouvoir le résoudre. Pendant les années 1830-1840, par exemple, on l'a considéré comme un problème biologique (les particules de Brown pouvant être des petits «animalcules»), comme un problème chimique, comme un problème optique de polarisation (Brewster), comme un problème de conduction électrique (Brongniart), comme un problème de la théorie de la chaleur (Dujardin), comme un effet mécanique sans intérêt, à la fois trop compliqué et trop insignifiant pour qu'on essaie de le résoudre, et même, par certains, comme un faux problème[8]. Ainsi, aussi longtemps que ce problème n'a pas été résolu, les théoriciens pouvaient, selon leur bon plaisir, l'ignorer en disant qu'il s'agissait là d'un problème qui n'avait pas à être traité par les théories de leur discipline. Ce phénomène, auquel on n'avait trouvé aucune solution pendant la première moitié du XIXe siècle, s'avéra être une des anomalies centrales de la thermodynamique classique et devint aux mains d'Einstein et de Perrin, qui le résolurent, un des grands succès de la théorie cinétique moléculaire de la chaleur.

Considérons un autre exemple : celui du polype en forme d'hydre d'Abraham Trembley, étudié pour la première fois de façon approfondie en 1740. C'était un phénomène qui semblait aller à contre-courant des idées biologiques dominantes du temps. En effet, ce polype pouvait se reproduire sans accouplement sexuel et, lorsqu'on le coupait en morceaux, chaque partie reformait rapidement un organisme entier. On avait observé ces propriétés sur certaines plantes, mais on les croyait impossibles chez l'animal. On pouvait donc penser qu'on avait affaire à une plante. D'autre part, le polype pouvait se déplacer, avait un estomac et un système nutritif, caractéristiques habituellement associées aux animaux, en particulier aux insectes. On était donc confronté à un organisme vivant, mi-plante, mi-animal, dont l'existence même contredisait le principe biologique traditionnel des trois royaumes (animal, végétal et minéral). La réaction à la découverte de Trembley fut immédiate. Durant les années 1740-1750, les biologistes et naturalistes de toute l'Europe étudièrent le polype. Ce cas semble donc être un bon exemple d'un problème empirique surgissant *en l'absence de toute théorie pouvant le résoudre*.

Mais comme Vartanian l'a bien démontré[9], le récit que nous venons de faire, suggérant l'émergence d'une anomalie remarquable en l'absence de toute compétition théorique, est incomplet. Ce qu'il laisse de côté, c'est le fait que — parallèlement à la biologie vitaliste dominante — il existait une minorité de savants engagés dans l'étude des processus biologiques d'un point de vue plus matérialiste et mécaniste. Les pouvoirs de régénération du polype (ainsi que ses caractéristiques animales plus évidentes) suggéraient que ces derniers avaient peut-être raison. Après tout, si n'importe quel morceau de polype, quelle que soit sa taille, pouvait se régénérer en un animal complet, il y avait de bonnes raisons de nier l'existence d'une âme indivisible, au-delà de la matière, qui appartenait à tout l'organisme dans la seule mesure où il s'agissait d'un être organisé.

Dès la découverte du polype, les défenseurs de la biologie vitaliste reconnurent que les propriétés de celui-ci pouvaient «aider et soutenir» une école de recherche rivale. Cramer, Lyonnet et deux auteurs anonymes (dans les *Mémoires de l'Académie des Sciences* et dans le *Journal de Trévoux*) avaient remarqué la possibilité d'interpréter le polype d'une manière matérialiste dès le début des années 1740 (l'interprétation fut complètement développée par La Mettrie dans son livre: *L'homme machine*). En résumé, ce qui a transformé le polype de simple curiosité qu'il était en une anomalie menaçante pour la biologie vitaliste, c'est la présence d'une théorie alternative (ce que j'appellerai plus loin une tradition de recherche alternative) qui pouvait le considérer comme un problème résolu[10].

Les cas où il y a doute quant au domaine dont relèvent des problèmes non résolus, ont souvent été d'une importance historique décisive. Les vicissitudes de l'étude des comètes nous en donnent un bon exemple. Pendant l'Antiquité et le Moyen âge, les comètes étaient classées parmi les phénomènes sublunaires et, à ce titre, tombaient dans le domaine de la météorologie. Les astronomes qui se préoccupaient exclusivement des problèmes posés par les phénomènes célestes n'éprouvaient pas le besoin de proposer des théories à leur sujet, ni même de noter leurs trajectoires. Cependant, à partir du XVIe siècle, il devint habituel de classer les comètes comme phénomènes célestes. Ce transfert de domaine fut crucial pour la théorie de Copernic car le mouvement des comètes constituait une des anomalies décisives pour l'astronomie géocentrique et un des problèmes résolus pour la théorie héliocentrique.

Il ne faudrait cependant pas conclure que les problèmes non résolus, à cause de leur ambiguïté, ne sont pas importants pour la science. En effet, la transformation des problèmes non résolus en problèmes résolus est un des moyens par lesquels les théories font des progrès empiriques. Mais il faut aussi insister sur le fait que l'incapacité d'une théorie à résoudre un problème non résolu ne jouera pas fortement contre celle-ci car nous ne pouvons pas savoir *a priori* si elle peut résoudre le problème en question. *Le seul moyen fiable de décider quels problèmes relèvent d'une théorie particulière est l'examen des problèmes que les théories précédentes — et rivales — (la théorie en question incluse) ont déjà résolus dans le domaine en question.* L'on peut donc conclure que lorsqu'on évalue les mérites relatifs des théories, la classe des problèmes non résolus ne doit pas entrer en ligne de compte. Ce qui est significatif dans l'évaluation d'une théorie, ce sont les problèmes déjà résolus, pas nécessairement par la théorie en cause, mais par *une* théorie connue. (Ici, comme ailleurs, l'évaluation d'une théorie est étroitement liée à la connaissance de ses rivales).

LA NATURE DES PROBLEMES RESOLUS

Nous avons déjà fait remarquer que la « solution d'un problème » ne devrait pas être confondue avec « l'explication d'un ensemble de faits » et nous avons largement discuté des différences entre faits et problèmes empiriques. Il est nécessaire maintenant de bien établir les distinctions entre la logique et la pragmatique, d'une part, de la solution d'un problème et, d'autre part, de l'explication scientifique.

La plupart des différences apparaisent clairement si nous commençons par explorer les critères qui permettent d'établir qu'un problème est résolu. En gros, on peut dire qu'un problème empirique est résolu, dans un contexte particulier de recherche, quand les savants ne le considèrent plus comme une question non résolue, c'est-à-dire quand ils croient avoir compris pourquoi la situation résultant du problème est ce qu'elle est. Bien entendu, ce sont les théories qui permettent cette compréhension, et toute référence à un problème résolu présuppose l'existence d'une théorie qui prétend résoudre le problème en question. Donc, quand nous demandons si un problème a été résolu, nous demandons en fait s'il y a un certain rapport entre ce problème et l'une ou l'autre théorie.

En quoi consiste donc ce rapport? Si nous posons à un logicien des sciences la question analogue (quel est le rapport entre un *explanans* et son *explanandum*?), il répondra généralement: la théorie explicative doit impliquer (certaines conditions initiales étant remplies) l'énoncé *exact* du fait à expliquer; la théorie doit être *vraie* ou hautement *probable*; ce qui est admis comme une explication adéquate d'un fait quelconque doit être considéré comme ayant toujours été tel (pour autant que l'évaluation épistémique de l'*explanans* ne change pas). A l'inverse, je soutiendrai qu'une théorie peut résoudre un problème pour autant qu'elle implique un énoncé même approximatif de celui-ci. De même, je soutiendrai que lorsqu'on cherche à déterminer si une théorie résout un problème, *il est inapproprié de se demander si la théorie est vraie ou fausse, bien ou peu confirmée*, et que ce qui compte comme solution d'un problème à un moment donné ne sera pas nécessairement admis comme solution à une autre époque. Chacune de ces différences exige des explications supplémentaires.

Le caractère approximatif de la solution des problèmes. Bien que cela soit rare, il arrive qu'une théorie prédise exactement les résultats d'une expérience. Quand le résultat désiré survient, il y a lieu de se réjouir. Toutefois, il arrive beaucoup plus fréquemment que les prédictions déduites d'une théorie reproduisent à peu près les données qui constituent un problème spécifique, mais sans que les résultats ne coïncident exactement avec les prédictions. Newton n'a pas été capable d'expliquer exactement le mouvement des planètes; la théorie d'Einstein n'a pas parfaitement recoupé les observations télescopiques d'Eddington; la théorie moderne des liaisons chimiques ne prédit pas avec exactitude la distance orbitale des électrons dans une molécule; la thermodynamique ne permet pas de rendre compte parfaitement de la transmission de la chaleur dans une machine à vapeur. On pourrait invoquer beaucoup de raisons (par exemple: l'utilisation de situations idéalisées, le non-isolement des systèmes réels, l'imperfection de nos instruments de mesure) pour expliquer les différences fréquentes entre les «résultats théoriques» et les «résultats de laboratoire». Mais tout cela n'est pas central pour ce qui nous occupe ici. Ce qui est important, c'est que les faits sont rarement expliqués, et peut-être même ne le sont-ils jamais (si, du moins, nous définissons l'explication comme dans le modèle déductif classique) parce qu'il y a généralement une discordance entre ce qu'une théorie implique et nos données de laboratoires. En revanche, les problèmes empiriques sont souvent résolus, parce que pour les résoudre, nous n'avons pas besoin d'une ressemblance exacte entre les résultats théoriques et les résultats expérimentaux. Newton a résolu le problème de la courbure de la terre, et sa solution fut acceptée bien que ses résultats ne fussent pas identiques aux résultats observationnels. Les théories thermodynamiques de Carnot et de Clausius ont été perçues, avec raison, pendant le XIXe siècle comme des solutions adéquates aux problèmes variés de la transmission de la chaleur, bien qu'elles n'aient pu s'appliquer exactement qu'à des machines idéales (et donc inexistantes).

Il est donc clair que la notion de solution est hautement relative et comparative, ce qui n'est pas le cas de la notion d'explication. Nous pouvons avoir deux théories différentes pour résoudre le même problème et pourtant considérer que l'une des deux présente une meilleure solution (c'est-à-dire une approximation plus étroite) que l'autre. Beaucoup de philosophes des sciences n'admettent pas l'utilisation de ce type de locution et de comparaison dans la rhétorique de l'explication; vis-à-vis du modèle standard, quelque chose est ou n'est pas une explication: l'idée de degrés d'adéquation n'est pas prise en compte. Par exemple, les philosophes des sciences ont été troublés par les rapports entre les données sur la chute des corps et les théories de Newton et de Galilée concernant celles-ci. Ne pouvant dire que les deux théories «expliquaient» les phénomènes de chute (parce qu'elles sont formellement inconsistantes), ils ont inventé divers moyens pour nier le statut explicatif de l'une ou l'autre théorie. Et pourtant, il est plus naturel, historiquement, et plus intelligent, conceptuellement, de dire que les deux théories (celle de Newton et celle de Galilée) ont résolu le problème de la chute libre, l'une avec peut-être plus de précision que l'autre, quoique même cela soit douteux. L'un et l'autre doivent être crédités de la découverte d'une solution adéquate au problème en cause, ce que Newton lui-même avait bien compris. Si nous acceptons la plupart des théories en cours actuellement sur la nature de l'explication, nous ne pouvons admettre cette description naturelle de la situation.

La non-pertinence des notions de vrai et de faux dans la solution d'un problème. Suggérer que « vérité » et « probabilité » ne doivent pas être prises en compte pour estimer si une théorie résout un problème particulier paraîtra sans doute hérétique, vu que nous sommes tellement conditionnés à croire que l'un des buts principaux de la science est la recherche d'une compréhension vraie. Mais, quel que soit le rôle que joue la question de la vérité dans l'entreprise scientifique (il s'agit là d'une vaste interrogation sur laquelle nous reviendrons[11]), on ne doit pas — et d'ailleurs les savants ne le font généralement pas — poser la question du vrai et du faux quand on se demande si une théorie peut ou ne peut pas résoudre un problème empirique particulier.

Nous sommes tous d'accord, par exemple, pour dire que la théorie des épicycles de Ptolémée a résolu le problème du mouvement rétrograde des planètes, même si nous n'admettons pas la vérité de l'astronomie épicyclique. De même, chacun reconnaît que la théorie ondulatoire de la lumière de Thomas Young — vraie ou fausse — a résolu le problème de la dispersion de la lumière. La théorie de l'oxydation de Lavoisier, quel que soit son statut sur le plan de la vérité, a résolu le problème de savoir pourquoi le fer est plus lourd après avoir été chauffé qu'avant. De façon générale, *on peut considérer que toute théorie T a résolu un problème empirique si T fonctionne (significativement) dans un quelconque schéma d'inférence dont la conclusion est un énoncé de ce problème.*

La non-permanence fréquente des solutions. L'une des dimensions les plus riches et les plus saines de l'entreprise scientifique est l'extension, au fil du temps, des critères exigés pour qu'une solution à un problème soit acceptable. Ce qu'une génération de savants acceptera comme solution parfaitement adéquate sera souvent considéré par la génération suivante comme tout à fait insuffisant. L'histoire des sciences est remplie d'exemples de solutions dont la précision et la spécificité, parfaitement adéquates pour une époque, sont complètement inadéquates pour une autre. Examinons les exemples suivants :

Dans sa *Physique*, Aristote cite le problème de la chute des corps comme étant un phénomène central pour toute théorie de la mécanique terrestre. Aristote chercha à comprendre à la fois pourquoi les corps tombent vers le bas et pourquoi leur chute s'accélère. La *Physique* fournit des réponses à ces questions, qui ont été prises au sérieux pendant deux millénaires. Pour Galilée, Descartes, Huygens, et Newton toutefois, les vues d'Aristote, en réalité, ne résolvaient pas le problème de la chute des corps car elles ne rendaient aucunement compte de l'accélération uniforme qui la caractérise. On pourrait soutenir que les savants postérieurs travaillaient sur un problème bien différent de celui d'Aristote; mais, à mon avis, il s'agit ici d'un cas où, au cours du temps, les critères d'adéquation d'une solution ont évolué : ce qui a été considéré comme une solution adéquate à un moment donné cesse de l'être par la suite.

Un cas plus clair encore nous est fourni par l'histoire de la théorie cinétique des gaz. Vers 1740, Newton (en utilisant un modèle de forces centrales) et Daniel Bernoulli (en utilisant un modèle de collision) avaient montré qu'on pouvait résoudre le problème des relations entre pression et volume dans les gaz en termes d'hypothèses sur l'interaction mécanique de leurs particules constituantes. A la fin du XIXe siècle, cependant, on avait rassemblé suffisamment d'informations sur le comportement des gaz pour démontrer que la théorie cinétique élémentaire ne permettait d'énoncer que des approximations fort inexactes, en particulier à basse température, ou sous de fortes pressions. En résumé, étant donné les standards de précision expérimentale du XIXe siècle et les critères relatifs à l'adéquation des solutions, la théorie cinétique n'était pas, et de beaucoup, l'outil adéquat en ce qui concernait certains domaines d'observation particuliers. D'où les travaux de Van der Waals et d'autres qui tentèrent de modifier la théorie cinétique traditionnelle afin qu'elle puisse résoudre le problème des relations pression-volume en tenant compte des critères contemporains. L'équation de Van der Waals fut le résultat de ces efforts.

Au cours de l'histoire de nombreuses disciplines humanistes et scientifiques, on constate un resserrement et un raffermissement graduel du seuil à partir duquel on admettra qu'une théorie est bien une solution adéquate à un problème donné. Si on ne reconnaît pas que les critères utilisés pour déterminer l'acceptabilité d'une solution d'un problème évoluent eux-mêmes au cours des temps, l'histoire de la pensée semblera vraiment fort énigmatique.

LE ROLE SPECIAL DES ANOMALIES

Beaucoup d'historiens et de philosophes des sciences ont attaché une signification toute particulière à la place des anomalies dans les sciences. Les penseurs, depuis Bacon jusqu'à Mill, Popper, Grünbaum et Lakatos, ont insisté sur l'importance, pour l'évaluation des théories scientifiques, des expériences conduisant à la réfutation ou à la falsification de celles-ci. En effet, certaines philosophies des sciences (en particulier celle de Bacon et de Popper) font de la recherche et de la solution des anomalies la raison d'être de l'entreprise scientifique, et considèrent l'absence d'anomalies comme l'emblème de la vertu scientifique. Si je partage l'idée que les anomalies ont été importantes de tout temps et devraient compter parmi les composants les plus significatifs de la rationalité scientifique, je ne suis pas d'accord avec la sagesse conventionnelle en ce qui concerne la définition de ce qu'est une anomalie et l'interprétation donnée de leur importance.

Selon le point de vue traditionnel, les anomalies ont deux caractéristiques principales :
(a) l'apparition d'une seule anomalie vis-à-vis d'une théorie devrait obliger le savant rationnel à abandonner celle-ci ;
(b) les seuls faits empiriques qui peuvent être considérés comme des anomalies sont ceux qui sont logiquement inconsistants avec la théorie pour laquelle ils constituent des anomalies.

Je trouve que ces caractéristiques nous induisent en erreur en ce qui concerne les pratiques scientifiques réelles (dans le passé et le présent) et constituent un frein conceptuel à la compréhension du rôle des anomalies dans l'évaluation d'une théorie. Je soutiens, au contraire, que :
(a') l'apparition d'une anomalie soulève des doutes sur la théorie dont elle résulte, mais *n'oblige pas* à abandonner celle-ci ;
(b') il n'est pas nécessaire qu'un phénomène soit inconsistant avec une théorie pour constituer une anomalie vis-à-vis de celle-ci.

La première de ces deux thèses (a') est la moins controversée : en effet, de nombreux critiques du point de vue classique ont donné de solides arguments en sa faveur ; je les résumerai plus loin. La seconde thèse (b') n'est pas familière et je la développerai longuement.

En ce qui concerne (a'), plusieurs philosophes (en particulier Pierre Duhem, Otto Neurath et W. Quine)[12] ont estimé qu'étant donné certaines *ambiguïtés* inévitables des expériences, on ne peut rationnellement décider d'abandonner une théorie qui engendre une anomalie.

Il y a deux ambiguïtés fondamentales :
    1. Dans tout test empirique, il faut recourir *à tout un réseau de théories* pour déduire une prédiction. S'il se trouve que celle-ci est erronée, nous ne pouvons donc pas savoir quelle théorie, au sein du réseau, est fausse. Selon ces critiques, tout choix serait arbitraire.

2. Abandonner une théorie sous prétexte qu'elle est incompatible avec les données reviendrait à dire que ces données sont infaillibles et véridiques. Si nous comprenons que les données elles-mêmes sont seulement probables, l'apparition d'une anomalie n'exige pas l'abandon d'une théorie (on pourrait tout aussi bien décider d'abandonner les données).

D'autres critiques[13] de (a) ont insisté non sur l'ambiguïté mais sur la pragmatique du choix et de la mise à l'épreuve des théories. Ils font remarquer que presque toutes les théories ont connu des anomalies ou des situations de falsification au cours de l'histoire. Il n'y a, en effet, aucun exemple de théorie importante qui ne présente aucune anomalie. Il en résulte que si nous devions prendre la proposition (a) sérieusement, nous devrions en toute logique abandonner tout notre répertoire théorique et ainsi être dans l'incapacité de dire quoi que ce soit sur la plupart des domaines de la nature. Pour ces raisons, nous nous plaçons sur un terrain solide en remplaçant (a) par (a') qui est plus faible mais plus réaliste.

Cependant, la plupart de ceux qui ont écrit sur les anomalies, qu'ils soient critiques ou défenseurs de la position classique (a) semblent accepter (b) et tenir pour vrai qu'une anomalie est engendrée seulement lorsqu'il y a une inconsistance *logique* entre nos prédictions «théoriques» et nos observations «expérimentales». En d'autres mots, ils considèrent que les données ne peuvent être menaçantes sur le plan épistémologique pour une théorie que si elles en contredisent les revendications. Ceci me semble être une notion beaucoup trop restrictive de la notion d'anomalie. Il est exact que dans certaines circonstances, les contradictions formelles entre théorie et observation peuvent constituer un exemple frappant d'anomalie. Mais celles-ci sont loin d'en représenter la seule forme.

Si, comme je le crois nécessaire, nous prenons (a') au sérieux, il devient raisonnable de caractériser une anomalie comme étant une situation empirique qui, tout en ne donnant pas de motifs incontournables pour abandonner une théorie, soulève des doutes sur la valeur empirique de celle-ci. Les défenseurs de (a'), lorsqu'ils critiquent (a) ne soutiennent pas qu'il faille ignorer les anomalies; ils insistent plutôt sur le fait que *les anomalies constituent des objections importantes mais non décisives contre toute théorie qui les présente*. Si nous considérons les anomalies sous cet angle (c'est-à-dire *comme des problèmes empiriques qui soulèvent des doutes raisonnables sur l'adéquation empirique d'une théorie*), nous devons abandonner (b) par un raisonnement parallèle, puisqu'il y a beaucoup de problèmes empiriques qui, bien qu'ils soient consistants avec une théorie, peuvent jeter des doutes sur ses bases empiriques. Autrement dit, il y a des cas où les savants ont agi de façon tout à fait *raisonnable* en traitant certains problèmes (qui ne contredisaient pas une théorie) de la même manière qu'ils auraient traité des anomalies qui la contredisaient clairement. On trouve ce type de situation lorsqu'une théorie, dans un domaine ou l'autre, ne permet pas de rendre compte d'un type de problème que d'autres théories, dans le même domaine, ont déjà résolu.

Nous dirons que ces cas constituent ou non des anomalies, en partie d'après l'idée que nous nous faisons des objectifs de la science. Si nous adoptons le point de vue limité selon lequel l'objet de la science est tout simplement d'éviter de faire des erreurs (c'est-à-dire des énoncés erronés), alors les problèmes non résolus n'auront pas beaucoup de poids contre une théorie. Si nous adoptons un point de vue plus large selon lequel la science cherche à élargir au maximum ses capacités à résoudre des problèmes (ou, en langage conventionnel, son «pouvoir explicatif») alors l'incapacité d'une théorie à résoudre un problème bien déterminé, qui a été résolu par une théorie rivale, est un indice important en sa défaveur. Il est étonnant de constater que de nombreux philosophes des sciences ont envisagé ce point de vue large mais ont pourtant refusé d'admettre ce qui en découle, à savoir *l'existence d'une classe d'anomalies non réfutantes* [14].

En y regardant de près, l'histoire des sciences nous montre nombre de situations qui engendrent des comportements semblables aux réactions que nous avons été amenés à prévoir quand une inconsistance survient entre théorie et observation. *Une des sortes d'anomalies les plus importantes survient donc lorsqu'une théorie, quoique consistante avec les résultats observés, est néanmoins incapable d'expliquer ou de résoudre ces résultats (qui ont été résolus par une théorie rivale)* [15]. Ainsi Galilée, dans son étude classique du mouvement pendulaire, critique les théories cinématiques de ses prédécesseurs parce qu'elles ne *peuvent pas expliquer* les propriétés mathématiques de ce mouvement. Son argument n'est pas que les théories antérieures donnent une prévision incorrecte, mais bien qu'elles ne donnent aucune prévision. De même, on a beaucoup critiqué au début du XVIIIe siècle, la mécanique céleste de Newton parce qu'elle ne donnait aucune explication au fait que toutes les planètes se meuvent dans la même direction autour du soleil, un phénomène qui avait été résolu par de nombreuses théories astronomiques antérieures, en particulier celles de Kepler et de Descartes. A nouveau, le problème n'est pas que la théorie de Newton fait des prévisions *erronées* sur la direction de la révolution des planètes, mais bien que cette théorie ne rend pas compte de ce phénomène.

(En effet, le déplacement de planètes adjacentes dans des directions opposées serait compatible avec le système de Newton).

Nous pouvons mieux définir cette sorte d'anomalie en utilisant la terminologie présentée plus haut : *Quand un problème empirique P a été résolu par une théorie, celui-ci constitue par la suite une anomalie pour toute théorie du domaine en question qui ne le résout pas*, d'où la conséquence suivante : le fait qu'une théorie soit consistante avec un fait P, ne signifie pas que celui-ci ne constitue pas une anomalie pour cette théorie, dès le moment où P a été résolu par une autre théorie relevant du même domaine.

Je propose donc que nous élargissions notre concept d'anomalie afin d'y inclure cette classe importante de phénomènes. Mais en se plaçant dans l'esprit de (a'), nous devons également affaiblir la menace épistémique de l'*ensemble* des anomalies. Bien que celles-ci nous fournissent de bonnes raisons pour discuter la valeur d'une théorie, elles ne constituent que rarement, et peut-être même jamais, des raisons décisives en faveur de son abandon. Elles sont importantes dans le processus délicat de l'évaluation des théories, mais elles ne constituent qu'un vecteur parmi d'autres dans la détermination de leur acceptabilité.

En insistant sur le fait qu'un problème ne peut être considéré comme une anomalie pour une théorie que s'il *est résolu* par une autre, notre analyse semble adopter un point de vue contraire à l'opinion générale selon laquelle *la réfutation directe d'une théorie par un fait quelconque pose une menace cognitive directe contre elle*, même si ce fait n'est résolu par aucune théorie rivale. Si une théorie prédit un résultat expérimental R et si le résultat obtenu est $\sim R$, il semble a priori que nous nous trouvions face à une anomalie, même si aucune autre théorie ne peut rendre compte de ce résultat. Cependant, il s'agit là d'un raisonnement non valide, même si cela peut sembler paradoxal. L'explication des raisons pour lesquelles les réfutations expérimentales ne constituent pas des anomalies exige l'utilisation d'un dispositif analytique qui sera exposé dans le chapitre III. Pour le moment nous devons nous contenter d'accepter l'observation suivante : les réfutations expérimentales non résolues n'ont souvent que peu d'importance cognitive.

LA CONVERSION DES ANOMALIES EN PROBLEMES RESOLUS

Une des activités les plus significatives sur le plan de la connaissance, dans laquelle un savant puisse s'engager, c'est la transformation d'une anomalie empirique présumée d'une théorie en un cas qui la confirme.

Contrairement à la solution d'un nouveau problème, la conversion d'anomalies en problèmes résolus rend un double service : elle démontre la capacité de la théorie à résoudre des problèmes mais en plus elle élimine un des grands handicaps cognitifs de celle-ci. Le processus de conversion des anomalies réelles ou apparentes en problèmes résolus est aussi vieux que la science elle-même. L'histoire de l'astronomie nous en donne beaucoup d'exemples. L'idée de base est exprimée par l'aphorisme classique *exceptio probat regulam* — qui, à l'origine, signifiait qu'une règle ou un principe est mis à l'épreuve par sa capacité à rendre compte de ses exceptions apparentes. De nombreux exemples pourraient être cités, mais le mieux connu est peut-être l'évolution de l'hypothèse de Prout sur la composition atomique. Prout croyait que tous les éléments étaient composés d'hydrogène et que, par conséquent, leurs poids atomique devaient être un multiple du poids de celui-ci. Peu après que cette doctrine eût été exprimée en 1815, de nombreux savants attirèrent l'attention sur des exceptions ou anomalies apparentes. Berzelius et d'autres montrèrent que plusieurs éléments avaient des poids atomiques incompatibles avec la théorie de Prout (par exemple, le poids de 103,5 pour le plomb, 35,45 pour le chlore et 68,7 pour le barium). Ces résultats constituaient de sérieuses anomalies pour les chimistes de l'école de Prout. Au début du XXe siècle cependant, les isotopes furent découverts et l'on mit au point des techniques permettant leur séparation. On put constater alors que chaque isotope avait un poids atomique qui était un multiple de celui de l'hydrogène. Les anomalies précédentes pouvaient être expliquées par l'hypothèse de Prout en montrant qu'il s'agissait de mélanges isotopiques. Donc, *ces phénomènes, qui étaient des anomalies, pour l'hypothèse de Prout, furent transformés en données qui soutenaient cette même hypothèse.* Presque toutes les grandes théories scientifiques ont connu des succès de ce type au cours de leur histoire.

LA PONDERATION DES PROBLEMES EMPIRIQUES

Jusqu'à présent, nous avons présumé que tous les problèmes empiriques pouvaient être mis sur le même pied. En réalité, il est évident que certains problèmes ont plus de poids que d'autres et que certaines anomalies sont plus menaçantes que d'autres. Pour que l'approche que je soutiens puisse devenir un bon outil d'évaluation, elle doit pouvoir montrer comment et pourquoi certains problèmes ont plus de signification que d'autres.

La pondération des problèmes résolus

Il y a des problèmes empiriques qui, à un moment donné, dans un certain domaine scientifique ont (et *doivent avoir*) une priorité élevée de telle sorte qu'une théorie qui les résout sera considérée, *ipso facto*, comme une prétendante sérieuse à l'allégeance rationnelle de la communauté scientifique. Par contre, certains problèmes n'ont qu'une valeur marginale. Il serait bien de pouvoir les résoudre, mais aucune théorie ne sera abandonnée parce qu'elle n'y parvient pas. De même, l'importance des anomalies varie; elles peuvent être des arguments décisifs contre une théorie (habituellement appelés «expériences cruciales»), ou bien n'être que des exceptions mineures que l'on peut ignorer complètement. Pour qu'une philosophie des sciences ou un modèle du progrès scientifique soit satisfaisant, il doit permettre non seulement de compter les problèmes scientifiques mais aussi de les évaluer, sur une échelle d'importance relative.

Dans cette section, je vais faire quelques propositions sur les moyens d'évaluer rationnellement l'importance des problèmes. Je dois tout d'abord faire deux remarques.

Premièrement, les critères d'évaluation rationnelle que je propose ne prétendent pas faire le tour complet de la question. Le développement d'un calcul explicite de ce type est une entreprise importante qui va bien au-delà de l'objet de cet essai; ma liste sera donc suggestive et non exhaustive.

Deuxièmement, ce qui suit concerne seulement *l'évaluation cognitive rationnelle* des problèmes scientifiques. Il arrive souvent qu'un problème devienne d'une importance majeure pour une communauté scientifique pour des raisons non rationnelles ou irrationnelles. Ainsi, certains problèmes prennent une grande importance parce que la National Science Foundation est prête à payer des savants pour les étudier ou bien, comme dans le cas du cancer, parce qu'il y a des pressions morales, sociales et financières qui placent ces problèmes plus haut qu'ils ne le méritent sur le plan strictement scientifique. Mon but n'est pas de discuter des dimensions non rationnelles dans l'évaluation d'un problème (bien que je dise quelques mots à ce sujet dans le chapitre 7). Nous devons donc d'abord étudier quelles sortes de facteurs peuvent affecter l'importance attribuée à des problèmes dans le contexte de l'évaluation rationnelle des théories scientifiques.

Dans un nouveau domaine scientifique, c'est-à-dire dans un domaine où des théories adéquates et systématiques n'ont pas encore été formulées, presque tous les problèmes empiriques sont sur pied d'égalité. Il n'y a habituellement pas de bonnes raisons pour considérer qu'un problème ou un groupe de problèmes est plus important ou plus crucial qu'un autre. Cependant, dès qu'il existe une ou plusieurs théories dans un domaine, on dispose de critères autorisant à donner plus d'importance à certains problèmes empiriques[16]. Trois types de cas sont très importants.

L'inflation des problèmes par leur solution. Si un problème particulier a été résolu par une théorie viable dans un certain domaine, ce problème prend alors une signification considérable. En effet, les théories rivales seront dans la nécessité soit de le résoudre, soit de justifier de façon satisfaisante leur incapacité à y parvenir. Ainsi, après que Galilée eut trouvé une solution au problème de la chute des corps, les théories ultérieures furent contraintes de fournir une solution adéquate au même problème.

Pour approfondir un point dont j'ai déjà parlé, il est tentant de soutenir une thèse plus forte, à savoir que dans beaucoup de cas (mais non dans tous) une situation empirique n'est pas considérée comme un problème jusqu'à ce qu'elle ait été résolue par une théorie consacrée à son domaine. Dans ce cas-là, la solution du problème ne lui donne pas *plus* de poids. C'est *la solution même qui nous permet de reconnaître qu'il s'agissait bien d'un véritable problème.* La raison en est qu'il est souvent difficile de savoir si un problème apparent est bien un problème empirique, c'est-à-dire s'il y a vraiment un phénomène naturel à expliquer. Les expériences sur la perception extrasensorielle en sont un bon exemple. La plupart des savants diraient aujourd'hui qu'ils ne sont pas sûrs qu'il y ait *une seule* donnée dans ce domaine qui nécessite une explication théorique. Ce qu'on appelle les «pseudo-sciences» (de même que les nouvelles sciences qui émergent) fleurissent généralement dans des situations similaires, c'est-à-dire quand il n'est pas clair qu'il y ait un problème dont il faille trouver la solution.

L'inflation des problèmes par la résolution des anomalies. Si un problème s'est révélé être une anomalie pour certaines théories du domaine considéré, ou n'a pu être résolu par elles, toute théorie qui peut transformer ce problème en problème résolu présentera des arguments solides en sa faveur. Le succès de la théorie spéciale de la relativité qui permit d'expliquer les résultats des expériences de Michelson et Morley (ceux-ci constituaient des anomalies pour les théories antérieures de l'éther), est un exemple bien connu de ce type de processus.

On peut encore citer : l'explication de la forme de la terre et de l'élongation du spectre par Newton, l'explication des expériences d'élevage domestique par Darwin, l'explication de l'effet photoélectrique par Einstein.

L'inflation des problèmes par construction d'archétypes. A un niveau plus subtil, il y a d'autres moyens par lesquels des théories donnent à certains problèmes empiriques une signification plus grande qu'à d'autres. Comme nous le verrons plus loin en détail, beaucoup de théories font de certaines situations empiriques des archétypes : je les appelle ainsi parce que les théories en question indiquent qu'il s'agit de processus primaires ou basiques, auxquels les autres processus relevant du même domaine doivent être ramenés. Par exemple, avant Descartes, les problèmes d'impact et de collision des corps étaient à la périphérie des préoccupations de ceux qui étudiaient le mouvement et la mécanique. Ils étaient à peine considérés comme des problèmes qu'une théorie du mouvement devrait résoudre. Mais la philosophie cartésienne de la mécanique, précisément parce qu'elle concevait les collisions comme le mode primordial d'interaction entre les corps, a promu ces problèmes au premier rang, où ils se trouvent toujours. Dans ce cas, comme dans d'autres semblables, l'inflation de la valeur des problèmes de collision était le signe de bien autre chose qu'un changement de cap capricieux de la recherche. En tant que cartésien, on était tenu de respecter la thèse selon laquelle la quasi-totalité des sciences naturelles pouvaient être ramenées aux lois de collision. Mais ces lois, cruciales, étaient pour ainsi dire inconnues au début du XVIIe siècle. Il était donc tout à fait raisonnable, pour les cartésiens et pour ceux qui étaient intéressés par la démarche cartésienne, de considérer les questions d'impact et de collision comme des problèmes parmi les plus pressants en physique. De la même manière, l'explication de la bouteille de Leyde (un condensateur primitif) par Franklin, un siècle plus tard, eut pour résultat l'accroissement de la signification de cet instrument, et ce pour deux raisons : en premier lieu, parce qu'il résolvait ce qui était considéré comme un phénomène curieux ; en second lieu, parce qu'il utilisait pour résoudre ce phénomène une théorie qui fit de la bouteille de Leyde un cas archétypal d'électrification, alors qu'elle n'avait été jusque-là qu'une simple curiosité [17].

Ce qu'il faut noter à propos des trois modes d'évaluation indiqués plus haut, c'est que l'importance d'un problème dépend des théories disponibles. Sans théories appropriées, aucun de ces modes d'évaluation ne serait possible. Il existe, toutefois, un type d'évaluation des problèmes qui ne dépend pas toujours d'une théorie existante :

L'évaluation des problèmes par leur généralité. Il arrive qu'on puisse démontrer qu'un problème est plus général et donc plus important qu'un autre. Par exemple, le problème de Kepler consistant à trouver la loi du mouvement de la planète Mars est un cas particulier et, par conséquent, moins général que le problème subséquent qu'il eut à résoudre, à savoir la découverte d'une loi générale du mouvement pour toutes les planètes. Le problème de Mendel relatif à la transmission des traits dans les pois est moins général que le problème de la transmission des traits dans le cas de tous les légumes. Cependant, l'intuition mise à part, la tâche de définir la généralité d'un problème est difficile. La proposition suivante est assez évidente : *si nous pouvons montrer dans le cas de deux problèmes P' et P que la solution de P' constitue aussi une solution pour P (mais non l'inverse), alors P' est plus général et donc d'un poids plus grand que P*. Bien qu'une classe importante de cas soient susceptibles d'une telle analyse, il y en a beaucoup d'autres qui ne permettent pas une évaluation comparée de leur généralité. Dans ces cas-là, nous devons revenir aux trois premières méthodes d'évaluation.

Tout comme certaines circonstances peuvent rendre certains problèmes plus importants que d'autres, il existe des facteurs tendant à *diminuer* l'importance de problèmes empiriques, qu'ils soient résolus ou non.

La déflation d'un problème par sa dissolution. Comme nous l'avons vu, les problèmes représentent des états de choses *présumés*, des suppositions sur ce que nous croyons qu'il se passe dans le monde (ou, plus habituellement, dans le laboratoire). Comme nous changeons parfois nos croyances sur ce qui se passe (par exemple, si nous ne pouvons pas reproduire certains résultats expérimentaux), beaucoup de problèmes disparaissent tout naturellement d'un domaine donné. Ce qui avait été considéré comme un problème peut tout simplement cesser d'en être un, devenant ainsi un «pseudo-problème». Même lorsqu'un problème ne disparaît pas entièrement, son importance diminue quand on doute de plus en plus de son authenticité ou de son rapport avec le domaine dont on pensait qu'il relevait.

La déflation d'un problème par la modification du domaine. Un problème peut perdre de son importance en étant exproprié par un autre domaine. Jusqu'au début du XVIIe siècle, par exemple, les auteurs en physique optique pensaient qu'il était important d'expliquer, au sein de cette discipline, ce que l'on savait sur la physiologie de l'œil et la psychologie de la vision. Aucune théorie relative à «l'optique» n'était adéquate si elle ne s'intéressait pas à ces questions. Le savoir, en se spécialisant, provoqua une modification du domaine: les problèmes de la physiologie de la vision et de la psychologie de la perception furent retirés de la physique optique et leur importance fut donc radicalement dévaluée par rapport à celle-ci.

La déflation d'un problème par la modification d'un archétype. Comme nous l'avons vu plus haut, certains problèmes peuvent prendre une importance spéciale à cause de l'apparition d'une nouvelle théorie. Parallèlement, une théorie rejetée fait perdre de l'importance aux problèmes qu'elle avait mis en exergue et qui lui servaient d'archétypes. Ainsi, lorsque Descartes et d'autres physiciens au XVIIe siècle, eurent réussi à faire des mécanismes de collision l'archétype des processus mécaniques, les questions du travail et des dépenses d'énergie qui chez Aristote constituaient des problèmes centraux, perdirent beaucoup de leur importance.

Le poids des anomalies

Il a été souvent soutenu, particulièrement par Karl Popper, mais aussi en général par tous les empiristes logiques, qu'une théorie qui présentait des anomalies empiriques (dans leur langage, une théorie qui avait été «réfutée» ou «infirmée»), n'était plus digne de considération scientifique sérieuse. Selon ce point de vue, toute anomalie, toute expérience qui constitue une réfutation avait la même valeur. Pour une théorie, une seule anomalie empirique était aussi dévastatrice que cent. On s'est aperçu récemment qu'une telle position ne pouvait être soutenue; en tout cas, pas en pratique, et probablement pas en principe non plus. Comme l'ont montré Kuhn et de nombreux autres chercheurs, toutes les théories un tant soit peu complexes que l'on ait jamais défendues, *y compris* celles qui sont acceptées par les savants d'aujourd'hui, présentent des anomalies. Il n'est tout simplement pas exact que la découverte d'une anomalie relative à une théorie conduit à son abandon. Cependant, il est arrivé que des théories soient confrontées à suffisamment d'anomalies aiguës pour qu'on les ait abandonnées. Si nous voulons comprendre ce qu'il y a d'implicitement rationnel dans ce comportement, nous devons pouvoir, même grossièrement, graduer les anomalies qu'une théorie peut rencontrer afin d'indiquer les différences entre celles qui sont désastreuses et celles qui sont seulement causes d'embarras.

Une façon possible d'appréhender ce dilemme nous est donnée par Thomas Kuhn qui estime qu'*un grand nombre d'anomalies* est une raison suffisante pour abandonner une théorie[18]. Mais ce point de vue présente des difficultés car Kuhn ne nous explique pas pourquoi un nombre n d'anomalies conduirait les savants à abandonner une théorie, alors que $n - 1$ anomalies les laisseraient indifférents. De même, la position de Kuhn ne rend pas compte du fait que, historiquement, on constate que des théories ont été abandonnées alors qu'elles ne rencontraient que peu d'anomalies, tandis que d'autres ont été maintenues malgré un flot de réfutations empiriques.

Je pense que si nous voulons trouver rimes ou raisons au rôle joué par les anomalies dans l'histoire des sciences, il faut admettre que ce n'est pas leur nombre mais leur importance cognitive qui entre en ligne de compte.

Comment peut-on donc graduer l'importance des anomalies empiriques? L'approche la plus naturelle semble être de se demander quel est *le degré de menace épistémique* que ces anomalies posent à une théorie. On peut progresser dans cette voie en constatant que l'importance d'une anomalie par rapport à une théorie dépend largement de la situation de celle-ci par rapport à ses rivales. S'il se trouve qu'une théorie est la seule dans un domaine particulier, même si elle est susceptible de douzaines de réfutations, il est vraisemblable qu'aucune n'aura une importance décisive. En effet, quand nous nous interrogeons sur l'importance d'une anomalie, ce que nous nous demandons en réalité c'est dans quelle mesure celle-ci nous amènera à abandonner la théorie qui l'a engendrée. S'il n'y a aucune théorie alternative, toute idée d'abandon est purement académique, car en l'absence d'une remplaçante, cela signifierait une défaite de premier ordre pour le savoir. Ainsi, *l'évaluation d'une anomalie apparente d'une théorie T_1 doit se faire par rapport aux théories rivales du même domaine*. En supposant qu'il y ait des théories rivales, nous pouvons nous demander si un problème particulier qui se présente pour T_1 apparaît aussi pour ses rivales. Si la réponse est affirmative, c'est-à-dire si toutes les théories du domaine en question sont également incapables de résoudre ce phénomène particulier, alors on peut dire qu'il n'a pas beaucoup d'importance pour l'évaluation de T_1, même s'il la contredit. Par contre, s'il y a un problème empirique que T_1 ne peut résoudre, mais que des théories rivales peuvent expliquer, celui-ci prend une grande importance vis-à-vis de T_1; en résumé, il s'agit d'une véritable anomalie. Il est donc clair que l'importance d'une anomalie pour une théorie varie énormément selon l'époque et les circonstances.

Voici quelques exemples à titre d'illustration. Depuis l'antiquité, les savants estiment que toute théorie de l'astronomie et de l'optique devrait expliquer la couleur du ciel. Cependant, jusqu'au début du XXe siècle, aucune théorie n'a pu expliquer de façon satisfaisante le fait que la lumière, passant dans le vide et réfractée ensuite par l'atmosphère, produisait la couleur bleue habituelle du ciel. C'est seulement lorsque Rayleigh eut élaboré une théorie de la dispersion atmosphérique que l'incapacité d'expliquer le bleu du ciel est devenue un argument majeur contre ces théories. De même, la possibilité de produire de la chaleur par la friction de deux corps était depuis longtemps connue, mais ce phénomène était contraire à l'idée selon laquelle la chaleur était une substance inhérente aux corps. C'est seulement après l'élaboration d'une théorie cinétique de la chaleur qui pouvait rendre compte de la production de la chaleur par friction, que celle-ci est devenue un problème important pour les théories qui considéraient que la chaleur était une substance.

Notre discussion, jusqu'à présent, nous a seulement permis de reconnaître les anomalies, mais non d'en mesurer l'importance. *Le degré de divergence* entre les résultats expérimentalement observés et la prévision théorique constitue un des facteurs principaux dans la détermination de l'importance d'une anomalie. Chaque théorie est confrontée, à tout moment, à des différences minimes entre ce qui est observé et ce qui est prévu. En l'absence d'une théorie qui donne une meilleure approximation des données, peu de personnes attacheront de l'importance à ces quasi-anomalies. Cependant, les différences importantes, représentant souvent plusieurs ordres de grandeur, sont plus graves. Les savants sont prêts à accepter des théories approximatives, mais seulement jusqu'à un certain degré. La démarcation précise dépend largement des critères conventionnels de précision, théoriques et expérimentaux dans le domaine dont il est question. Par exemple, il est évident que les cosmologues ou géologues accorderont moins d'importance à des différences apparemment substantielles entre les prévisions et les résultats obtenus qu'un spécialiste de chimie physique ou de spectroscopie. Ces différences de seuil de précision entre les disciplines ne signifient pas que ces limites sont arbitraires. Au contraire, elles reflètent souvent les contraintes instrumentales et mathématiques propres au champ observé et la complexité du processus sous investigation. Ce qui est commun à toutes les disciplines, c'est la conviction que certains résultats expérimentaux sont à ce point discordants qu'ils constituent des anomalies très importantes, alors que d'autres, moins déviants, ne constituent que des problèmes mineurs. Ici encore, le jeu de la comparaison entre les théories rivales est décisif.

Un second facteur qui influence le poids d'une anomalie est *son âge et sa résistance à toute solution dans le cadre d'une certaine théorie*. Personne n'est vraiment surpris si un phénomène récemment découvert (éventuellement prédit par une certaine théorie), constitue une anomalie pour une autre théorie du même domaine. Nous savons, par expérience, qu'il faut parfois un certain nombre d'ajustements au sein même d'une théorie avant qu'un problème ne puisse être résolu de façon convaincante. Toutefois, si après des efforts répétés, une théorie reste incapable d'expliquer l'anomalie, celle-ci devient alors un sujet d'embarras épistémique de plus en plus grand. Incidemment, c'est pour cette raison que ce qu'on appelle des expériences cruciales — destinées à choisir entre des théories rivales — sont rarement immédiatement décisives. Il faut du temps et des efforts pour tenter une conciliation avant de pouvoir conclure raisonnablement qu'une théorie est incapable de résoudre une anomalie donnée.

Je reviendrai plus loin sur la question générale de l'évaluation de l'importance des problèmes empiriques; mais nous pouvons résumer ce qui précède en insistant sur deux points:

1. la solution des problèmes empiriques (qu'ils soient résolus ou anomaux) est d'une importance variable, certains problèmes étant d'un poids beaucoup plus important que d'autres;
2. l'évaluation du degré d'importance d'une anomalie ou d'un problème particulier exige la connaissance des diverses théories relatives au domaine dont il s'agit et la connaissance de leur succès ou insuccès vis-à-vis de la question.

LES ENSEMBLES DE THEORIES ET LES PROBLEMES SCIENTIFIQUES

Jusqu'à présent, j'ai articulé mon exposé comme si c'étaient les théories *individuelles* qui donnent ou ne donnent pas des solutions aux problèmes empiriques. J'ai dit aussi que les théories individuelles peuvent être créditées des solutions qu'elles donnent et tenues responsables des anomalies qu'elles engendrent. En agissant ainsi, j'ai, toutefois, laissé de côté un des aspects les plus frappants et les plus significatifs de la mise à l'épreuve d'une théorie, à savoir l'ambiguïté de *la menace épistémique posée par les anomalies*. Afin de déterminer si mon analyse ne s'effondre pas sur cette question, nous devons examiner avec attention les arguments relatifs à cette ambiguïté.

L'ambiguïté supposée de la mise à l'épreuve des théories

Au début de ce siècle, le philosophe et physicien français Pierre Duhem a soutenu que la mise à l'épreuve des théories est bien plus compliquée que l'observateur non critique ne pourrait l'imaginer[19]. Il faisait remarquer que les théories individuelles n'entraînent généralement rien qui puisse être directement observé dans un laboratoire. Il soutenait que c'était plutôt la *conjonction complexe* de diverses théories (ainsi que le choix des conditions initiales) qui pouvait mener à certaines prévisions sur le monde. Par exemple, pour tester un énoncé théorique aussi simple que la loi de Boyle, nous devons utiliser (parmi d'autres) des théories sur le comportement de nos instruments de mesures. La loi de Boyle elle-même ne nous dit rien sur la manière dont ces instruments vont réagir. S'il est toujours (ou même habituellement) vrai que c'est un ensemble de théories, et non une théorie individuelle, qui est soumis au test empirique, certaines ambiguïtés cruciales semblent survenir. Supposons, par exemple, qu'un ensemble de théories produise un résultat erroné (c'est-à-dire mène à une prévision qui est réfutée par les données d'observation). Quelle conclusion pouvons-nous en tirer ? Duhem (ainsi que la plupart de ses commentateurs récents), prétend qu'on ne peut jamais savoir avec certitude quel élément théorique de l'ensemble a été réfuté ou falsifié par l'observation récalcitrante. La seule chose que nous sachions, c'est que nous nous sommes trompés quelque part. La logique de l'inférence scientifique est trop imprécise pour nous permettre, avec certitude, de mettre le doigt sur un composant ou groupe de composants de l'ensemble théorique. Il s'ensuit qu'on ne peut jamais dire légitimement qu'une théorie a été réfutée[20].

Une ambiguïté similaire, mais sur laquelle on n'a pas attiré l'attention jusqu'ici, affecte apparemment la confirmation tout autant que la réfutation des théories ou hypothèses scientifiques. S'il est vrai que seuls les ensembles de théories peuvent être confrontés à l'expérience, *alors la prévision réussie du résultat d'une expérience nous laisse dans un doute identique — en ce qui concerne la distribution des bénéfices — à celui qui existe lors de l'attribution de l'échec dans une prévision erronée.* Dans le cas d'une confirmation réussie, devons-nous présumer que chaque élément de l'ensemble théorique est confirmé par le résultat ? Devons-nous présumer que chacun de ces éléments doit bénéficier de la même augmentation de son degré de confirmation ? Voilà des questions bien difficiles et auxquelles je crois qu'on n'a pas encore répondu.

Mais quel est le statut de l'ambiguïté des résultats expérimentaux en ce qui concerne le modèle présenté ici ? Pose-t-elle les mêmes problèmes que pour les analyses classiques ? Rend-elle inutile toute discussion sur l'évaluation des théories et hypothèses individuelles ?

La solution de problèmes et l'ambiguïté expérimentale

Je montrerai plus loin que les ambiguïtés des résultats expérimentaux, qui existent bel et bien, et sont la cause de beaucoup de soucis quand elles sont utilisées contre le mode standard d'évaluation des théories, sont de peu d'effet dans le contexte d'un modèle *problem-solving*. Je montrerai en plus que — dans certains cas — il y a une façon naturelle de traiter les ambiguïtés de Duhem qui nous permettra de continuer à parler de l'évaluation rationnelle des théories *individuelles* sans devoir être obligé de ne parler que des ensembles de théories.

Parlons d'abord des ambiguïtés de réfutation et de falsification. L'argument menait à la conclusion qu'on ne peut déduire légitimement qu'un élément d'un ensemble de théories est faux du fait que l'ensemble fait des prédictions erronées. Supposons un instant que l'argument soit concluant. Même dans ce cas, il n'implique rien quant à la possibilité d'évaluer la capacité à résoudre des problèmes des théories individuelles. Nous pouvons, par exemple, adopter le principe (A_1) suivant, qui tient parfaitement compte des craintes de Duhem,

> Quand un ensemble de théories E rencontre une anomalie a, a représente une anomalie pour chaque élément non analytique T_1, T_2,... T_n, de E[21].

Pourquoi le principe A_1 ne peut-il pas être critiqué à la manière de Duhem ? Simplement parce que l'analyse de Duhem *vise à assigner le vrai ou le faux* (ou des termes plus faibles, la probabilité, le degré de confirmation) à des théories individuelles. La force de la position de Duhem (c'est aussi le cas pour ses développements récents) repose sur certains aspects particuliers de l'attribution des valeurs de vérité dans un *modus tollens*. Dans ce type d'argument, on nous demande d'imaginer une situation où un ensemble de théories E entraîne une observation O qui est fausse :

[E (composé de T_1, T_2,... T_n) + conditions initiales] → O
Non-O est observé

Le partisan de Duhem fait observer que la logique ne permet pas d'affirmer la fausseté d'un élément T_i de l'ensemble étant donné que l'ensemble lui-même a été falsifié.

Toutefois, dans notre modèle orienté vers la solution de problèmes, nous ne jugeons pas du vrai et du faux. Il n'y a rien dans la structure de la logique déductive qui interdise la localisation de propriétés, comme l'efficacité à résoudre des problèmes. Quand nous disons que a est une anomalie pour une théorie T_i, nous ne disons pas que a falsifie T_i (l'affirmer permettrait aux objections de Duhem de jouer), nous disons plutôt que a est un problème du type de ceux qu'une théorie comme T_i devrait pouvoir résoudre (en conjonction avec d'autres théories, bien entendu), mais qu'elle n'a pas encore résolu. Ceci ne prouve donc pas que T_i soit erronée mais soulève des doutes quant à sa capacité à résoudre efficacement un problème (ce doute s'étend d'ailleurs à toutes les autres théories de l'ensemble qui n'a pas permis de résoudre le problème empirique a).

Une analyse similaire s'applique aux ambiguïtés apparentes de la confirmation. Si nous insistons sur ces ambiguïtés, c'est que le degré auquel la confirmation d'un ensemble de théories doit augmenter notre confiance dans la *vérité* (ou la vraisemblance) des éléments qui le composent n'est pas clair. Mais, si nous ne parlons plus de vérité ou de probabilité, mais de la solution d'un problème, cette ambiguïté disparaît d'elle-même. Nous disposons, en effet, d'un principe (A_2), qui est l'image miroir du principe (A_1) énoncé ci-dessus pour les anomalies, à savoir :

> Quand un ensemble de théories E résout adéquatement un problème empirique b, alors b compte comme problème résolu pour chacun des éléments non analytiques $T_1, T_2, ..., T_n$ de E.

Comme les principes (A_1) et (A_2) le disent clairement, je propose de retourner les réponses habituelles aux ambiguïtés de Duhem. Les auteurs antérieurs ont cherché une solution qui permette, *malgré* l'analyse de Duhem, d'attribuer le crédit et le blâme. Quant à moi, je soutiens, au contraire, que l'issue du problème consiste à *répartir ces derniers sur chacun des membres de l'ensemble* (en recourant à une variante rationnelle de la doctrine de la culpabilité par association).

Une argumentation complète en faveur des principes (A_1) et (A_2) nécessite un développement bien plus long que je ne puis faire ici. Ce que je répète, c'est que rien, dans les arguments habituels relatifs à l'ambiguïté de l'expérimentation, ne peut enlever de leur force à (A_1) ou (A_2). On est donc, dans ces limites, en droit de dire qu'il semble parfaitement correct de parler de l'évaluation des théories individuelles, pour autant que celle-ci concerne l'efficacité à résoudre un problème et non la question du vrai et du faux.

Il y a une autre dimension au problème de Duhem qu'il faut mentionner ici, bien qu'un traitement complet doive attendre que j'aie exposé d'autres moyens d'évaluation des théories dans le chapitre suivant. Il s'agit de la réponse rationnelle à ce qu'on appelle une expérience falsifiante. Dans mon analyse, quand un ensemble de théories engendre une anomalie, celle-ci compte en défaveur de chacun de ses éléments. Le fait que chaque théorie hérite de cette anomalie ne signifie pas qu'elles doivent toutes être abandonnées, car comme nous l'avons déjà vu, l'existence d'une anomalie pour une théorie n'est pas *ipso facto* suffisante pour exiger l'abandon de celle-ci. Toutefois, du fait que l'anomalie existe, et parce que la science cherche à réduire les phénomènes de ce type, il subsiste une pression cognitive sur la communauté scientifique qui doit tenter de la résoudre. La solution de cette anomalie exigera probablement l'abandon (mais pas à cause de sa «falsification») d'au moins une théorie qui compose l'ensemble qui s'est révélé incapable de la traiter. De mon point de vue (et je crois bien que c'est aussi celui de Duhem), le défi réel consiste non pas à montrer comment «localiser» le vrai ou le faux, mais à proposer des stratégies rationnelles permettant de sélectionner un meilleur ensemble de théories[22]. Je reviendrai sur ce point au chapitre 3, où les moyens permettant d'effectuer des évaluations pertinentes seront décrits.

Chapitre 2
Les problèmes conceptuels

> *Si un historien accepte l'analyse [habituelle] de la confirmation... il pourrait conclure que le cours du développement scientifique est profondément influencé par... des considérations qui ne sont pas basées sur l'évidence factuelle.*
>
> Wesley SALMON (1970), p. 80.

Notre discussion, dans le premier chapitre a été centrée exclusivement sur les problèmes empiriques et les connections entre ces problèmes et les théories qui ambitionnent de les résoudre. Ce serait une énorme erreur, cependant, de croire que le progrès et la rationalité scientifique consistent entièrement en la solution de problèmes empiriques. Il y a une autre forme d'activité visant à résoudre des problèmes qui a été *au moins aussi importante* dans l'évolution des sciences. Ce type de problèmes que j'appelle *problèmes conceptuels* a été largement ignoré par les historiens et les philosophes des sciences (quoique rarement par les savants), probablement parce qu'il ne s'accorde pas bien avec les épistémologies empiristes qui sont à la mode depuis plus d'un siècle. Le but de ce chapitre est d'établir une théorie de la solution des problèmes plus large que celle des empiristes, d'explorer la nature de ces problèmes non empiriques, et de montrer leur rôle dans l'évaluation des théories.

Un simple regard sur l'histoire des sciences nous permet de constater que les débats les plus importants entre les savants ont été centrés autant sur les problèmes non empiriques que sur les problèmes empiriques. Quand, par exemple, l'astronomie épicyclique Ptolémée a été critiquée (dans l'Antiquité, au Moyen Age et à la Renaissance), les critiques ne se rapportaient pas à son adéquation à résoudre des problèmes empiriques importants de l'observation astronomique. La plupart des critiques de Ptolémée reconnaissaient en effet, que son système permettait de «ménager les phénomènes». Le gros de la critique était, en fait, dirigé contre la plausibilité conceptuelle des mécanismes utilisés par Ptolémée (non seulement les épicycles, mais aussi les équants et les excentriques) pour résoudre les problèmes empiriques de l'astronomie. De même, les critiques tardifs de Copernic ne disaient pas, en général, que son système était empiriquement incorrect, ni qu'il ne permettait pas de prédire les mouvements des corps célestes. En fait, son système pouvait résoudre les problèmes empiriques (tel que le mouvement des comètes) bien mieux que les autres théories de l'époque. Ce qui troublait surtout les critiques de Copernic, c'était de savoir comment intégrer le système héliocentrique dans un cadre plus large d'hypothèses sur la nature qui avait été progressivement et systématiquement articulé depuis l'antiquité. Quand, un siècle après Copernic, Newton annonça «son système du monde», il rencontra la faveur quasi universelle en raison de sa capacité à résoudre de nombreux problèmes empiriques. Ce qui troublait pourtant nombre de ses contemporains (Locke, Berkeley, Huygens et Leibniz entre autres), c'étaient certaines ambiguïtés et certaines confusions conceptuelles dans ses suppositions fondamentales. Qu'était l'espace absolu? Quel était son rapport avec la physique? Comment des corps célestes pouvaient-ils agir à distance les uns sur les autres? Quelle était la source de cette nouvelle énergie qui, selon la théorie de Newton, devait être surajoutée continuellement à l'ordre du monde? Leibniz se demandait comment la théorie de Newton pouvait se concilier avec l'idée d'un dieu intelligent qui aurait conçu le monde. Mais personne ne parlait de problèmes empiriques non résolus ou d'anomalies. Les difficultés aiguës soulevées avaient un *caractère non empirique*. Mais, ce ne sont pas seulement les sciences «jeunes» qui mettent en évidence ce type de phénomène.

Si nous examinons comment ont été reçues la biologie évolutionniste de Darwin, les théories psychanalytiques de Freud, les théories du comportement de Skinner ou la mécanique quantique moderne, nous constatons que la même réaction se répète. A côté des anomalies et des problèmes empiriques résolus, les critiques et les défenseurs d'une théorie font appel à des critères d'évaluation qui n'ont rien à voir avec la capacité de la théorie en cause à résoudre des problèmes empiriques relevant de son domaine scientifique.

Cet aspect des choses avait bien entendu été remarqué par les historiens, les philosophes et les sociologues de sciences: il est vraiment trop évident et persistant pour qu'il en ait été autrement. Cependant, la réaction habituelle aux cas où les théories sont évaluées au moyen de considérations non empiriques a été de déplorer l'intrusion d'arguments « non scientifiques » et de les attribuer aux préjugés, superstitions et autres habitudes « pré-scientifiques ». Certains, dont Kuhn, ont été jusqu'à dire que l'absence de tels facteurs non empiriques était un gage de « maturité » pour une science [1]. Au lieu d'essayer d'apprendre par ces exemples quelque chose de neuf sur la nature complexe de la rationalité scientifique, les philosophes (avec regret) et les sociologues (avec joie) y ont plutôt vu des preuves de l'irrationalité des sciences telles qu'elles sont pratiquées en réalité [2]. Il en résulte que la majorité de ceux qui étudient la nature des sciences n'ont accordé aucune place à ces problèmes conceptuels dans l'évaluation rationnelle des théories scientifiques [3]. Les philosophies des sciences empiristes (y compris celles de Popper, Carnap et Reichenbach), ainsi que certaines méthodologies empiristes moins stridentes (celles de Lakatos, Collingwood et Feyerabend entre autres) — qui toutes considèrent que le choix d'une théorie devrait être exclusivement le résultat de motifs empiriques — n'arrivent pas à rendre compte du rôle des problèmes conceptuels en science. Par voie de conséquence, elles sont trop pauvres pour expliquer ou reconstruire le cours réel de l'évolution de celles-ci. Ces théories empiristes du savoir font preuve de limitations particulièrement gênantes en ce qui concerne l'explication de situations historiques où les capacités à résoudre des problèmes de différentes théories rivales étaient virtuellement *équivalentes*. Les cas de cette sorte sont bien plus communs en science qu'on ne l'imagine généralement. Les débats entre les astronomes coperniciens et ptoléméens (1540-1600), entre les newtoniens et les cartésiens (1720-1750), entre les atomistes et les anti-atomistes (1815-1880), les conflits entre les théories optiques corpusculaires et ondulatoires sont des exemples de controverses scientifiques importantes où le soutien empirique en faveur des théories rivales était essentiellement le même. Les récits — inspirés du positivisme — de ces débats historiques ont apporté peu de lumière sur ces cas importants. Ceci ne devrait pas nous étonner, puisque le positivisme considère que le soutien empirique est le seul arbitre légitime de la croyance théorique. Du point de vue de l'empiriste strict, ces controverses ne sont que des *querelles de mots*, des débats vides de sens et irrationnels sur des sujets que l'expérimentation ne peut résoudre.

Une vue plus large de la nature de la solution des problèmes — qui reconnaît l'existence de problèmes conceptuels — nous place dans une position qui nous permet de comprendre et de décrire l'interaction intellectuelle qui se manifeste entre les défenseurs de théories que les données justifient autant l'une que l'autre. Etant donné que l'évaluation des théories dépend de nombreux facteurs, la parité en ce qui concerne un facteur ne signifie pas l'impossibilité d'un choix rationnel basé sur des disparités à d'autres niveaux.

LA NATURE DES PROBLEMES CONCEPTUELS

Jusqu'à présent, nous avons défini les problèmes conceptuels par exclusion, en sous-entendant qu'ils sont non empiriques. Avant de pouvoir comprendre leur rôle dans l'évaluation des théories, nous devons préciser ce qu'ils sont et comment ils apparaissent. Pour commencer, il faut insister sur le fait qu'un problème conceptuel est un problème *que présente l'une ou l'autre théorie*. Les problèmes conceptuels sont des caractéristiques des théories qui les font apparaître et n'ont pas d'existence indépendante de celles-ci, pas même cette autonomie limitée que les problèmes empiriques ont parfois. Si les problèmes empiriques sont des questions d'ordre premier concernant des entités substantielles dans un domaine donné, les problèmes conceptuels sont des questions d'un ordre supérieur relatives au bien-fondé des structures conceptuelles (c'est-à-dire des théories) qui ont été inventées pour répondre aux questions d'ordre premier. (En fait, il y a une gradation continue de problèmes intermédiaires entre les problèmes empiriques et conceptuels purs; pour des raisons heuristiques, je me concentrerai sur les extrémités du spectre.)

Les problèmes conceptuels surgissent de deux manières pour une théorie T:

1. Quand T fait ressortir certaines incohérences internes, ou lorsque ses catégories de base sont peu claires ou vagues. Il s'agit alors de *problèmes conceptuels internes*.
2. Lorsque T est en conflit avec une autre théorie ou doctrine T' que les défenseurs de T croient rationnellement bien fondée. Ce sont alors des *problèmes conceptuels externes*.

Chacune de ces formes de problèmes conceptuels doit être analysée dans le détail.

Les problèmes conceptuels internes

Le type de problème conceptuel interne le plus visible, bien qu'il soit peu fréquent, est dû à la découverte qu'une théorie est logiquement inconsistante, c'est-à-dire qu'elle se contredit. Cette situation apparaît sans doute le plus souvent en mathématique, mais presque toutes les autres disciplines scientifiques l'ont connue à l'un ou l'autre moment[4]. Il est inutile d'insister sur l'acuité du problème posé. A moins que les défenseurs de ces théories ne soient prêts à abandonner les règles d'inférence logique qui ont permis de déceler la contradiction, ou qu'ils puissent «localiser» d'une manière ou d'une autre la source de celle-ci, la seule réaction concevable à un problème conceptuel de ce genre est de refuser cette théorie jusqu'à ce que l'inconsistance soit supprimée[5].

Un deuxième type de problèmes conceptuels internes sont plus courants et plus difficiles à manier. *Ils proviennent d'une ambiguïté conceptuelle ou d'une circularité dans la théorie.* Contrairement à l'incohérence, l'ambiguïté des concepts est une question de degré plutôt que d'espèce. Un certain degré d'ambiguïté est probablement impossible à éliminer, sauf dans les théories axiomatiques les plus rigoureuses. Il est même possible qu'une petite dose d'ambiguïté soit un élément favorable car une théorie moins rigoureusement définie peut être appliquée plus aisément à de nouveaux domaines d'investigation. Mais, même en admettant cela, il n'en demeure pas moins que l'ambiguïté chronique et systématique, ou la circularité d'une théorie ont été souvent considérées (avec raison) comme un grand désavantage.

Les exemples de tels problèmes conceptuels abondent dans l'histoire des sciences. Le premier modèle d'interaction électrique de Faraday avait pour objet d'éliminer le concept d'action à distance (lui-même un problème conceptuel pour la physique de Newton). Malheureusement, comme Robert Hare l'a montré[6], le modèle de Faraday exigeait des actions à distance mais de courte portée. Faraday avait simplement remplacé un concept obscur par son équivalent virtuel. Pire, le modèle de Faraday — comme Hare l'a rapidement démontré — postulait l'existence de particules «contiguës» qui n'étaient pas contiguës du tout. Des critiques de ce genre amenèrent Faraday à repenser ses idées sur la matière et sur les forces, et furent à la source de son élaboration de la théorie des champs qui évitait ces problèmes conceptuels. Prenons un autre exemple dans la physique du XIXe siècle. Les critiques de la théorie cinétique moléculaire (par exemple, Stallo et Mach) disaient que celle-ci n'expliquait rien parce qu'elle était circulaire. Ainsi, elle expliquait l'élasticité des gaz en postulant des constituants élastiques (c'est-à-dire des molécules). Les critiques faisaient remarquer que dans la mesure où nous ne comprenons pas plus les causes de l'élasticité des solides que des fluides, l'explication cinétique était circulaire[7].

L'accroissement de la clarté conceptuelle d'une théorie par la précision et la spécification des termes est, comme l'a fait remarquer William Whewell il y a plus d'un siècle, un des moyens les plus importants par lesquels la science progresse. Il appelait ce processus «l'explication des conceptions», et il a montré comment un certain nombre de théories, au cours de leur carrière, étaient devenues de plus en plus précises, en grande partie à cause de l'insistance des critiques sur leur manque de clarté[8]. Beaucoup de révolutions scientifiques importantes (comme l'apparition de la théorie de la relativité restreinte, le développement de la psychologie behaviouriste) sont en grande partie dues à la reconnaissance d'ambiguïtés terminologiques au sein des théories et aux efforts entrepris pour les réduire.

Bien que ces deux types de problèmes internes soient sans aucun doute importants dans le processus d'évaluation des théories, aucun des deux n'a joué un rôle historique aussi décisif que l'autre catégorie de problèmes conceptuels.

Les problèmes conceptuels externes

Les problèmes conceptuels externes sont engendrés par une théorie T quand T est en conflit avec une autre théorie ou doctrine que les défenseurs de T considèrent comme rationnellement bien fondée. C'est l'existence de cette «tension» qui constitue un problème conceptuel. Que voulons-nous dire par «tension» et «conflit»? La forme de tension la plus aisée à définir (mais non la plus fréquente) est *l'inconsistance logique ou l'incompatibilité*. Quand une théorie est logiquement contradictoire avec une théorie acceptée, nous avons un exemple clair de problème conceptuel.

Le développement de l'astronomie dans la Grèce ancienne nous en donne un bon exemple. Le problème empirique (qui consistait, en réalité, en un ensemble de problèmes liés) était de rendre compte des données enregistrées sur les positions apparentes du soleil, de la lune et des planètes à différents moments. C'était le premier problème à résoudre. La succession des théories planétaires dans l'antiquité, depuis les sphères homocentriques d'Eudoxe et d'Aristote jusqu'aux épicycles, excentriques et équants de Ptolémée, illustre une série de tentatives en vue de résoudre les problèmes de l'astronomie antique. Mais dès que ces théories furent élaborées, chacune à son tour fut la cause d'une avalanche d'autres problèmes, certains empiriques, d'autres conceptuels. Ainsi, les sphères homocentriques n'expliquaient pas correctement la rétrogradation des planètes et les variations saisonnières mises en lumière par les données. Ces phénomènes furent clairement reconnus comme des problèmes non résolus. Par contre, le système subséquent de Ptolémée réussit à éviter nombre d'anomalies que ses aînés avaient rencontrées, mais le prix qu'il dut payer pour ces résultats fut de *donner naissance à d'énormes problèmes conceptuels*. Depuis Platon, les astronomes avaient travaillé avec l'idée préconçue de la «perfection» des mouvements célestes (c'est-à-dire l'idée selon laquelle chaque planète se mouvait autour de la terre en suivant un cercle parfait et à une vitesse constante). Cette croyance limitait fortement les hypothèses ouvertes aux astronomes. Le système de Ptolémée, malgré ses qualités empiriques, contredisait les théories physiques et cosmologiques sur la nature et le mouvement des corps célestes alors universellement acceptées. Il postulait, par exemple, que certaines planètes se meuvent autour de points vides dans l'espace, que leur vitesse n'est pas constante, etc. Malgré les efforts ingénieux de Ptolémée et d'autres pour concilier ces différences, la plupart des problèmes conceptuels cruciaux subsistèrent et compliquèrent le développement de l'astronomie mathématique jusqu'à la fin du XVIIe siècle (et même au-delà).

Il y a cependant d'autres relations que la contradiction qui constituent des problèmes conceptuels pour les théories qui les mettent en évidence. Une situation qu'on retrouve souvent est celle qui survient lorsque deux théories, bien que compatibles du strict point de vue logique, ne sont pas plausibles en même temps, c'est-à-dire quand l'acceptation de l'une rend moins plausible l'acceptation de l'autre. Par exemple, de nombreuses théories physiologiques de la fin du XVIIe siècle, étaient basées sur l'idée (cartésienne) selon laquelle les processus variés du corps étaient dus à des causes mécaniques: collisions, filtrages et écoulements de liquides. Quand la physique de Newton fut acceptée, de nombreux critiques de la physiologie mécaniste firent remarquer que, si cette théorie était logiquement compatible avec la physique de Newton, celle-ci la rendait néanmoins non plausible. Le raisonnement était à peu près le suivant: la physique de Newton, tout en faisant place aux phénomènes de collisions, montrait cependant que la plupart des processus physiques ne dépendent pas uniquement du mouvement des particules et des impacts entre elles. Dans la mesure où les théories «mécanistes» de la physiologie (inspirées de Descartes) postulaient que ces processus sont les déterminants *exclusifs* du changement organique, elles paraissaient peu plausibles. Même si elles étaient logiquement compatibles avec la physique de Newton (celle-ci ne niait pas qu'il puisse exister des systèmes matériels qui seraient entièrement mécaniques), il semblait hautement improbable qu'un système aussi complexe qu'un organisme vivant puisse fonctionner avec un ensemble de processus plus limité que celui du monde inorganique.

Voici un deuxième exemple illustrant ces problèmes conceptuels dus au fait qu'on ne puisse considérer deux théories comme simultanément plausibles. Pendant le XVIIe siècle et le début du XVIIIe, la théorie dominante de la chaleur était une théorie *cinétique*. On concevait la chaleur comme étant le résultat de l'agitation rapide des parties constituantes d'un corps. Mais, pendant le XVIIIe siècle, un certain nombre de théories, dans des domaines de recherche différents, émirent l'hypothèse selon laquelle beaucoup de processus naturels dépendaient de la présence d'un ou de plusieurs fluides hautement élastiques et raréfiés qui pouvaient être absorbés ou secrétés par les corps matériels. Bien que l'électricité en fut l'exemple le mieux connu, ou postula des fluides subtils comparables pour expliquer le magnétisme, le fonctionnement neurologique, la perception, l'embryologie et même la pesanteur. Au fur et à mesure que ces théories étaient plus largement acceptées et que des analogies entre chaleur, lumière et électricité étaient observées, les théories cinétiques de la chaleur furent soumises à des attaques répétées. Alors que l'acceptation de l'hypothèse de l'électricité comme fluide n'infirmait pas les théories cinétiques de la chaleur, ces mêmes théories devinrent de moins en moins plausibles dans la mesure où de nombreux domaines se voyaient dominés par des théories très attrayantes basées sur une conception substantielle et non cinétique des processus physiques.

Les problèmes conceptuels peuvent surgir d'une troisième manière, qui se présente lorsqu'une nouvelle théorie émerge qui devrait renforcer une théorie existante, mais qui, en fait, est *seulement compatible avec elle*. Pour comprendre ce qui se passe dans ces cas-là, nous devons parler brièvement de la structure interdisciplinaire du savoir. En effet, la compatibilité de deux systèmes ou théories n'est pas considérée normalement comme un signe de faiblesse cognitive. Les différents domaines et disciplines scientifiques ne sont jamais complètement indépendants les uns des autres. Quelle que soit l'époque, il y a des systèmes hiérarchiques d'interconnection entre les différentes sciences qui conditionnent les espoirs rationnels que les savants ont lorsqu'ils évaluent des théories. A notre époque, par exemple, il est normal que le chimiste s'informe auprès du physicien sur les idées relatives à la structure atomique; que le biologiste utilise des concepts de chimie lorsqu'il parle des microstructures organiques. Les savants modernes auraient un regard désapprobateur devant une théorie chimique qui serait seulement compatible avec la mécanique quantique mais qui n'utiliserait aucun concept de celle-ci. Pareillement, une théorie de l'hérédité qui serait compatible avec la chimie mais qui ne recourrait pas à ses moyens analytiques serait suspecte. Bien entendu, les attentes en ce qui concerne les relations d'emprunt et de renforcement entre disciplines pourront changer selon l'époque. (Pendant le XVIIe siècle, on s'attendait à ce que toute théorie physique renforce la théologie chrétienne. Il ne suffisait pas qu'elle fût compatible avec elle.)

Il doit être clair qu'une simple compatibilité entre deux théories ne constitue pas toujours un problème conceptuel. Par exemple, personne ne penserait qu'une théorie micro-économique est imparfaite parce qu'elle est seulement compatible avec la thermodynamique. Mais, dans de nombreux cas, la simple compatibilité entre deux théories, par comparaison à un rapport positif entre elles, est considérée, avec raison, comme un argument important en défaveur de l'acceptation des théories en question.

A ce point de la discussion, nous pouvons esquisser une taxonomie des diverses relations qui peuvent exister entre deux théories ou plus :
1. *Implication* : une théorie T implique une théorie T_1.
2. *Renforcement* : T justifie T_1 (ou une partie de T_1)[9].
3. *Compatibilité* : T n'implique rien pour T_1.
4. *Non-plausibilité* : T implique que T_1 (ou une partie de T_1) est peu plausible.
5. *Contradiction* : T implique la négation de T_1 (ou d'une partie de T_1).

En principe, toute relation autre que l'implication (1.) pourrait être considérée comme la cause d'un problème conceptuel pour les théories en question. Cependant, il faut insister sur le fait que, si les autres situations (de 2. à 5.) peuvent toutes donner lieu à un problème conceptuel, les menaces cognitives qu'elles font peser sont de degrés différents, croissant de 2. à 5.

LES SOURCES DES PROBLEMES CONCEPTUELS

En discutant des problèmes conceptuels externes, je suis resté volontairement vague sur les types de théories ou de croyances qui peuvent engendrer de tels problèmes pour une théorie scientifique. J'ai évité ce sujet jusqu'ici parce que je voulais attirer l'attention d'abord sur les espèces de connections entre théories qui pouvaient engendrer des problèmes conceptuels. Le moment est venu d'en dire plus sur l'autre aspect du sujet en se demandant quels genres de théories sont qualifiées pour être associées à une théorie scientifique particulière, créant ainsi un problème conceptuel. Si nous ne répondons pas de façon cohérente à cette question, on pourrait provoquer des problèmes conceptuels pour toute théorie tout simplement en lui adjoignant arbitrairement n'importe quelle croyance. Par exemple, on pourrait créer un problème conceptuel pour la théorie quantique moderne, en faisant remarquer son manque de pertinence relativement au bouddhisme zen! Il me semble qu'il y a trois classes de difficultés bien distinctes qui peuvent engendrer des problèmes conceptuels externes : 1) les cas où deux théories scientifiques relevant de domaines différents sont en tension; 2) les cas où une théorie scientifique est en conflit avec les théories méthodologiques de la communauté scientifique; 3) les cas où une théorie est en conflit avec un quelconque composant de la vision du monde qui prévaut. Chaque type de cas nécessite une discussion sérieuse.

Les difficultés intrascientifiques. Il arrive souvent qu'une nouvelle théorie fasse des suppositions sur le monde qui sont incompatibles avec celles d'une autre théorie scientifique que nous avons de bonnes raisons d'accepter indépendamment. Ainsi, le système astronomique de Copernic — quoiqu'il ne fût pas une théorie physique en lui-même — faisait néanmoins un certain nombre de suppositions sur le mouvement des corps célestes qui étaient en contradiction avec la mécanique d'Aristote — la théorie généralement acceptée à l'époque. L'un des grands arguments contre le système de Copernic au XVIe siècle consistait à montrer que celui-ci, quoiqu'il fût adéquat en ce qui concerne les données astronomiques, était inacceptable parce qu'il contredisait la théorie établie de la physique. Pire encore, Copernic ne disposait pas d'un système mécanique alternatif, bien articulé, permettant de rationaliser les suppositions qu'il faisait relativement aux mouvements de la terre. La grande contribution de Galilée à ce problème conceptuel fut de cerner cette incompatibilité entre la physique d'Aristote et l'astronomie de Copernic et d'y remédier en mettant au point une nouvelle physique indépendamment plausible et qui fût compatible avec l'astronomie copernicienne.

La mise en évidence et la solution des problèmes conceptuels de ce type a été un des processus les plus fertiles dans l'histoire des sciences naturelles et sociales [10]. Si deux théories scientifiques sont contradictoires ou mutuellement non plausibles, il y a une forte présomption pour que l'une des deux au moins doive être abandonnée. Mais, ce qui est plus intéressant, c'est de constater que l'on ne peut pas simplement jeter l'une des deux par-dessus bord sans provoquer des remous dans le reste du savoir scientifique. En effet, les théories, dans certains domaines (par exemple, l'astronomie), semblent avoir besoin, pour être comprises et expérimentalement éprouvées, de théories relevant d'autres domaines (par exemple, la mécanique et l'optique)[11]. A cause de cela, *la décision d'abandonner une théorie d'une paire contradictoire et de retenir l'autre oblige à développer une théorie adéquate qui serve d'alternative à la théorie rejetée.*

Il en résulte que ces problèmes conceptuels sont en général plus aisés à déterminer qu'à résoudre. Il est rare que l'élimination d'une des deux théories suffise. De plus, il n'y a rien dans le processus d'évaluation, qui nous permette de déceler laquelle des deux devrait être rejetée. On ne peut le savoir qu'en rejetant l'une, puis l'autre, et en examinant avec quel succès on peut reconstruire une nouvelle paire à partir de la théorie retenue.

Il nous faut encore faire deux remarques sur les problèmes conceptuels intrascientifiques. Il est nécessaire d'insister sur le fait que lorsqu'une théorie est incompatible avec une autre, cette situation crée des problèmes pour les *deux*. La relation de contradiction est symétrique, et il faut le répéter: lorsque des problèmes conceptuels internes surgissent, ils jettent des doutes sur chacune des théories en cause. En deuxième lieu, il faut voir qu'une contradiction logique ou une relation de non-renforcement entre deux théories *n'oblige pas* les savants à abandonner l'une ou l'autre théorie, où les deux. De même qu'il est parfois rationnel de maintenir une théorie qui présente une anomalie, il est parfois rationnel de garder une théorie malgré une contradiction entre elle et une autre théorie acceptée. Nous devons toutefois y voir une *faiblesse*, une raison pour envisager d'abandonner l'une ou l'autre théorie (voire les deux).

Les controverses entre biologistes, géologues et physiciens, à la fin du siècle dernier, relatives à la chronologie de la terre sont un exemple particulièrement frappant de difficultés intrascientifiques. Du côté géologique et biologique, on avait de bonnes raisons d'estimer que la terre était vraiment très âgée, partiellement liquide sous la surface, et que les conditions en surface n'avaient guère changé pendant des centaines de millions d'années. La géologie uniformitariste et la biologie évolutionniste se fondaient sur ces hypothèses. Le physicien Lord Kelvin, cependant, se voyait incapable de concilier ces suppositions fondamentales avec la thermodynamique. En particulier, parce que la deuxième loi de la thermodynamique (qui implique un accroissement de l'entropie) était incompatible avec les idées évolutionnistes sur l'origine des espèces, et parce que la première et la deuxième loi, à la fois, étaient incompatibles avec l'hypothèse des géologues, selon laquelle les réserves d'énergie de la terre étaient restées constantes pendant pratiquement tout le passé géologique. La perplexité était générale. Beaucoup de raisons plaidaient en faveur de la thermodynamique mais les théories géologiques et biologiques dominantes permettaient aussi de résoudre de nombreux problèmes. Le dilemme était aigu. Fallait-il abandonner la thermodynamique, rejeter la géologie uniformitariste ou oublier la théorie évolutionniste ? Ou bien y avait-il une autre option ? Il advint, mais personne n'aurait pu le prévoir, que ces trois théories purent être maintenues, car la découverte de la radioactivité permit de contourner les problèmes relatifs à la conservation de l'énergie. Ce qui est important pour notre propos, c'est que l'émergence de cette incompatibilité créait des problèmes aigus pour *toutes* les sciences concernées et, donc, soulevait des doutes sur la capacité à résoudre des problèmes d'un grand nombre de théories. Ceux-ci allaient persister jusqu'à la résolution des problèmes conceptuels en question.

Les difficultés normatives. La science, comme on l'a dit souvent, est une entreprise menée dans certains buts, par des agents apparemment rationnels. L'évaluation rationnelle de la science consiste donc, dans une large mesure, à déterminer si les théories scientifiques remplissent bien les buts cognitifs de l'entreprise scientifique. Quels sont ces buts et comment les atteindre ? C'est une des fonctions centrales de toute philosophie ou méthodologie des sciences de spécifier ces buts et d'indiquer les *moyens* les plus efficaces pour les atteindre. La raison d'être d'une règle méthodologique (comme le dicton classique de Newton, «*hypotheses non fingo*») est de présenter des normes pour le comportement scientifique; de nous dire ce que nous devons — ou ne devons pas — faire pour atteindre les buts cognitifs, épistémologiques et pratiques de l'entreprise scientifique.

Depuis l'antiquité, les philosophes et les savants ayant un penchant pour la philosophie ont cherché à définir des normes ou des règles méthodologiques destinées à gouverner le comportement du savant. D'Aristote à Ernst Mach, d'Hippocrate à Claude Bernard, les penseurs qui s'intéressent aux sciences ont cherché à définir les modes acceptables d'inférences scientifiques. Au début du XVIIe siècle, le mode dominant était mathématique et démonstratif, mode qui devint canonique dans le *Discours de la méthode* de Descartes. Au XVIIIe siècle et au début du XIXe, la plupart des philosophes de la nature étaient au contraire convaincus que les méthodes des sciences devaient être inductives et expérimentales. Il n'est pas surprenant que chaque époque mette en évidence l'une ou l'autre image normative de la science. C'est une grave erreur de penser, comme certains historiens le font, que ces normes n'intéressent que le philosophe ou le logicien professionnel. *Chaque* savant, du passé ou du présent, adhère à certaines idées sur la manière dont la science doit être pratiquée, sur ce qui compte comme explication adéquate, sur l'utilisation des contrôles expérimentaux, et ainsi de suite. *Ces normes, auxquelles tous les savants recourent pour évaluer une théorie, ont été probablement la cause majeure des controverses dans l'histoire des sciences et des problèmes conceptuels aigus auxquels les savants ont été confrontés.*

On croit souvent que la méthodologie n'est qu'une garniture et qu'elle est plus honorée par la transgression que par le respect. Des savants de haut niveau, des historiens (notamment Einstein et Koyré [12]) se sont gaussés de l'idée selon laquelle ce que pense un savant d'une méthodologie peut avoir de l'impact sur ses croyances et activités scientifiques. De plus, il y a des cas significatifs (par exemple, Newton et Galilée) dans lesquels le savant viole dans ses recherches les règles méthodologiques dont pourtant il se prévaut. Comment, au vu de ces cas, puis-je soutenir que la méthodologie est un des facteurs puissants dans l'évaluation des théories scientifiques et aussi une source importante de problèmes conceptuels?

Heureusement, nous savons, grâce au travail de ces vingt dernières années effectué par plusieurs historiens, que les croyances méthodologiques des chercheurs affectent bien leur travail et leur estimation des mérites des théories scientifiques [13]. Ces historiens mettent en évidence le fait que le sort des théories scientifiques (contrairement aux opinions d'Einstein et de Koyré) est étroitement lié aux évaluations *méthodologiques* de ces théories; le bien-fondé *méthodologique* a été constitutif des évaluations les plus importantes des théories, plutôt que tangent à ce processus.

C'est précisément pour cette raison que les faiblesses méthodologiques sont devenues des problèmes conceptuels, souvent aigus, pour les théories qui les ont mises en évidence. C'est pour la même raison que l'élimination des incompatibilités entre une théorie et la méthodologie dont elle relève est un moyen d'améliorer de façon impressionnante sa valeur cognitive.

La résolution d'une «tension» entre une méthodologie et une théorie scientifique se réalise généralement en modifiant la théorie afin de la réconcilier avec les normes méthodologiques. Mais ces problèmes ne sont pas toujours résolus de cette façon. Dans bien des cas, *c'est la méthodologie qui est modifiée.* Voici un exemple parmi d'autres: le développement de la théorie newtonienne pendant le XVIIIe siècle. Vers 1720, la méthodologie dominante, acceptée par les savants et les philosophes était inductive. Suivant en cela Bacon, Locke et Newton lui-même, les chercheurs étaient convaincus que les seules théories valables étaient celles qui pouvaient être induites par la simple généralisation des données. Malheureusement, la direction prise par la physique vers 1740-1750 ne satisfaisait pas cette méthodologie inductiviste. Pour l'électricité, la théorie de la chaleur, la pneumatique, la chimie, la physiologie, des théories newtoniennes émergeaient qui postulaient l'existence de particules imperceptibles et de fluides, entités dont on ne pouvait concevoir qu'elles fussent déduites inductivement des données d'observation. Cette incompatibilité entre les nouvelles théories et la méthodologie explicite de la tradition de recherche newtonienne provoqua des problèmes conceptuels graves. Certains partisans de Newton (et plus particulièrement, les tenants de l'école dite *écossaise*) pensèrent résoudre ces problèmes conceptuels tout simplement en rejetant les théories physiques qui contredisaient les normes méthodologiques acceptées[14]; d'autres voulaient que *les normes elles-mêmes soient changées*, pour les mettre en accord avec les meilleures théories existantes (par exemple, Lesage, Hartley et Lambert)[15]. Ce dernier groupe s'échina à forger une nouvelle méthodologie qui permît de faire des théories sur des entités invisibles. (En gros, ils conçurent la méthodologie hypothético-déductive, qui est encore dominante à l'heure actuelle.) Cette nouvelle méthodologie, en donnant un fondement à la «micro-théorisation», éliminait ce qui représentait la pierre d'achoppement conceptuelle majeure qui empêchait d'accueillir un large nombre de théories newtoniennes dans la deuxième moitié du XVIIIe siècle. (Les historiens se réclamant de modèles scientifiques exclusivement empiristes, n'ont pas remarqué ces développements et encore moins leur signification dans l'évolution de la tradition de recherche newtonienne.)

Il y a de nombreux autres cas de problèmes conceptuels induits par la méthodologie. Le débat sur la géologie uniformitariste, la controverse sur l'atomisme, le gros de l'opposition à la psychanalyse et au behaviorisme, beaucoup de querelles sur la mécanique quantique se centrent sur les forces et faiblesses méthodologiques des théories scientifiques en question. Tous ces cas montrent clairement que les problèmes conceptuels représentent une force beaucoup plus grande que les historiens des sciences ne l'ont reconnu.

Si les historiens ont parfois sous-estimé l'importance de ces problèmes conceptuels, c'est peu de chose en comparaison avec la lacune énorme due à la totale incapacité des philosophes des sciences à leur donner une valeur quelconque dans leurs comptes rendus des changements scientifiques. Même les philosophes qui ont su réserver un rôle à la métaphysique dans le développement scientifique ont ignoré complètement le fait que la méthodologie dont se réclament les savants joue, avec raison, un rôle important dans l'évaluation rationnelle qu'ils font des mérites des théories scientifiques en compétition. Si un savant a de bonnes raisons pour accepter une méthodologie et si une théorie contredit celle-ci, il est rationnel qu'il ait de grandes réserves à propos de cette théorie. (C'est une ironie cruelle de l'épistémologie récente que les philosophes n'aient pas réussi à prendre en compte le rôle que la méthodologie et l'épistémologie elles-mêmes ont joué dans le développement rationnel des sciences, ni à lui trouver une justification.)

Les difficultés liées à la vision du monde. Le troisième type de problèmes conceptuels externes survient lorsqu'une théorie scientifique particulière apparaît incompatible avec des croyances acceptées (mais à *première vue* non scientifiques) ou bien que cette théorie et ces croyances ne se renforcent pas mutuellement. Dans toute culture, il y a des croyances qui sont généralement acceptées bien qu'elles débordent le domaine scientifique. Quoique la proportion exacte de propositions scientifiques et non scientifiques au sein de l'ensemble des croyances raisonnables change avec le temps, il n'y a jamais eu de période, au cours de l'histoire de la pensée, où les premières couvraient le champ entier de la croyance rationnelle. Ce que j'appelle des difficultés liées à la vision du monde, ce sont des difficultés semblables aux difficultés intrascientifiques, avec la différence que, dans ce cas, les problèmes de contradiction ou d'absence de renforcement mutuel n'apparaissent pas au sein des sciences, mais entre celles-ci et nos croyances «extrascientifiques». Ces croyances se rapportent à différents domaines: la métaphysique, la logique, l'éthique et la théologie.

Par exemple, un problème conceptuel central auquel les newtoniens du XVIIIe siècle ont été confrontés concerne l'ontologie de forces. Des critiques tels que Leibniz et Huygens avaient demandé comment des corps pouvaient exercer une force sur des points très éloignés d'eux. Quelle substance pouvait transporter la force attractive du soleil à travers 145 millions de kilomètres d'espace vide de telle sorte qu'elle s'exerce sur la terre. De même, à un niveau plus prosaïque, comment l'aimant peut-il attirer un morceau de fer placé à plusieurs centimètres de lui. De pareils phénomènes paraissaient défier la logique même du discours sur les substances et les propriétés vu que celles-ci (par exemple, le pouvoir d'attraction) semblaient être capables de se dégager des corps matériels qui étaient supposés les exhiber. Comme Buchdahl[16], Heimann et Mc Guire[17] l'ont démontré, cette question devint au XVIIIe siècle un des problèmes philosophiques et scientifiques capitaux. Non convaincus par Cotes qui n'y voyait pas un problème conceptuel important (Cotes n'hésitait pas à dire que la nature était généralement inintelligible et que l'inintelligibilité des forces à distance ne constituait pas un problème cognitif particulier[18]), les philosophes et les savants, à travers toute l'Europe, se mirent à rediscuter de questions traditionnelles comme la nature de la substance, notre capacité à connaître celle-ci, ainsi que les relations entre propriétés et substances. Ce qui résulta de cette remise en question par Kant, Priestley, Hutton et d'autres fut une nouvelle ontologie qui défendit la priorité de la force sur la matière, et qui fit des propriétés actives (plutôt que des propriétés passives comme la masse et l'inertie) les bases du monde physique. L'émergence de cette nouvelle ontologie eut plusieurs conséquences immédiates : elle éliminait le problème conceptuel le plus aigu de la science newtonienne en mettant en évidence l'intelligibilité de l'action à distance ; elle ramenait l'harmonie entre l'ontologie de la philosophie et celle de la physique et rendait possible la mise au point de nouvelles théories dans ce domaine[19].

Les philosophes et historiens des sciences « positivistes », qui voient le progrès seulement en termes empiriques, n'ont pas compris l'importance de ces développements pour la science et la philosophie. Convaincus qu'ils étaient de l'indépendance de la métaphysique par rapport à l'évolution des idées scientifiques, ils ont écrit sur le newtonisme sans se rendre compte de l'importance vitale de ces controverses métaphysiques pour le devenir de ces doctrines.

Traditionnellement, les difficultés liées à la conception du monde étaient provoquées par les tensions entre les sciences d'une part et soit la théologie, la philosophie ou la théorie sociale d'autre part[20]. Il est bien connu, par exemple, qu'une des difficultés majeures que dut affronter le programme scientifique mécaniste des XVIIe et XVIIIe siècles provenait de l'antagonisme qu'on percevait entre une théorie qui ramenait le cosmos à une machine autonome et certaines théologies « activistes » qui cherchaient à préserver un rôle important à Dieu dans le cours journalier de l'univers. La célèbre correspondance entre Leibniz et Clarke, un des documents de première importance pour le début du siècle des lumières, est remplie de controverses qui illustrent ce que j'appelle les difficultés liées à la conception du monde. De même, un obstacle de taille à l'émergence de la théorie de l'évolution était la conviction que la séparation des espèces était nécessaire, conviction due aux intuitions philosophiques les plus profondes de l'époque[21].

Plus récemment, l'un des ensembles de problèmes conceptuels les plus persistants au sein de la physique du XXᵉ siècle a résulté de l'hiatus entre la mécanique quantique et nos croyances «philosophiques» sur la causalité, le changement, la substance et la «réalité».

Les difficultés liées à la conception du monde ne sont pas dues uniquement aux tensions qui existent entre la science et la philosophie ou la théologie. Des conflits avec une idéologie sociale ou morale peuvent provoquer des tensions comparables. A notre époque, par exemple, il existe des cas où des arguments apparemment sérieux ont été avancés contre des théories scientifiques pour des raisons morales ou éthiques. L'affaire Lyssenko en Union Soviétique en est un bon exemple : la biologie évolutionniste, en niant la transmission des caractères acquis, allait à contre-courant du point de vue marxiste selon lequel la nature même de l'homme pouvait être changée par son environnement. Il en résulta de fortes réserves envers le darwinisme et le mendélisme et un vif encouragement aux efforts, semblables à ceux de Lyssenko, qui visaient à découvrir des preuves scientifiques pour la philosophie marxiste de l'homme. En Occident, des contraintes semblables ont pesé sur les chercheurs et les théoriciens qui examinaient la possibilité qu'il y ait des différences entre les races. On a suggéré que toute théorie scientifique qui défendrait des inégalités raciales de capacité ou d'intelligence serait inadéquate car elle serait contraire à nos idées égalitaires sur le plan social et politique.

Un groupe important de penseurs contemporains, en science et en philosophie, soutiennent que les difficultés liées à la conception du monde sont des pseudo-problèmes[22]. Ils affirment que les théories scientifiques se suffisent à elles-mêmes et que les éléments de notre conception du monde qui sont en contradiction avec elles devraient tout simplement être abandonnées. Je discuterai dans le prochain chapitre de cette doctrine positiviste, mais je dois dès à présent faire les réserves suivantes afin de limiter clairement la portée de mes assertions :

1. Je *ne soutiens pas* qu'on doive abandonner une théorie scientifique lorsqu'elle rencontre des difficultés liées à la conception du monde. En affirmant l'existence de problèmes conceptuels de ce type, j'insiste seulement sur le *fait* qu'une tension existe souvent entre nos croyances «scientifiques» et nos croyances «non scientifiques» et que cette tension pose un problème aux deux. La solution de ce type de problème varie selon les cas.

2. Je *n'affirme pas* que toute difficulté liée à la conception du monde constitue un motif valable pour émettre des réserves vis-à-vis d'une

théorie scientifique. La gravité du problème dépend de la force de la croyance non scientifique en question et des capacités à résoudre des problèmes dont on se priverait en abandonnant cette croyance.

L'EVALUATION DU POIDS RELATIF DES PROBLEMES CONCEPTUELS

Après avoir examiné comment les problèmes conceptuels peuvent apparaître, nous pouvons maintenant essayer de voir comment on peut en évaluer l'importance relative. Il faut dire, en premier lieu, qu'un problème conceptuel pèse généralement *plus lourd* qu'une anomalie empirique. Par exemple, personne n'a proposé d'abandonner la mécanique newtonienne parce qu'elle ne pouvait pas prédire avec précision les mouvements de la lune. Mais de nombreux penseurs (comme Leibniz, Huygens et Wolff) étaient prêts à rejeter la physique newtonienne parce que son ontologie était incompatible avec la métaphysique de leur temps. Cette différence d'évaluation apparaît, non parce que la science est plus rationaliste qu'empirique, mais parce qu'il est plus facile *a priori* de se défaire d'un résultat expérimental anomal que d'un problème conceptuel[23]. (Je *ne dis toutefois pas* que tous les problèmes conceptuels sont plus importants que tous les problèmes empiriques. Je dis plus modestement que la plupart des problèmes conceptuels sont plus lourds de conséquences que la plupart des anomalies empiriques).

Certaines circonstances font que les problèmes conceptuels prennent plus d'importance ou au contraire en perdent. Il faut distinguer au moins quatre situations :

1. Comme nous l'avons déjà vu, la nature de la relation logique entre deux théories donnant lieu à un problème conceptuel peut varier énormément depuis la contradiction (dans sa forme la plus aiguë) jusqu'au renforcement mutuel. Toutes choses égales, plus la tension entre deux théories est grande, plus le problème conceptuel sera grand.

2. Lorsqu'un problème conceptuel survient entre deux théories, T_1 et T_2, la gravité du problème pour T_1 dépend de la confiance que nous avons en T_2. Si T_2 résout avec grande efficacité des problèmes empiriques et si son abandon nous laisse avec de nombreuses anomalies, alors la situation est difficile pour les défenseurs de T_1. Si, au contraire, T_2 ne donne que des résultats très modestes, son incompatibilité avec T_1 ne sera pas un problème majeur pour celle-ci.

3. Un autre cas où la gradation de l'importance des problèmes conceptuels prend toute sa signification est celui où, dans un domaine scientifique particulier, deux théories rivales (et non complémentaires) T_1 et T_2 mettent en évidence un problème de ce type. Si T_1 et T_2 font ressortir le ou les mêmes problèmes conceptuels, ceux-ci ne comptent pas plus pour l'une que pour l'autre et sont relativement de peu d'importance dans l'évaluation comparative des théories. Mais si T_1 engendre certains problèmes alors que T_2 *ne le fait pas*, alors ceux-ci deviennent significatifs pour l'évaluation des mérites de T_1 et T_2.

4. « L'âge » du problème conceptuel (comme dans le cas des anomalies) constitue aussi un aspect important de la question. Si on a découvert récemment qu'une théorie pose un certain problème conceptuel (par exemple, une contradiction interne) on peut en général espérer que des ajustements mineurs rectifieront la situation et élimineront le problème. La menace posée par celui-ci est contrebalancée par l'espoir de pouvoir le régler rapidement, optimisme qui est souvent justifié. Par contre, si on connaît un problème conceptuel à une théorie depuis un certain temps, et si ses défenseurs ont essayé à différentes reprises et sans succès de le résoudre, alors ce problème prend une importance de plus en plus grande avec le temps et a une signification plus lourde dans les débats sur l'acceptabilité de la théorie ou des théories qui l'ont engendré.

SOMMAIRE ET RESUME

En bref, je soutiens dans ce chapitre, qu'aucune philosophie des sciences contemporaine ne donne la place qu'il convient au rôle que les problèmes conceptuels ont joué dans l'histoire des sciences. Même les philosophes qui déclarent prendre en compte sérieusement l'évolution réelle des sciences (par exemple, Lakatos, Kuhn, Feyerabend et Hanson) n'ont pas fait une place suffisante aux dimensions non empiriques du débat scientifique. Nous savons maintenant l'importance de ces facteurs non empiriques dans l'évolution des sciences et nous pouvons dire en confiance, que *toute théorie relative à la nature des sciences, qui ne donne aucune place aux problèmes conceptuels ne peut, en aucun cas, prétendre expliquer la manière réelle dont les sciences ont évolué.*

Bien que la machinerie analytique développée jusqu'ici soit insuffisante pour établir un modèle général du progrès et de la croissance scientifique, nous avons maintenant assez d'éléments à notre disposition pour pouvoir évoquer approximativement un modèle « problem solving» du progrès, c'est-à-dire un modèle basé sur la capacité à résoudre des problèmes. Les postulats en sont les suivants : (1) *le problème résolu (empirique ou conceptuel) est l'unité de base du progrès scientifique*; et (2) *le but des sciences est de maximiser la gamme des problèmes empiriques résolus, et de minimiser le spectre des anomalies et des problèmes conceptuels.*

Plus une théorie peut résoudre de problèmes nombreux et importants, plus elle est bonne. Si une théorie peut résoudre plus de problèmes significatifs qu'une rivale, elle est préférable à celle-ci. A un certain niveau, cette position ne fait pas l'objet de controverses. Si nous interprétons les problèmes uniquement dans le sens de ce que nous avons appelé «problèmes empiriques résolus», de nombreux philosophes des sciences diraient que le progrès est effectivement la solution de problèmes de ce type. Mais comme nous l'avons vu, *il y a d'autres problèmes, en science, que des problèmes empiriques résolus, spécifiquement les anomalies et les problèmes conceptuels*. Ma définition du progrès engendre un sujet de controverses (et devient potentiellement intéressante) lorsque nous l'appliquons aussi à ces derniers. Les raisons qui me poussent à élargir ainsi la question doivent être claires. Si l'accumulation de problèmes empiriques résolus joue en faveur d'une théorie (comme on l'admet généralement), les anomalies et les problèmes conceptuels qu'elle engendre doivent jouer *contre* elle. *L'efficacité à résoudre des problèmes d'une théorie dépend de l'équilibre entre les problèmes résolus et non résolus.* Comment peut-on établir celui-ci?

Prenons un exemple grossier de modèle de l'évolution scientifique. Supposons un domaine dans lequel nous remarquons un phénomène, p. Celui-ci constitue un problème non résolu pour le savant qui veut établir une théorie T_1, dans l'intention de résoudre p. Lorsque T_1 est présentée, plusieurs choses arriveront vraisemblablement en même temps. Un savant ou l'autre peut faire remarquer que T_1 prédit d'autres phénomènes que p. Ces prédictions seront testées et certaines ne se vérifieront pas. Donc, l'observation de ces résultats divergents constitueront une ou plusieurs anomalies pour T_1. En même temps, on montrera peut-être que T_1 fait certaines hypothèses sur les processus naturels qui sont contraires à certaines de nos théories les plus largement acceptées, ou qu'elle est incompatible avec nos normes méthodologiques. Tout cela constituera un ou plusieurs problèmes conceptuels pour la théorie T_1.

Dans cette chronologie imaginaire, nous ne savons pas encore si un progrès a été réalisé. Il est vrai que T_1 a résolu le problème empirique initial p et dans ce sens, on peut dire qu'il y a eu progrès. Malheureusement, la théorie T_I a engendré plusieurs autres problèmes; dans ce cas, des anomalies et des problèmes conceptuels. Il se peut très bien que plus de problèmes sérieux aient été créés que résolus par l'invention de T_I. Mais poursuivons cet exemple plus longuement. Supposons qu'un deuxième théoricien est convaincu de pouvoir améliorer T_I. Pour cela, il lui faudrait, en gros, produire une nouvelle théorie T_2 qui explique le problème empirique initial de T_I sans engendrer autant d'anomalies et de problèmes conceptuels que celle-ci. Si T_2 obtenait les mêmes résultats que T_I au niveau empirique sans les difficultés empiriques et conceptuelles attenantes, nous serions tous d'accord pour dire qu'il est plus raisonnable d'accepter T_2 que T_I et que l'acceptation de T_2 est un progrès, tandis que continuer à soutenir T_I serait non progressiste ou régressif.

En généralisant cet exemple, nous pourrions définir une *mesure d'évaluation* pour les théories de la façon suivante : *l'efficacité générale d'une théorie à résoudre des problèmes est déterminée par l'estimation du nombre et de l'importance des problèmes empiriques que la théorie résout et la déduction du nombre et de l'importance des anomalies et des problèmes conceptuels qu'elle engendre.*

Une notion rudimentaire du progrès scientifique se dessine clairement. Le but de la science étant bien de résoudre des problèmes (plus précisément par la stratégie de minimisation et de maximisation décrite plus haut), *le progrès peut survenir si et seulement si la succession des théories scientifiques dans un domaine donné montre un degré croissant d'efficacité à résoudre des problèmes.* Afin de localiser la notion de progrès dans des situations spécifiques, plutôt que de l'attribuer à de longues périodes, nous pouvons dire que *chaque fois que nous modifions une théorie, ou la remplaçons par une autre, ce changement est progressiste si et seulement si la dernière version résout mieux les problèmes (dans le sens qui vient d'être défini) que son prédécesseur.*

Le progrès peut se faire par de nombreuses voies. Par l'expansion du domaine des problèmes empiriques résolus tout en maintenant fixes les autres vecteurs d'évaluation. Dans ce cas, le remplacement de T_I par T_2 (qui résout un plus grand nombre de problèmes empiriques) est clairement un progrès. Le progrès peut aussi résulter d'une modification d'une théorie, lui permettant ainsi d'éliminer des anomalies ou de résoudre des problèmes conceptuels. Le plus souvent, le progrès provient d'une variation subtile de l'ensemble des variables qui sont en jeu.

Etant donné l'insistance de la plupart des philosophes sur les problèmes empiriques et leur solution, il faut répéter que dans le modèle esquissé ici, (1) le progrès peut survenir sans expansion du domaine des problèmes résolus et est même concevable lorsque ce domaine se contracte; (2) la modification d'une théorie peut ne pas amener de progrès et peut même être *régressive*, même quand l'index des problèmes résolus *s'accroît*; c'est le cas lorsque cette modification amène plus d'anomalies aiguës ou de problèmes conceptuels que l'ancienne théorie.

Même si, à ce stade, une esquisse d'une théorie du progrès cognitif se dessine, il manque encore une dimension cruciale. Il subsiste, en effet, une confusion, en dépit de tout ce qui a été dit sur la solution des problèmes, en ce qui concerne les *entités* qui permettent de résoudre ceux-ci. J'ai employé le mot «théorie» pour désigner ces entités complexes dont la capacité à résoudre des problèmes doit être évaluée. Pour éclairer les différents types de problèmes scientifiques, j'ai dû reporter une discussion approfondie de ces entités. Nous devons donc examiner cet aspect de la question avant que le modèle du progrès esquissé ici ne puisse être raffiné et devenir un outil d'analyse précieux.

Chapitre 3
Des théories aux traditions de recherche

La fonction intellectuelle d'un schème conceptuel bien établi est de déterminer les structures des théories, les questions intéressantes, les interprétations légitimes.

S. TOULMIN (1970), p. 40.

Inévitablement, les théories sont liées à la résolution de problèmes; leur but même est de fournir des solutions cohérentes et adéquates aux problèmes empiriques qui stimulent la recherche. En plus, les théories cherchent à éviter (ou à résoudre) les anomalies et les problèmes conceptuels variés que leurs prédécesseurs ont engendrés. Si nous envisageons la recherche sous cet angle et les théories dans cette perspective, il devient évident que pour *éprouver le bien-fondé cognitif de toute théorie, il faut évaluer son adéquation dans la solution de certains problèmes empiriques et conceptuels.* Après avoir développé une taxonomie permettant de décrire les sortes de problèmes auxquels les théories se heurtent, nous devons maintenant établir les conditions permettant de déterminer quand une théorie propose une solution acceptable aux problèmes auxquels elle est confrontée.

Avant cela, nous devons cependant dire clairement ce que sont les théories, car l'absence de certaines distinctions rudimentaires sur cette question a causé des problèmes à plus d'une philosophie des sciences. Des livres entiers ont été consacrés à la structure des théories scientifiques; je ne cherche pas à faire quelque chose d'aussi ambitieux. Je vais seulement insister sur deux points importants relatifs à l'analyse des théories.

En premier lieu, il faut dire explicitement ce qui a été sous-entendu jusqu'à présent: *l'évaluation des théories est une question de comparaison.* Ce qui est crucial dans l'estimation cognitive de toute théorie, c'est de savoir comment elle se comporte par rapport à ses rivales. La mesure absolue de la valeur d'une théorie sur le plan empirique et conceptuel a peu de signification; ce qui est décisif, c'est son comportement en face de ses rivales connues. La majorité des écrits de la philosophie des sciences ont été basés sur la présomption que l'évaluation d'une théorie se fait dans un vide compétitif. Je prétends qu'au contraire, l'évaluation des théories suppose toujours des points de comparaison. Les questions qui se posent sont de savoir si une théorie ou une doctrine est meilleure qu'une autre.

En second lieu, je soutiens qu'il *est nécessaire de distinguer parmi ce qu'on appelle des « théories scientifiques » deux sortes différentes de réseaux propositionnels.*

En général, dans les écrits sur l'inférence scientifique et dans la pratique habituelle, le terme « théorie » réfère à deux types de choses (au moins). Nous employons ce mot pour nommer un ensemble spécifique de doctrines apparentées (qu'on appelle « hypothèses », « axiomes », « principes ») qui peuvent être utilisées pour faire des prédictions expérimentales précises et pour donner des explications détaillées sur les problèmes naturels. Comme exemples de ce type de théories on peut citer la théorie électromagnétique de Maxwell, la théorie de la structure atomique de Bohr-Kramers-Slater, la théorie de l'effet photoélectrique d'Einstein, la théorie de Marx sur la valeur du travail, la théorie de la dérive des continents de Wegener et la théorie freudienne du complexe d'Œdipe.

Cependant, le terme théorie est employé aussi pour parler d'ensembles de doctrines ou d'hypothèses beaucoup plus générales et qu'on ne peut tester que beaucoup plus difficilement. Ainsi, on parle de la « théorie atomique » ou de la « théorie de l'évolution » ou de la « théorie cinétique des gaz ». Dans chacun de ces cas, nous ne parlons pas d'une seule théorie mais d'un éventail de théories individuelles. L'expression « théorie de l'évolution », par exemple ne réfère pas à une théorie particulière, mais à une famille entière de doctrines, apparentées historiquement et conceptuellement, basées sur le postulat selon lequel toutes les espèces organiques ont une origine commune. De même, l'expression « théorie atomique » se rapporte généralement à un ensemble de doctrines, qui sont toutes basées sur l'hypothèse de la discontinuité de la matière. La « théorie des quanta » constitue un cas particulièrement clair d'une théorie qui comprend un grand nombre d'instantiations spécifiques: depuis 1930 ce terme regroupe diverses théories comme les théories quantiques du champ, la théorie des groupes, la théorie de la matrice-S, et les théories de la renormalisation, entre lesquelles il y a des divergences conceptuelles très grandes.

Les différences entre ces deux types de théories sont énormes. Non seulement elles n'ont pas la même généralité mais en plus, les modes d'évaluation appropriés pour chacune d'entre elles sont radicalement différents. L'objet principal de ce chapitre est de montrer que *tant que nous ne sommes pas conscients des différences cognitives entre ces deux types de théories et des divergences entre leurs modes d'évaluation, il sera impossible de disposer d'une théorie du progrès scientifique qui soit historiquement correcte et philosophiquement adéquate.*

Si nous prenons au sérieux ces ensembles théoriques plus vastes, ce n'est pas par simple respect pour les pratiques et usages scientifiques. Les recherches des historiens et des philosophes des sciences, au cours des dix dernières années, démontrent que ces ensembles mettent en évidence des caractéristiques épistémologiques qui, quoique typiques des sciences, échappent à l'analyste qui se limite à l'acception plus étroite du terme théorie. Lakatos et Kuhn soutiennent que ce sont *les théories générales*, plutôt que les théories plus spécifiques qui *constituent les moyens primordiaux pour comprendre et évaluer le progrès scientifique.*

Je partage en principe cette conviction, mais la manière dont on rend compte de ces théories au sens large et dont on dit qu'elles évoluent ne me satisfait pas entièrement. Et, dans la mesure où ce chapitre a pour objet une nouvelle présentation de ces théories plus globales (que j'appellerai des traditions de recherche), je vais d'abord indiquer ce qui manque à mon sens dans les efforts les mieux connus effectués pour appréhender ce problème. Parmi toutes les théories qu'on a produites sur l'évolution scientifique, il y en a deux qui se rapportent plus particulièrement à cette question de la nature des théories plus générales.

LA THEORIE DES «PARADIGMES» SCIENTIFIQUES DE KUHN

Thomas Kuhn, dans son livre très influent *La structure des révolutions scientifiques*, nous présente un modèle du progrès scientifique dont l'élément essentiel est le «paradigme». Bien qu'on ait démontré que la notion de paradigme de Kuhn est ambiguë[1], et donc difficile à définir avec précision, cette notion a néanmoins certaines caractéristiques identifiables. Ces paradigmes constituent, tout d'abord, «des façons de concevoir le monde»; de larges intuitions quasi métaphysiques sur la façon dont les phénomènes dans un domaine donné devraient être expliqués. Au sein de tout paradigme bien développé, on trouvera un certain nombre de théories spécifiques, dont chacune présuppose un ou plusieurs éléments du paradigme. Quand un paradigme est accepté par les savants (et l'une des déclarations les plus importantes de Kuhn est que dans toute science «mûre»[2], chaque savant acceptera en général le *même* paradigme), ceux-ci peuvent poursuivre le processus «d'articulation du paradigme» connu aussi sous le nom de «science normale». Dans les périodes normales, le paradigme dominant sera considéré comme inaltérable et échappera à toute critique. Des théories spécifiques et individuelles (qui représentent des «efforts d'articulation», c'est-à-dire des efforts pour appliquer un paradigme à un nombre de cas de plus en plus larges) peuvent être critiquées, falsifiées et abandonnées; mais le paradigme en soi n'est pas remis en question. Il en sera ainsi jusqu'à ce que assez d'«anomalies»[3] s'accumulent (Kuhn ne nous indique pas comment ce point peut être déterminé) pour que les savants commencent à se demander si le paradigme dominant est vraiment approprié. Kuhn appelle ce moment la période de «crise». Pendant celle-ci, les savants commencent à considérer sérieusement l'utilisation d'autres paradigmes. Si l'un de ceux-ci fournit de meilleurs résultats empiriques, une révolution scientifique a lieu, un nouveau paradigme est mis en place et une autre période de science normale s'ensuit.

Il y a beaucoup de choses intéressantes dans la démarche de Kuhn. Il perçoit clairement que les maxi-théories ont des fonctions cognitives et heuristiques différentes de celles des mini-théories. Il est probablement le premier penseur qui ait insisté sur les qualités de résistance et de ténacité des théories globales — même lorsqu'elles sont confrontées à des anomalies sérieuses[4]. Il a rejeté, avec raison, le caractère cumulatif des sciences[5], qui est généralement admis. Mais malgré ses côtés positifs, le modèle du progrès scientifique de Kuhn souffre de difficultés conceptuelles et empiriques graves. Par exemple, l'analyse des paradigmes et de leurs carrières, a été longuement critiquée par Shapere qui a fait ressortir le caractère obscur de la notion même de paradigme en montrant les nombreuses incohérences dans l'emploi de cette notion[6]. Feyerabend[7] et d'autres ont fait remarquer qu'il est historiquement inexact que ce que Kuhn appelle «science normale», soit de quelque façon typique ou même normal. En fait, quasi toutes les périodes importantes dans l'histoire des sciences sont caractérisées par la coexistence de nombreux paradigmes rivaux, aucun n'ayant l'hégémonie, et par des débats persistants dans la communauté scientifique sur les hypothèses qui fondent chaque paradigme. De nombreux critiques ont fait remarquer le côté arbitraire de la théorie des crises selon Kuhn : si quelques anomalies ne provoquent pas de crise, mais que beaucoup le font, comment un savant peut-il déterminer le « point de crise » ? La théorie de Kuhn présente encore d'autres défauts. En voici les principaux selon moi :

1. Kuhn ne voit pas le *rôle des problèmes conceptuels* dans le débat scientifique et dans l'évaluation des paradigmes. Pour autant qu'il reconnaisse l'existence de critères rationnels dans le choix des paradigmes et l'évaluation de leur progressisme, ceux-ci se limitent à des critères positivistes traditionnels comme le nombre de faits expliqués et la quantité d'anomalies résolues. La notion de problème conceptuel et sa connection avec le progrès n'est pas traitée sérieusement dans l'analyse de Kuhn.

2. Kuhn ne résout pas vraiment la question cruciale *de la relation entre un paradigme et les théories qui le constituent*. Le paradigme implique-t-il ces théories ou les inspire-t-il seulement ? Une fois qu'elles sont développées, justifient-elles le paradigme ou bien est-ce le paradigme qui les justifie ? Est-ce que le paradigme précède ses théories ou bien surgit-il, qu'on le veuille ou non, après leur formulation ? Bien que ce sujet soit fort complexe, toute théorie des sciences adéquate devra s'interroger sur lui plus directement que ne l'a fait Kuhn.

3. Les paradigmes de Kuhn ont une structure rigide qui les empêche d'évoluer au cours du temps pour répondre aux faiblesses et aux anomalies qu'ils engendrent. De plus, vu qu'il prend comme postulat l'immunité du paradigme par rapport à la critique, *il ne peut y avoir de relation corrective entre celui-ci et les données*. Il en résulte qu'il est bien difficile de concilier l'inflexibilité des paradigmes de Kuhn avec le fait historique de l'évolution des théories globales au cours des temps.

4. Les paradigmes de Kuhn ou « matrices disciplinaires » sont toujours implicites; elles ne sont jamais entièrement articulées[x]. Dans la mesure où les savants ne peuvent discuter que d'hypothèses qui sont raisonnablement explicitées, il est difficile de comprendre comment Kuhn peut rendre compte des nombreuses controverses théoriques qui ont existé dans le développement des sciences. Quand un disciple de Kuhn soutient que les cadres ontologiques et méthodologiques de la physique cartésienne ou newtonienne, de la biologie darwinienne ou de la psychologie behaviouriste, furent seulement implicites et n'ont jamais reçu de formulation explicite, il se heurte à un fait historique,

à savoir que les hypothèses centrales de tous ces paradigmes furent explicites dès leur conception.

5. Etant donné que les paradigmes sont implicites et ne peuvent être identifiés que par des « stratégies de résolution exemplaires » (en gros, l'application archétypique d'une formulation mathématique à un problème expérimental), il s'ensuit que lorsque deux savants utilisent les mêmes stratégies, ils adhèrent *ipso facto*, pour Kuhn, au même paradigme. C'est ignorer le fait persistant que des savants différents utilisent les mêmes lois et les mêmes stratégies tout en souscrivant à des vues très divergentes sur les questions de base d'ontologie et de méthodologie scientifique. (Par exemple, les mécanistes et les énergéticistes acceptent les mêmes lois de conservation). Ainsi, analyser les sciences en termes de paradigmes donne peu d'espoir de mettre à jour « le réseau puissant d'engagements conceptuels, théoriques, instrumentaux et métaphysiques »[9] que Kuhn espérait saisir dans sa théorie des paradigmes.

LA THEORIE DES « PROGRAMMES DE RECHERCHE » DE LAKATOS

Principalement en réaction aux critiques de Kuhn visant certains postulats centraux de la philosophie des sciences traditionnelles, Imre Lakatos a développé une théorie alternative du rôle des théories au sens large dans l'évolution des sciences. Lakatos les appelle des « programmes de recherche » et considère que ceux-ci sont constitués par trois éléments : (1) un « noyau dur » (ou « heuristique négative ») de postulats fondamentaux qu'on ne peut abandonner ou modifier sans rejeter le programme de recherche[10] ; (2) « l'heuristique positive » qui contient « un ensemble de suggestions partiellement articulées sur la façon de changer, modifier ou sophistiquer (sic) »[11] nos théories spécifiques lorsque nous souhaitons les améliorer, et (3) « une série de théories, T_1, T_2, T_3... » où chaque théorie subséquente « résulte de l'ajout de clauses auxiliaires... à la théorie antérieure »[12]. Les théories constituent des réalisations spécifiques du programme de recherche général. Les programmes de recherche peuvent être progressistes ou régressifs de différentes manières : mais le progrès pour Lakatos, et plus encore que pour Kuhn, est fonction exclusivement de la croissance *empirique* d'une tradition. C'est la possession d'un « contenu empirique » plus grand ou d'un « degré plus grand de corroboration empirique » qui fait qu'une théorie est supérieure à une autre et plus progressiste.

Le modèle de Lakatos est, pour différentes raisons, une amélioration certaine par rapport à celui de Kuhn. A l'inverse de Kuhn, Lakatos reconnaît, et souligne, l'importance historique de la coexistence de plusieurs programmes de recherche au même moment, dans le même domaine. Alors que Kuhn considère généralement que les paradigmes sont incommensurables [13] et ne permettent donc pas une comparaison rationnelle, Lakatos dit qu'on peut comparer objectivement le progrès relatif des traditions de recherche rivales. Plus que Kuhn, Lakatos s'attaque à la question épineuse des relations entre le programme de recherche et les théories individuelles qui le constituent.

Ceci dit, le modèle des programmes de recherche de Lakatos partage beaucoup d'insuffisances avec les paradigmes de Kuhn et en introduit d'autres:

1. Comme celle de Kuhn, la conception du progrès de Lakatos est exclusivement empirique; les modifications progressistes d'une théorie sont celles qui accroissent l'éventail de ses énoncés empiriques.

2. Les types de changements que Lakatos autorise dans les théories qui constituent son programme de recherche sont fort limités. En fait, Lakatos permet seulement comme relation entre une théorie donnée et celle qui lui succède dans un programme de recherche, l'addition d'un nouveau postulat ou la réinterprétation sémantique de certains termes de la théorie précédente. Sous cet angle étonnant, *deux théories ne peuvent se trouver dans le même programme de recherche que si l'une implique l'autre*. Comme nous allons le voir, dans la grande majorité des cas, la succession de théories spécifiques dans un programme de recherche suppose l'élimination autant que l'addition de postulats, et il est rare que des théories qui succèdent à d'autres, impliquent les premières.

3. Un défaut fatal à la notion de programmes de recherche élaborée par Lakatos est qu'elle dépend des notions de «contenu empirique et logique» de Tarski et Popper. *Toutes* les mesures de progrès selon Lakatos nécessitent une comparaison entre le contenu empirique de chaque élément des séries de théories qui forment tout programme de recherche [14]. Comme l'ont démontré avec succès Grünbaum et d'autres, toute tentative visant à spécifier des techniques de mesures du contenu des théories scientifiques est problématique sinon littéralement impossible [15]. C'est pour cela que ni Lakatos, ni ses disciples n'ont été capables d'identifier *un seul* cas historique sur lequel on ait pu montrer que cette définition du progrès pouvait être appliquée [16].

4. A cause du point de vue particulier de Lakatos selon lequel l'acceptation des théories est rarement rationnel (et ne l'est peut-être même jamais), celui-ci ne peut traduire ses estimations du progrès (pour autant qu'il puisse en faire!) en recommandations pour une action cognitive[17]. Quoiqu'un programme de recherche puisse être plus progressiste qu'un autre, d'après Lakatos, nous ne pouvons pas déduire lequel devrait être préféré ou accepté. Il en résulte qu'il ne peut jamais y avoir de connexion entre une théorie du progrès et une théorie de l'acceptation rationnelle (ou pour utiliser le langage de Lakatos entre «l'évaluation» et le «conseil» méthodologique).

5. Lakatos soutient que l'accumulation d'anomalies n'a pas d'effet sur l'évaluation d'un programme de recherche, mais cette affirmation est démentie par l'histoire des sciences.

6. Les programmes de recherche de Lakatos, comme les paradigmes de Kuhn ont un noyau rigide et n'admettent aucun changement fondamental[18].

Ce qui doit être clair, d'après ces résumés rapides de deux grandes théories du changement scientifique, c'est qu'il existe un certain nombre de difficultés analytiques et historiques auxquelles se heurtent les tentatives visant à comprendre la nature et le rôle des théories au sens large. Ayant en tête certaines de ces difficultés, nous pouvons envisager l'exploration d'un autre modèle du progrès scientifique construit avec les éléments esquissés dans les chapitres précédents. Une épreuve cruciale pour ce modèle sera de voir s'il nous permet d'éviter certains problèmes qui handicapent ses prédécesseurs. Bien qu'il y ait des points communs entre mon modèle et ceux de Kuhn et de Lakatos (et je dois beaucoup à leur travail de pionniers), il y a un nombre suffisamment élevé de différences pour que j'essaye de développer la notion de tradition de recherche en repartant à zéro.

LA NATURE DES TRADITIONS DE RECHERCHE

Nous avons déjà fait allusion à certaines traditions de recherche classiques: le darwinisme, la théorie des quanta, la théorie électromagnétique de la lumière. Chaque discipline intellectuelle, scientifique ou non scientifique, a une longue histoire de traditions de recherche: empirisme et nominalisme en philosophie, volontarisme et nécessitarisme en théologie, behaviourisme et freudisme en psychologie, utilitarisme et intuitionisme en éthique, marxisme et capitalisme en économie, mécanisme et vitalisme en physiologie, pour n'en nommer que quelques-unes. Ces traditions de recherche ont des traits communs :

1. chaque tradition de recherche a un certain nombre de théories spécifiques qui l'exemplifient et la constituent en partie; certaines de ces théories sont contemporaines, d'autres se sont succédé dans le temps;

2. chaque tradition de recherche présente certains engagements métaphysiques et méthodologiques qui, pris ensemble, lui donnent son individualité et la distingue des autres;

3. chaque tradition de recherche (contrairement aux théories spécifiques) subit un certain nombre de formulations différentes et détaillées (et souvent mutuellement contradictoires), et a généralement une longue histoire qui s'étend sur une période de temps importante (les théories, au contraire, ont souvent la vie courte).

Cette énumération des caractéristiques importantes des traditions de recherche n'est pas exhaustive, mais elle permettra, pour le moment, d'identifier les sortes d'objets dont je voudrais analyser les propriétés.

En résumé, une tradition de recherche donne des indications pour le développement de théories spécifiques. Certaines de ces indications constituent une ontologie qui spécifie, en gros, les types d'entités fondamentales qui existent dans le domaine ou les domaines dont relève la tradition de recherche. La fonction des théories spécifiques, au sein de celle-ci, est d'expliquer tous les problèmes empiriques du domaine en les ramenant à l'ontologie qui les caractérise. Si la tradition de recherche est, par exemple, le behaviourisme, elle nous dit que les seules entités légitimes sont les signes physiques et physiologiques directement observables. S'il s'agit de la physique cartésienne, elle spécifie que seulement la matière et l'esprit existent et que les théories qui parlent d'autres types de substances (ou de matière et esprit mélangés) sont inacceptables. De plus, la tradition de recherche esquisse *les différents modes d'interaction possibles entre ces entités*. Ainsi, les particules cartésiennes peuvent interagir uniquement par contact, et non par action à distance. Les entités dans la tradition de recherche marxiste ne peuvent s'influencer que par la vertu des forces économiques qui s'exercent sur elles.

Très souvent, la tradition de recherche spécifie certaines procédures qui constituent les «méthodes d'investigation» légitimes disponibles pour le chercheur qui travaille dans cette tradition. Ces principes méthodologiques ont un spectre large; ils s'adressent aux techniques expérimentales, aux modes d'évaluation et de mise à l'épreuve des théories, etc. Par exemple, la situation méthodologique du savant dans la tradition de recherche newtonienne stricte est inévitablement inductiviste et ne permet de recourir qu'à des théories qui ont été inférées inductivement des données. De même, le psychologue behaviouriste fera appel aux procédures dites «opérationalistes». D'une manière simpliste, on peut dire qu'une *tradition de recherche est un ensemble de «faites» et de «ne faites pas» ontologiques et méthodologiques*. Recourir à des procédures interdites par la métaphysique et la méthodologie d'une tradition de recherche signifie qu'on se place en dehors de celle-ci et qu'on la rejette. Si, par exemple, un physicien cartésien commence à parler de forces agissant à distance, si un behaviouriste parle d'impulsions subconscientes, si un marxiste spécule sur des idées qui ne sont pas provoquées par la structure économique, dans chacun de ces cas, le savant se place hors circuit. En rompant avec l'ontologie et la méthodologie de la tradition de recherche dans laquelle il travaille, il en a violé les contraintes et s'en est séparé. Inutile de dire que cela n'est pas mauvais en soi... Certaines révolutions dans la pensée scientifique sont dues à des penseurs qui ont rompu avec les traditions de recherche de leur époque pour en créer de nouvelles. Mais ce qu'il faut préserver, si nous voulons comprendre la logique ou l'histoire des sciences naturelles, c'est la notion d'*intégrité* d'une tradition de recherche, car c'est cette intégrité même qui stimule, définit et délimite ce qui peut compter comme solution à la majorité des problèmes scientifiques les plus importants[19].

Bien qu'il soit vital de distinguer entre les composantes ontologiques et méthodologiques d'une tradition de recherche, les deux sont généralement intimement liées, et cela pour une raison bien naturelle: la conception qu'on se fait des *méthodes* appropriées d'investigation est généralement compatible avec l'idée qu'on se fait des *objets* de l'investigation. Par exemple, quand Charles Lyell a défini la tradition de recherche «uniformitariste» en géologie, son ontologie se limitait aux seules causes agissant dans le présent, et il a insisté, dans sa méthodologie, sur la nécessité «d'expliquer» les effets passés en termes de celles-ci. Sans cette ontologie, sa méthodologie uniformitariste aurait été inappropriée; et sans celle-ci, son ontologie «présentiste» n'aurait pas permis à Lyell d'expliquer le passé géologique. De même, l'ontologie mathématique de la tradition de recherche cartésienne (ontologie selon laquelle *tous* les changements physiques étaient entièrement des changements de *quantité*) était étroitement liée avec la méthodologie déductiviste et axiomatique du cartésianisme (inspirée des mathématiques). Comme nous le verrons plus loin, il n'est pas toujours exact que l'ontologie et la méthodologie d'une tradition de recherche soient aussi étroitement liées. Par exemple, la méthodologie inductiviste de la tradition de recherche newtonienne n'avait que des liens très faibles avec l'ontologie de cette tradition. Mais ces cas sont l'exception et non la règle.

Une définition préliminaire d'une tradition de recherche pourrait être formulée comme suit : « *une tradition de recherche est un ensemble d'hypothèses générales sur les entités et les processus dans le domaine étudié, et sur les méthodes appropriées pour examiner les problèmes et établir les théories relatives à ce domaine* ».

THEORIES ET TRADITIONS DE RECHERCHE

Chaque tradition de recherche sera associée à une série de théories spécifiques, chacune de celle-ci étant destinée à particulariser son ontologie et à illustrer ou satisfaire sa méthodologie. Au XVIIe siècle, la tradition de recherche mécaniste en optique inclut plusieurs théories de Descartes, de même que celles de Hooke, Rohault, Hobbes, Regis et Huygens[20]. Au XVIIIe siècle, la tradition phlogistique en chimie reçut plus d'une douzaine de formulations théoriques spécifiques[21]. *Les théories d'une tradition de recherche en évolution seront souvent rivales et contradictoires*, précisément parce que certaines d'entre elles constituent des efforts, dans le cadre de la tradition, pour améliorer et corriger leurs prédécesseurs.

Les théories individuelles constituant la tradition pourront généralement être testées empiriquement, car elles impliquent (en conjonction avec d'autres théories spécifiques) des prédictions précises sur le comportement des objets dans le domaine. Au contraire, *les traditions de recherche ne sont ni explicatives, ni prédictives, ni directement testables*. Leur généralité même, et leurs éléments normatifs, les empêchent de conduire à des comptes rendus détaillés de processus naturels spécifiques.

Sauf au niveau abstrait où on dit de quoi le monde est fait et comment il devrait être étudié, les traditions de recherche ne donnent pas de réponses détaillées à des questions spécifiques. Une tradition de recherche ne nous dira pas ce qui arrive à la lumière lorsqu'elle est réfractée à la surface de l'eau; elle ne nous dira pas ce qui arrivera si nous mettons une souris femelle de huit mois dans un labyrinthe; elle ne nous dira pas non plus pourquoi le plomb fond à une température plus basse que le cuivre. Mais ce serait une erreur de conclure que, parce qu'elles n'offrent pas de solutions à des problèmes spécifiques, les traditions de recherche sont en dehors du processus de solution de problèmes. La fonction d'une tradition de recherche est, au contraire, de fournir les instruments cruciaux dont nous avons besoin pour résoudre des problèmes empiriques et conceptuels. (Comme nous le verrons plus loin, la tradition de recherche va même jusqu'à définir partiellement ce que sont les problèmes et l'importance qu'il faut leur reconnaître). C'est pour cette raison que l'évaluation objective de toute tradition de recherche est intimement liée au processus de résolution de problèmes. L'idée même qu'une tradition de recherche — qui ne fait pas de prédiction, qui ne résout aucun problème spécifique, qui est fondamentalement normative et métaphysique — pourrait être objectivement évaluée peut sembler paradoxale. Mais ce n'est pas du tout le cas et on peut dire qu'une *tradition de recherche féconde est celle qui, à travers les théories qui la composent, mène à la solution adéquate d'un nombre croissant de problèmes empiriques et conceptuels.* Déterminer si une tradition de recherche a réussi, dans cette acception, ne consiste pas à se demander si elle est «confirmée» ou «réfutée». Cette approche ne nous dit pas non plus si la tradition est «vraie» ou «fausse»[22]. Une tradition de recherche peut réussir à engendrer des théories fécondes et pourtant être en défaut quant à son ontologie et sa méthodologie. On peut aussi concevoir qu'une tradition de recherche puisse être vraie et (peut-être en raison du manque d'imagination de ses défenseurs) être incapable d'engendrer des théories qui réussissent à résoudre des problèmes. D'où le fait qu'en rejetant une tradition de recherche, on ne se prononce pas (ou du moins on ne devrait pas se prononcer) sur sa fausseté. De même, l'abandon d'une tradition momentanément inféconde ne nous contraint pas à l'oublier à tout jamais; au contraire, on peut stipuler explicitement des conditions qui, une fois remplies, permettront de la faire revivre. Donc, lorsque nous rejetons une tradition de recherche, nous prenons la décision de ne pas l'utiliser momentanément parce qu'il en existe une autre qui permet de résoudre des problèmes avec plus de succès.

De même que le sort d'une tradition de recherche dépend de la capacité des théories qui la constituent à résoudre des problèmes, la détermination de l'adéquation d'une théorie spécifique est inextricablement liée à l'estimation de la capacité à résoudre des problèmes de tout l'ensemble des théories issu de la tradition de recherche dont cette théorie est un des éléments[23]. Si une théorie est intimement liée à une tradition de recherche inféconde, quels que soient les mérites de cette théorie particulière en ce qui concerne la résolution de problèmes, on aura tendance à la considérer avec suspicion. Par exemple, les théories de la conduction et de la convection de la chaleur de Rumford étaient de loin supérieures aux théories du flux thermique dans les liquides disponibles entre 1800 et 1815. Cependant, peu de savants les prirent au sérieux parce que (pensaient-ils) la tradition de recherche dans laquelle Rumford travaillait (qui remontait à Boerhaave) avait été discréditée par des traditions de recherche rivales nouvelles en chimie (spécialement celle de Joseph Black). Celles-ci considéraient que la chaleur était une substance plutôt que le mouvement aléatoire de particules, comme l'imaginait Rumford. Les théories de Rumford ne devinrent à la mode que vers 1840-1850, parce qu'alors, l'intérêt porté aux diverses traditions ayant changé, de nombreux savants étaient mieux préparés à donner de l'attention aux théories spécifiques (comme celles de Rumford) qui étaient nées de la tradition de recherche cinétique.

A l'inverse, une théorie, même inadéquate, bénéficiera d'arguments puissants en sa faveur si elle est liée à une tradition de recherche qui par ailleurs est très féconde. Ainsi, les théories de la physiologie mécaniste à la fin du XVIIe siècle (comme celles de Borelli et Pitcairn) étaient considérées avec respect dans les milieux où la tradition de recherche mécaniste était en faveur, même si, jugées sur leurs seuls mérites, elles étaient notablement inférieures à d'autres théories appartenant à d'autres traditions de recherche moins fécondes[24].

Jusqu'ici, j'ai volontairement évité de décrire la relation qui existe entre une théorie et sa tradition de recherche « parente ». J'ai parlé de traditions de recherche qui « inspirent », « contiennent » ou « engendrent » des théories et de théories qui « présupposent » ou « constituent » ou même « définissent » des traditions de recherche. C'est là un sujet fort complexe; l'ambiguïté des métaphores dont je me suis servi est un symptôme de la difficulté à affronter cette question de plain-pied.

Mais il faut en parler sans plus tarder, je dirai d'abord ce que la relation entre théories et traditions de recherche *n'est pas*. Ce n'est pas une relation d'implication. Les traditions de recherche n'impliquent pas les théories qui les constituent; celles-ci prises séparément ou conjointement n'impliquent pas non plus leurs traditions de recherche parentes. On pourrait souhaiter qu'il en soit autrement, car il serait alors aisé de déterminer mécaniquement quelles théories appartenaient à telle ou telle tradition de recherche et la tradition (ou les traditions) en filigrane de toute théorie. Cependant, concevoir la relation entre théorie et tradition de recherche en termes aussi formels, c'est ne rien comprendre aux différences qui les séparent. Une tradition de recherche, au mieux, spécifie une ontologie *générale* de la nature et une méthode *générale* pour résoudre les problèmes naturels dans un domaine donné. Une théorie, par contre, articule une ontologie très spécifique et un certain nombre de lois spécifiques de la nature que l'on peut tester. Si on nous dit, comme la tradition de recherche newtonienne le fait, que nous devrions traiter tous les mouvements non rectilignes comme des cas de forces centripètes, cela n'entraîne *aucune* théorie spécifique pour l'explication, disons, du mouvement de l'aiguille d'une boussole dans le voisinage d'un fil soumis à un courant électrique. Pour développer une théorie «newtonienne» pour ce phénomène particulier, nous devons (comme Ampère l'a fait) aller bien au-delà des conséquences déductibles de la tradition de recherche newtonienne. Si on nous dit, comme la tradition de recherche mécaniste au XIXe siècle le fait, que la chaleur n'est qu'une forme de mouvement, cela ne nous conduit pas déductivement à la théorie cinétique des gaz de Boltzmann ni à la thermodynamique statistique.

Des considérations similaires s'appliquent à la relation inverse entre les théories et les traditions de recherche. Par exemple, nous ne pouvons déduire de la théorie de l'impact développée par Huygens les hypothèses de base de la tradition de recherche dans laquelle il travaillait (nous sommes évidemment capables de déduire que Huygens travaillait dans une tradition de recherche pour laquelle les phénomènes de collision constituaient des problèmes non résolus, car si ce n'était pas le cas, pourquoi se serait-il donné la peine d'établir une théorie à leur sujet?) Mais il n'est jamais possible de déduire l'ensemble d'une tradition de recherche à partir d'une ou même de toutes les théories qui lui sont apparentées.

La raison pour laquelle la relation d'implication ne nous aide pas est simple : *un certain nombre de théories mutuellement inconsistantes peuvent se réclamer de la même tradition de recherche, et un certain nombre de traditions de recherche peuvent, en principe, fournir les présuppositions de base de toute théorie donnée.*

Il y a beaucoup d'exemples des deux phénomènes : de nombreux savants de la tradition optique cartésienne pensaient que la lumière voyageait plus vite dans des milieux optiques plus denses; d'autres théoriciens de la même tradition affirmaient le contraire. En restant dans l'histoire de l'optique, on voit que de nombreuses traditions rivales prétendaient justifier la même théorie. Ainsi, la théorie de Newton selon laquelle la lumière a des propriétés périodiques fut acceptée par les savants des traditions ondulatoires et corpusculaires. Si l'implication constituait la relation entre les traditions de recherche et les théories, des situations de ce genre seraient impossibles. Quelle peut donc être la nature de cette relation que nous tentons de cerner?

Il existe au moins deux modes par lesquels les théories et les traditions sont liées: l'un est *historique*, l'autre *conceptuel*. C'est un fait historique que la plupart des théories importantes (sinon toutes) sont apparues alors que les savants qui les ont inventées travaillaient dans le cadre de l'une ou l'autre tradition de recherche spécifique. La théorie des gaz de Boyle a été développée dans le contexte de la philosophie mécaniste. Les théories embryologiques de Buffon furent développées en tant qu'efforts pour appliquer la tradition de recherche newtonienne aux phénomènes biologiques. Les théories de la sensation de Hartley sont nées dans le cadre de la tradition de recherche de la psychologie associationniste. Les théories électriques de Hertz avaient des liens étroits avec la tradition de recherche maxwellienne.

Une théorie spécifique, abstraite de son contexte historique, peut ne donner que des indices ambigus sur la ou les traditions de recherche avec lesquelles elle est associée. C'est d'ailleurs ce fait qui a conduit beaucoup de savants et de philosophes à imaginer que les théories sont généralement évaluées indépendamment des traditions de recherche dont elles font partie. Mais nous ne devons pas nous laisser induire en erreur par le fait qu'une théorie, prise hors contexte, n'est pas couverte des stigmates de sa tradition de recherche «parente». La recherche historique peut toujours (en tout cas en principe) identifier la ou les traditions de recherche avec lesquelles une théorie particulière a été associée. Dans ce sens, la connection entre une théorie et une tradition de recherche est aussi réelle que n'importe quel fait du passé et est de la plus haute importance. Pour prouver cette dernière assertion, il nous faut étudier les interactions entre théories et traditions de recherche.

Les modes d'interaction les plus importants résultent généralement des influences de la tradition de recherche sur les théories qui la constituent. Ces influences ont des aspects variés:

Le rôle des traditions de recherche dans la détermination des problèmes.
Avant même que l'on ait formulé des théories spécifiques au sein d'une tradition de recherche, celle-ci exercera une forte influence sur la gamme des problèmes empiriques que les théories qui la constituent auront à affronter, ainsi que sur l'évaluation du poids de ces problèmes. (Cette influence ne sera toutefois pas totalement déterministe). Cette

situation se prolongera tout au long du développement de la tradition en question. Les traditions de recherche exercent également une influence décisive sur les problèmes conceptuels que leurs théories constituantes peuvent engendrer. Ces deux processus sont importants et méritent d'être examinés en détail.

1. L'un des rôles d'une tradition de recherche est de délimiter au moins partiellement *le domaine d'application* des théories qui la constituent. Cette délimitation s'effectue en indiquant qu'il convient de discuter de certaines classes de problèmes empiriques dans le domaine donné, et en affirmant que d'autres relèvent de domaines différents, ou sont des «pseudo-problèmes» qui peuvent être légitimement ignorés. L'ontologie ou la méthodologie d'une tradition de recherche peuvent influencer ce qui comptera comme problèmes légitimes pour les théories qui la constituent. Si, par exemple, la *méthodologie* d'une tradition de recherche spécifie — comme elle le fait généralement — les techniques expérimentales qui sont les seuls modes d'investigation légitimes pour déterminer les données qui devront être expliquées, alors il est évident que, en principe, seuls les «phénomènes» qui peuvent être explorés par ces moyens comptent comme problèmes légitimes pour les théories qui constituent cette tradition de recherche. La chimie phénoménologique du XIXe siècle nous en donne un exemple classique. Les savants de cette tradition pensaient que les seuls problèmes légitimes qu'un chimiste devait résoudre étaient ceux qui concernaient les réactions *observables* des agents chimiques. Ainsi, se demander comment un acide et une base réagissent pour former un certain sel, c'est se poser un problème authentique. Mais se demander comment des atomes se combinent pour former des molécules diatomiques ne peut être considéré comme un problème empirique parce que la méthodologie de la tradition en question nie la possibilité de la connaissance empirique d'entités de cette taille. Cependant, pour d'autres traditions de recherche du XIXe siècle en chimie, les questions relatives aux propriétés combinatoires de certaines entités, même non directement observables, étaient des problèmes authentiques pour la recherche empirique[25]. La psychologie behaviouriste et la mécanique quantique contemporaine ont aussi des méthodologies qui les empêchent de considérer certains «phénomènes» comme des problèmes alors que d'autres traditions de recherche les reconnaissent comme tels.

De même, l'*ontologie* de la tradition de recherche peut exclure certaines situations du domaine ou les y inclure. Ainsi, l'arrivée de la tradition de recherche mécaniste cartésienne, au XVIIe siècle, a transformé radicalement le domaine de problèmes accepté pour les théories optiques. Cela se fit en postulant que les problèmes de perception et de vision — problèmes qui traditionnellement étaient considérés comme des problèmes empiriques légitimes pour toute théorie optique — devaient être confiés à la psychologie et à la physiologie, champs d'investigation extérieurs au domaine de l'optique. Par là même, le théoricien mécaniste de l'optique pouvait ignorer en toute quiétude ces problèmes empiriques.

La physique de la fin du XIXe siècle nous donne un exemple différent. La tradition du fluide subtil (de Faraday, Maxwell, Hertz et d'autres) comprenait comme problème légitime l'investigation des propriétés de l'éther électromagnétique. En effet, les expériences classiques de Michelson et Morley furent menées pour déterminer le coefficient de résistance des corps se mouvant dans celui-ci. Cependant, avec l'arrivée de la théorie de la relativité restreinte, une nouvelle tradition de recherche et l'ontologie qui lui était liée supprimèrent du domaine des problèmes empiriques de la physique toutes les questions relatives à l'élasticité, la densité et la vitesse de l'éther — questions qui avaient constitué des problèmes *empiriques* primordiaux entre 1850 et 1900[26]. Ces exemples doivent montrer clairement que les traditions de recherche peuvent jouer un rôle décisif en spécifiant ce qui comptera comme problèmes empiriques potentiellement résolubles pour les théories qui les constituent.

2. Il est également important de constater qu'une tradition de recherche peut engendrer des problèmes conceptuels pour les théories qui la constituent. En effet, la majeure partie des problèmes conceptuels auxquels une théorie peut être confrontée sont le résultat des tensions entre celle-ci et la tradition de recherche dont elle fait partie. Il arrive souvent que l'articulation détaillée d'une théorie conduise à l'adoption de suppositions qui sont contraires à celles qui sont autorisées par la tradition de recherche «parente». Dans une situation de ce type, il est courant que les critiques de cette théorie désignent cette tension comme un problème conceptuel majeur. Par exemple, quand Huygens a développé une théorie générale du mouvement, il a trouvé que les seules théories empiriquement satisfaisantes étaient celles qui supposaient l'existence du vide. Malheureusement, Huygens travaillait dans le cadre de la tradition de recherche cartésienne, tradition qui identifiait l'espace et la matière et donc interdisait les espaces vides. Comme Leibniz et d'autres lui ont fait remarquer, ses théories allaient à l'encontre de la tradition de recherche dont elles prétendaient relever. C'était là un problème conceptuel de toute première importance, comme Huygens lui-même l'a parfois reconnu. De même, quand Thomas Young — qui travaillait dans la tradition de recherche newto-

nienne — commença à donner des explications pour l'interférence optique qui supposaient une théorie ondulatoire de la lumière, on lui reprocha de ne pas avoir vu à quel point sa théorie violait certains canons de la tradition de recherche à laquelle il semblait se référer[27]. Ici encore, nous voyons comment les dissonances entre la tradition de recherche et les théories qui la composent peuvent engendrer des problèmes conceptuels aigus.

Le rôle contraignant des traditions de recherche. Comme nous l'avons déjà dit, la première fonction d'une tradition de recherche est d'établir une ontologie et une méthodologie générale pour aborder tous les problèmes d'un domaine, ou d'un ensemble de domaines. Dans cette mesure, elle agit comme une *contrainte* sur les types de théories qui peuvent être développées dans le domaine en question. Si l'ontologie nie l'existence de forces agissant à distance, elle écarte comme inacceptable une théorie spécifique qui se base sur l'action sans contact. C'est pour cette raison que des cartésiens comme Huygens et Leibniz (engagés dans une ontologie de poussées et tractions) estimèrent que la théorie de la mécanique céleste de Newton était stérile. De même, la théorie de l'équivalence de la matière et de l'énergie d'Einstein exclut toute théorie qui postule la conservation absolue des masses. Pour la même raison, la tradition mécaniste dans la théorie de la chaleur (avec pour corollaire que celle-ci peut être transformée en travail) interdit le développement de théories qui supposent la matérialité de la chaleur, ou sa conservation.

La *méthodologie* d'une tradition de recherche exclut dans beaucoup de cas certaines sortes de théories. Toute tradition de recherche qui a une méthodologie fortement inductiviste ou observationaliste considère comme inadmissibles des théories «spécifiques» qui postulent l'existence d'entités qui ne peuvent être observées. Au XVIIIe siècle, l'opposition aux théories du fluide subtil et, au XIXe siècle, l'opposition aux théories atomiques avaient toutes deux pour cause le fait que la méthodologie dominante de l'époque niait le bien-fondé épistémique et scientifique des théories qui s'intéressaient à des «entités non observables»[28].

Dans tous ces cas, la tradition de recherche dans le cadre de laquelle le savant travaille, empêche celui-ci d'adopter des théories spécifiques qui sont *incompatibles* avec sa métaphysique ou sa méthodologie.

Jusqu'ici, nous avons traité de la manière négative dont les traditions de recherche excluent certains problèmes et certaines théories. Cependant, elles ont aussi deux fonctions positives.

Le rôle heuristique des traditions de recherche. Parce qu'elles postulent certains types d'entités et certaines méthodes permettant d'étudier les propriétés de celles-ci, les traditions de recherche peuvent jouer un rôle heuristique vital dans l'élaboration de théories scientifiques spécifiques. Non pas parce que celles-ci peuvent être déduites des traditions de recherche, mais parce que les traditions peuvent fournir des indices vitaux pour leur élaboration. Pensons à Benjamin Franklin et à ses efforts pour mettre au point une théorie de l'électricité statique. Franklin connaissait certains phénomènes, en particulier l'électricité par frottement, les électroscopes et la bouteille de Leyde. Vu qu'il travaillait dans le cadre d'une tradition de recherche qui postulait l'existence d'une matière électrique, Franklin avait besoin d'une théorie qui puisse expliquer comment la friction pouvait électrifier des corps, comment des corps électrifiés pouvaient s'attirer et se repousser, comment l'électricité pouvait être gardée dans un condensateur et pourquoi certains corps étaient conducteurs et d'autres isolants. Au début de l'élaboration de sa théorie, Franklin en arriva à penser que l'électrification positive consistait en l'accumulation dans un corps d'un excès de fluide électrique, tandis que l'électrification négative était due à une déficience de ce même fluide. En liant ces suppositions théoriques spécifiques à l'ontologie de sa tradition de recherche, une ontologie qui postulait que l'électricité était une forme de matière et donc qu'elle se conservait de la même manière que la matière ordinaire, il était naturel de supposer que la charge électrique devait être conservée. Cette intuition théorique importante, confirmée ensuite par les expériences de Franklin, émergea comme un résultat pratiquement inévitable de ses réflexions sur les relations entre sa théorie naissante et sa tradition de recherche parente. Son intuition n'était la conséquence logique ni de la théorie précédente, ni de la tradition de recherche. C'est la juxtaposition des deux qui permit cette extension théorique vitale.

Un autre aspect de ce rôle heuristique peut être illustré par l'histoire des débuts de la thermodynamique. Quand Sadi Carnot chercha à développer une théorie des machines à vapeur, il essaya de la construire dans le cadre de la tradition de recherche liée à la doctrine calorique de la chaleur. Au sein de celle-ci, la chaleur était considérée comme une substance matérielle, le « calorique », soumise au principe de la conservation et capable de se mouvoir entre les parties constitutives des corps macroscopiques. Carnot, qui savait quel travail pouvait être effectué par un système mécanique aussi simple qu'une roue à eau, essaya de concevoir une analogie entre le flux de la chaleur et une chute d'eau, le gradient de température entre l'entrée et la sortie correspondant à la hauteur de la chute d'eau. C'est en terme de cette analogie que Carnot développa une « démonstration » de sa théorie. Il est évident que si Carnot n'avait pas considéré la chaleur comme une substance conservée capable de couler d'un point à un autre sans perte de quantité, il n'aurait vraisemblablement pas énoncé une telle théorie. Mais, cette façon de concevoir la chaleur résultait tout naturellement de la tradition dans laquelle Carnot travaillait.

Illustrons encore ce rôle heuristique par un dernier exemple. Quand Descartes essaya de développer une théorie de la lumière et des couleurs, il avait déjà défini sa tradition de recherche générale. En bref, elle affirmait que les seules propriétés que les corps pouvaient avoir étaient la taille, la forme, la position et le mouvement. Cette tradition de recherche ne précisait pas (et ne pouvait le faire) quelles tailles, formes, positions et mouvements les corps pouvaient avoir. Mais elle disait clairement que toute théorie physique spécifique, optique ou autre, devrait tenir compte exclusivement de ces quatre paramètres. Descartes savait, lorsqu'il entreprit d'expliquer la réfraction optique, les couleurs de l'arc-en-ciel et le chemin de la lumière à travers les lentilles et les prismes, que ses théories optiques devraient être construites en respectant ces paramètres. Il essaya donc d'expliquer les couleurs par la forme et la vitesse rotationnelle de certaines particules ; il expliqua la réfraction en termes de différences de vitesses de ces particules dans des milieux différents. De plus, étant donné que sa tradition de recherche disait clairement que les particules de lumière sont exactement les mêmes que les autres corps matériels, il comprit qu'il pouvait appliquer des théorèmes de mécanique générale (comme la loi d'impact et le principe de la conservation du mouvement) à l'analyse théorique de la lumière. Aucune de ses théories ne dérivait logiquement de sa tradition de recherche ; mais par les voies indiquées, cette tradition dirigea la construction des théories de Descartes de façon subtile et influente.

Dans tous les cas mentionnés jusqu'ici, la tradition de recherche fonctionne heuristiquement pour suggérer une théorie *initiale* dans un domaine donné. Un deuxième rôle heuristique important de la tradition de recherche, comme Lakatos l'a fait remarquer, apparaît lorsqu'une de ses théories constituantes nécessite une modification en raison de son incapacité à résoudre un problème. *Toute bonne tradition de recherche contiendra des indications importantes sur la manière dont ses théories peuvent être modifiées et transformées afin d'améliorer leur capacité à résoudre des problèmes.*

Ainsi, lorsque les premières versions de la théorie cinétique des gaz furent confrontées à des erreurs dans leurs prédictions, la grande «flexibilité» de la tradition de recherche indiquait des modifications naturelles à effectuer: s'il fallait plus de degrés de liberté pour accommoder des pertes d'énergie apparentes, les cinétistes pouvaient introduire le «spin» moléculaire ou altérer leurs suppositions sur l'élasticité des molécules. Si les gaz ne se condensaient pas comme les prédictions théoriques le prévoyaient, l'addition d'attractions intermoléculaires faibles pouvait régler le problème. De nombreuses manœuvres similaires apparaissent plausibles lorsqu'on a une conception moléculaire et mécanique de la matière[29].

Le rôle justificatif des traditions de recherche. Une des fonctions importantes des traditions de recherche est de *rationaliser* ou de *justifier* les théories spécifiques. Celles-ci font de nombreuses suppositions sur la nature, suppositions qui ne sont généralement justifiées ni par la théorie elle-même ni par les données qui la confirment. Ces suppositions concernent généralement les processus causals et les entités de base dont l'existence et le fonctionnement sont en général considérés comme «donnés» par les théories spécifiques. Quand Sadi Carnot a élaboré sa théorie de la machine à vapeur, il présupposait que le mouvement du piston était effectué sans pertes de chaleur. (Cette supposition s'avéra être insoutenable par la suite, mais elle était indispensable pour que Carnot puisse «prouver» sa théorie). Celui-ci ne crut pas nécessaire de justifier ce présupposé, ce qui constituait une attitude cohérente dans la mesure où la tradition au sein de laquelle il travaillait postulait que la chaleur se conservait toujours. Carnot put donc, en élaborant sa théorie, présupposer certaines choses relatives à la nature que sa théorie ne pouvait établir elle-même, pas même en principe.

Un siècle plus tôt, quand Stephen Hales eut développé sa théorie sur la nature de «l'air» (c'est-à-dire des gaz), il put considérer comme pratiquement acquis que les gaz sont composés de particules qui se repoussent mutuellement, et Hales se servit de cette répulsion pour expliquer des phénomènes comme l'élasticité des gaz et les mélanges gazeux. S'il avait travaillé dans le cadre d'une autre tradition de recherche que celle de Newton, une supposition semblable eût été impossible, ou eût nécessité une explication approfondie (sa théorie aurait dû, au minimum, se donner pour tâche de justifier cette supposition). Mais en tant que newtonien, Hales pouvait supposer, presque sans argument, qu'il était approprié et légitime de concevoir les gaz comme des colonies de particules qui se repoussaient. En accréditant certaines hypothèses à l'avance, la tradition de recherche évite au savant de devoir justifier toutes ses hypothèses et lui donne le temps de s'attacher à des problèmes particuliers. Même s'il arrive que des critiques qui se situent en dehors de la tradition de recherche reprochent aux savants de baser leurs théories sur des hypothèses de ce type, ceux-ci savent que leur *public privilégié* — leurs confrères, chercheurs de la même tradition — ne considèreront pas leurs hypothèses comme problématiques.

Donc, les traditions de recherche distinguent trois classes de suppositions pour les chercheurs qui travaillent dans leur cadre : celles qui sont non problématiques, parce qu'elles sont justifiées par la tradition de recherche ; celles qui sont interdites par la tradition de recherche ; et enfin celles qui, sans être interdites par la tradition de recherche, exigent une justification dans la théorie, la tradition de recherche n'en fournissant aucune. Les savants qui travaillent dans le cadre d'une même tradition seront globalement d'accord pour attribuer tel ou tel énoncé à l'une de ces classes.

En résumé, nous avons vu que les traditions de recherche peuvent justifier la plupart des assertions que font leurs théories ; elles permettent de déclarer que certaines théories sont inadmissibles parce que celles-ci sont incompatibles avec elles ; elles peuvent influencer la reconnaissance et l'évaluation des problèmes empiriques et conceptuels pour les théories qui les composent ; enfin elles peuvent fournir des indications heuristiques pour l'élaboration ou la modification des théories spécifiques.

PEUT-ON SEPARER UNE THEORIE DE SA TRADITION DE RECHERCHE ?

Jusqu'ici, j'ai insisté sur le fait que quasi toute activité théorique se fait dans le cadre d'une tradition de recherche, et que ces traditions contraignent, inspirent et servent à justifier les théories qui en dépendent. Sans vouloir nier tout cela, il faut admettre aussi qu'il existe des circonstances dans lesquelles des théories peuvent rompre avec les traditions de recherche qui les avaient inspirées et justifiées antérieurement. Depuis 1650, la théorie de la chute des corps de Galilée a été traitée séparément de la tradition de recherche galiléenne ; on peut dire la même chose de la théorie de la maladie selon Pasteur, de la théorie électromagnétique de Maxwell, de la théorie de l'oxydation de Lavoisier, de la théorie de la radiation des corps noirs de Planck, pour n'en citer que quelques-unes. En fait, c'est cette possibilité de séparer une théorie d'une tradition de recherche donnée qui donne l'impression erronée que les théories existent indépendamment de celles-ci et ne leur doivent rien.

Ce processus de séparation d'une théorie est fascinant et mérite d'être étudié en détail. Ici, je me contenterai de dire que la *séparation d'une théorie de sa tradition de recherche parente ne se fait généralement que lorsque cette théorie peut être reprise* — telle quelle ou avec de légères modifications — *par une autre tradition de recherche*. Les théories sont rarement indépendantes, et quand elles le sont, ce n'est que pour une courte période. Les raisons en sont évidentes. Les théories ne se justifient jamais elles-mêmes; invariablement, elles font des suppositions sur le monde sans les motiver. Puisque c'est la fonction même de toute tradition de recherche de fournir ce type de justifications, une théorie ne peut être séparée d'une tradition que si elle peut être absorbée (autrement dit, justifiée) par une autre, plus efficace.

Les doctrines des débuts de la thermodynamique, dont nous avons déjà parlé, nous en donnent un bon exemple. Celle-ci, élaborée par Carnot et Clapeyron dans la tradition de recherche calorique qui considérait que la chaleur était substantielle et non cinétique, causa de l'embarras vers les années 1840-1850 : entre-temps cette tradition de recherche avait été largement discréditée. On était d'accord pour estimer que la théorie de thermodynamique devait être conservée mais sans souscrire à la tradition qui l'avait engendrée. A la même époque, la tradition de recherche cinétique faisait de grands progrès dans d'autres domaines, mais était considérée comme affaiblie à cause de la thermodynamique où elle n'avait pas obtenu les mêmes succès que sa rivale. C'est Rudolph Clausius, écrivant dans les années 1850, qui montra que la théorie thermodynamique pouvait être développée et rationalisée dans la tradition cinétique, sans l'hypothèse de la conservation de la chaleur en tant que substance. Il montra donc que cette théorie n'était pas liée inexorablement à la tradition fondée sur le calorique mais pouvait être absorbée par la tradition cinétique. D'un coup donc, Clausius réussit à consolider la situation de la thermodynamique et de la théorie cinétique, en dissolvant ce qui avait été un problème conceptuel sérieux pour les deux. De la même manière, Newton (opposant véhément de la tradition de recherche cartésienne) put montrer que sa propre tradition de recherche pouvait absorber la théorie de l'impact de Huygens — théorie qui avait été, à l'origine, élaborée dans le cadre de la tradition cartésienne.

On pourrait citer de nombreux cas semblables, mais il ne faut pas sous-estimer les difficultés de ces situations. Du fait même qu'une tradition de recherche joue un rôle justificatif pour les théories qui la constituent, toute tradition alternative qui est censée jouer le même rôle, doit être suffisamment riche conceptuellement, et ses partisans suffisamment imaginatifs, pour leur permettre de justifier et de rationaliser des théories qui, *de prime abord*, sont liées à des traditions de recherche très différentes sur le plan métaphysique et méthodologique. Je reviendrai sur ce processus «d'appropriation des théories» car c'est un des moyens par lesquels les nouvelles traditions de recherche établissent leurs références scientifiques.

L'EVOLUTION DES TRADITIONS DE RECHERCHE

Les traditions de recherche, comme nous l'avons vu, sont des entités *historiques*. Elle sont créées et articulées dans un milieu intellectuel particulier, elles concourent à l'élaboration de théories spécifiques et, comme toutes les institutions historiques, elles croissent et déclinent. Les traditions de recherche naissent et fleurissent, puis elles meurent et cessent d'être considérées comme des instruments favorisant le progrès de la science. Je traiterai plus loin du remplacement des traditions anciennes par d'autres, car l'étiologie de la «décomposition» et de la «putréfaction» des traditions de recherche est cruciale pour certains processus qu'il nous faut comprendre. Pour le moment cependant, je désire parler des façons dont des changements importants et substantiels peuvent survenir *dans* une tradition de recherche accréditée. Ces changements prennent deux formes distinctes.

Les changements les plus clairs dans une tradition de recherche se font par la *modification de certaines théories spécifiques qui lui sont subordonnées*. Les traditions de recherche subissent continuellement des changements de ce type. Les chercheurs de la tradition découvrent qu'il y a, dans le cadre de celle-ci, des théories plus efficaces qu'ils ne l'avaient d'abord compris pour s'attaquer à des phénomènes relevant de leur domaine. Altérations légères des théories antérieures, modifications des frontières, révisions de constantes proportionnelles, raffinements mineurs de la terminologie, expansion du réseau de classification d'une théorie pour englober des processus ou entités nouvellement découverts : voilà quelques-uns des nombreux moyens par lesquels un savant peut chercher à améliorer la capacité à résoudre des problèmes des théories relevant d'une tradition de recherche. Quand il découvre une théorie qui représente une amélioration significative par rapport à une autre, il abandonne cette dernière immédiatement. Précisément, parce que l'allégeance cognitive du savant est basée en premier lieu sur la tradition de recherche plutôt que sur les théories qui la constituent, il n'a aucun intérêt à maintenir les théories individuelles. C'est d'ailleurs pour cette raison que la plupart des théories individuelles ont une vie très courte — dans beaucoup de cas, elles ne vivent que quelques mois, voire quelques semaines. Du fait que les théories changent aussi rapidement, l'histoire d'une tradition de recherche florissante est faite d'une *longue* succession de théories spécifiques.

Mais il y a une autre façon importante d'évoluer pour une tradition de recherche: il ne s'agit plus de changements dans les théories spécifiques, mais bien d'altérations dans des éléments de base de la tradition elle-même. Je dois parler en détail de ce type de transformation, car de nombreux philosophes nient le fait que des traditions de recherche soient capables de modifications internes significatives. Kuhn et Lakatos, par exemple, laissent entendre que des entités comme des traditions de recherche ont un ensemble de doctrines rigides non modifiables qui les identifient et les définissent. Tout changement dans ces doctrines produit une tradition de recherche *différente*. Selon Lakatos, puisqu'une tradition ou un programme de recherche est défini par ses doctrines centrales, doctrines que nous disons vraies par *fiat* ou convention, tout changement signifie *ipso facto* l'abandon de la tradition de recherche qui était précisément définie et identifiée par ces doctrines[30]. Bien que cette approche soit tentante (car si elle était vraie, le processus d'identification des traditions de recherche serait relativement aisé) je défends l'idée qu'il faut la rejeter, parce qu'elle ne peut que compliquer nos efforts pour comprendre les processus historiques qui sont à l'œuvre dans les sciences.

Si nous jetons un coup d'œil sur les grandes traditions de recherche de la pensée scientifique — l'aristotélisme, le cartésianisme, le darwinisme, le newtonisme, la chimie stahlienne, la biologie mécaniste ou la psychologie freudienne, pour n'en nommer que quelques-unes — nous nous apercevons immédiatement qu'il n'y a jamais un ensemble de doctrines qui caractérise une de ces traditions *tout au long* de son histoire. Certains aristotéliciens abandonnèrent par moments la doctrine aristotélicienne de l'impossibilité du mouvement dans le vide. A certaines époques, il y a eu des cartésiens pour rejeter l'identification cartésienne de la matière et de l'extension. Certains newtoniens ont pu abandonner le principe que toute matière a une masse inertielle. Mais doit-il s'ensuivre que tous ces «renégats» ne travaillaient plus dans la tradition de recherche dont ils se réclamaient? Est-ce que saint Thomas d'Aquin cesse d'être un aristotélicien parce qu'il rejette une partie de l'analyse du mouvement d'Aristote? Est-ce que Huygens devient un non-cartésien parce qu'il admet la possibilité d'espaces vides? Il serait avantageux de pouvoir fournir une réponse à la fois négative et plausible à ces questions. C'est ce que nous allons essayer de faire.

Comme nous l'avons déjà dit, une tradition de recherche est faite d'un ensemble de suppositions concernant les sortes d'entités de base du monde; les manières dont ces entités interagissent; les méthodes qu'il faut mettre en œuvre pour élaborer et tester des théories relatives à ces entités. Au cours de leur évolution, les traditions de recherche et les théories qu'elles nourrissent, sont confrontées à des problèmes; des anomalies apparaissent, des problèmes conceptuels de base surgissent. Dans certains cas, les disciples d'une tradition de recherche seront dans l'incapacité d'éliminer ces anomalies et problèmes conceptuels par la modification de théories spécifiques dans le cadre de la tradition. Dans ces cas-là, il est courant que les partisans d'une tradition de recherche explorent les changements (minimaux) qui peuvent être effectués, au niveau profond, dans l'ontologie ou la méthodologie de cette tradition, pour éliminer les anomalies et les problèmes conceptuels auxquels les théories qui la constituent sont confrontés. Il arrive que les savants découvrent qu'aucune modification d'hypothèse au sein d'une tradition de recherche n'éliminera ses anomalies ou ses problèmes conceptuels. Dans ces cas, il y a de bonnes raisons pour abandonner cette tradition (pour autant qu'il y ait une alternative en vue). Mais, sans doute plus souvent, les savants découvrent qu'en introduisant une ou deux modifications dans les suppositions centrales de la tradition, ils peuvent résoudre les anomalies et problèmes conceptuels les plus marquant *tout en préservant* la majorité des hypothèses.

Dans ce dernier cas, on ne peut parler d'une « nouvelle » tradition de recherche, car ce serait cacher l'héritage conceptuel et les similarités cruciales que ces cas mettent en évidence. Nous devrions parler plutôt d'*une évolution naturelle dans la tradition de recherche*, une évolution qui représente évidemment un changement, mais un changement bien différent d'une répudiation suivie de la création d'une nouvelle tradition[31].

Il y a beaucoup de continuité dans une tradition de recherche en évolution. *D'une étape à l'autre*, on préserve la plupart des hypothèses les plus cruciales, la plupart des techniques de solution de problèmes et des archétypes. L'importance relative des problèmes empiriques auxquels une tradition de recherche s'intéresse restera approximativement la même. Mais il faut ici mettre l'accent sur la continuité *relative* entre les étapes *successives* du processus évolutionnaire. Si une tradition de recherche a subi de nombreuses évolutions au cours du temps, il y aura probablement beaucoup de divergences entre la méthodologie et l'ontologie de sa *première* et de sa *dernière* formulation. Ainsi, le cartésianisme de Bernoulli, qui écrivait cent ans après la mort de Descartes, est très différent de celui du maître. La tradition newtonienne aux mains de Michael Faraday est tout autre chose que celle des premiers disciples de Newton. Mais une analyse plus fine de l'évolution de ces traditions de recherche montrera qu'il y a une descendance intellectuelle continue de Descartes à Bernoulli, de Newton à Faraday et que les traditions cartésienne et newtonienne, aussi différents que puissent être les points d'arrivée par rapport aux départs, montrent une grande continuité dans le caractère de leurs transformations [32]. Mais une approche de ce genre se heurte clairement à la critique suivante : si une tradition de recherche peut subir des transformations à un niveau profond et rester cependant la «même», comment allons-nous distinguer le changement dans le cadre d'une tradition du remplacement d'une tradition par une autre ?

Une réponse partielle à cette question apparaît quand on se rend compte qu'à tout moment, certains éléments de la tradition de recherche sont plus centraux, plus intimement intégrés à la tradition que d'autres. Ce sont ces éléments-là qui sont considérés comme les plus caractéristiques de la tradition de recherche. Les abandonner serait en effet quitter celle-ci ; les autres éléments, par contre, plus «périphériques» peuvent être modifiés sans répudier la tradition de recherche. Comme Lakatos, je dis que certains éléments d'une tradition de recherche sont sacro-saints et donc ne peuvent être écartés sans répudier la tradition elle-même. Mais contrairement à ce que dit Lakatos, j'insiste sur le fait que l'ensemble des éléments relevant de cette classe change au fil des temps. Ce qui était considéré comme caractéristique de la tradition mécanique newtonienne au XVIIIe siècle (par exemple, l'espace et le temps absolus) ne l'était plus pour les newtoniens des années 1850. Ce qui faisait l'essence de la tradition de recherche marxiste à la fin du XIXe siècle est substantiellement différent de ce qui est l'essence du marxisme un demi-siècle plus tard. Lakatos et Kuhn avaient raison de penser qu'un programme de recherche ou un paradigme a toujours des éléments centraux qu'on ne peut écarter, mais ils se trompaient en ne voyant pas que l'ensemble de ces éléments pouvait évoluer au fil du temps. En relativisant «l'essence» d'une tradition de recherche par rapport au temps, nous pouvons, je crois, saisir de plus près la manière dont les savants et les historiens des sciences utilisent en fait le concept de tradition.

Cette approche n'explique évidemment pas comment les savants décident, à un moment donné, quels éléments d'une tradition de recherche ne peuvent à aucun prix être rejetés (problème auquel ni Kuhn ni Lakatos ne donnent de solution). Je ne peux pas donner une réponse entièrement satisfaisante à cette question, mais seulement quelques indications qui valent sans doute la peine d'être explorées. Kuhn et Lakatos semblent croire que le choix des éléments d'une tradition qui tombent dans cette classe privilégiée est arbitraire et n'est pas gouverné par des considérations rationnelles: selon eux, cela « arrive » tout simplement [33]. Je ne peux pas donner la liste détaillée de tous les facteurs qui influencent la sélection du « noyau » d'une tradition de recherche, mais il y a clairement des dimensions rationnelles dans ce choix. Par exemple, un des facteurs importants qui influence la solidité d'une composante d'une tradition de recherche est *son bien-fondé conceptuel*. Les hypothèses fondamentales de toute tradition de recherche font l'objet d'un examen conceptuel continuel. Certaines de ces hypothèses seront considérées, à tout moment, comme étant solides et sans problèmes. D'autres seront considérées comme faibles et moins bien fondées. Au fur et à mesure que de nouveaux arguments apparaissent qui, soit renforcent certaines composantes de la tradition de recherche, soit jettent le doute sur eux, le degré relatif de fermeté des différentes composantes évoluera. Au cours de l'évolution de toute tradition de recherche active, les savants en apprennent davantage sur la dépendance et l'autonomie conceptuelle de ses divers composants. Quand on peut montrer que certains d'entre eux considérés comme essentiels auparavant, peuvent être rejetés sans compromettre la capacité à résoudre des problèmes de la tradition, ces éléments cessent de faire partie du « noyau intangible » de la tradition de recherche en question. (Par exemple, après que Mach et Frege eurent montré qu'aucun autre élément de la tradition newtonienne n'exigeait l'espace et le temps absolus, ces notions devinrent progressivement périphériques dans cette tradition).

TRADITIONS DE RECHERCHE ET CHANGEMENTS DES CONCEPTIONS DU MONDE

Nous avons déjà insisté ici et dans le chapitre précédent, sur le fait que les traditions de recherche et les théories peuvent être exposées à de sérieuses difficultés cognitives si elles sont incompatibles avec des systèmes de croyances plus larges dans une culture donnée. Ces incompatibilités constituent des problèmes conceptuels qui peuvent sérieusement mettre en question l'acceptabilité d'une théorie. Mais il peut également arriver qu'une *tradition de recherche très fructueuse conduise à l'abandon des conceptions du monde avec lesquelles elle est inconciliable et à l'élaboration d'une nouvelle conception du monde qui lui soit compatible*. C'est précisément de cette manière que de nouveaux systèmes scientifiques radicalement différents des précédents son «reconnus» comme faisant partie du «sens commun» collectif. Aux XVIIe et XVIIIe siècles, les nouvelles traditions de recherche de Descartes et Newton allaient tout à fait à l'encontre des croyances les plus enracinées de l'époque sur des questions comme la «place de l'homme dans la nature», l'histoire et l'étendue du cosmos et, de façon plus générale, la nature des processus physiques. A l'époque, tout le monde admettait l'existence de ces problèmes conceptuels. Ils finirent par être résolus, non en modifiant les traditions de recherche pour les mettre en accord avec les croyances du temps mais en forgeant une nouvelle conception du monde. Un réajustement comparable dut être fait en réponse aux traditions de recherche darwinienne et marxiste à la fin du XIXe siècle; dans chaque cas, les croyances de base des penseurs furent modifiées pour les mettre en accord avec ces systèmes scientifiques si fructueux.

On se tromperait, toutefois, en croyant que les conceptions du monde se modifient toujours face à des traditions de recherche scientifiques qui les remettent en question. Au contraire, elles font preuve souvent d'une résistance remarquable qui donne le démenti à la tendance (positiviste) qui les considère négligeables. L'histoire des sciences, actuellement et dans le passé, nous fournit beaucoup d'exemples de conceptions du monde qui n'ont pas disparu face à des théories scientifiques qui les remettaient en question. De notre temps, la mécanique quantique et la psychologie behaviouriste n'ont guère changé les croyances des gens sur le monde ou sur eux-mêmes. Malgré la mécanique quantique, beaucoup de gens pensent encore que le monde est fait d'objets substantiels avec des propriétés fixes et précises; malgré le behaviourisme, beaucoup de gens croient utile de parler de leurs états mentaux intérieurs et de ceux des autres.

Confronté à ces exemples, on pourrait dire que ces traditions sont récentes et que les anciennes prédominent uniquement parce que les nouvelles n'ont pas encore pénétré dans la conscience générale. Il se pourrait qu'il en soit bien ainsi, mais avant d'accepter cette explication telle quelle, il faut se rappeler certains cas historiques frappants. Depuis le XVIIe siècle, les traditions de recherche dominantes en sciences physiques ont supposé que tous les changements physiques sont régis par des lois naturelles invariables (soit statistiques, soit non statistiques). Quelques conditions initiales étant remplies, certaines conséquences en découlent inévitablement. Pris dans un sens strict, cela devrait être vrai pour l'homme et l'animal comme pour les étoiles, les planètes et les molécules. Et pourtant aujourd'hui, tout comme au XVIIe siècle peu de personnes sont prêtes à abandonner la conviction selon laquelle les êtres humains (et certains animaux supérieurs) ont un degré d'indétermination dans leurs actes et leurs pensées. Virtuellement toutes nos institutions sociales, la plupart de nos théories sociologiques, et le plus gros de notre philosophie morale sont toujours basés sur une conception du monde apparemment incompatible avec un univers régi par des lois. Malgré des efforts répétés pendant les trois derniers siècles pour faire disparaître ce problème conceptuel, on doit dire que la conception du monde traditionnelle a fait peu de concessions aux «implications plus larges» de certaines traditions scientifiques très fructueuses [34].

Il a été longtemps à la mode de croire que la conception du monde ou *Zeitgeist* de chaque époque a joué un rôle purement conservateur, supprimant l'innovation intellectuelle et encourageant le *statu quo* scientifique. Ainsi, les interprètes du progrès scientifique ont souvent déploré l'emploi de considérations sur la conception du monde qui invariablement paralysent la naissance d'idées scientifiques nouvelles. E.G. Boring reflétait l'opinion de nombreux savants et philosophes en disant que: «Par définition et invariablement le *Zeitgeist* favorise le conventionnel... et travaille contre l'orginalité» [35]. Il s'agit là d'une position philosophique intenable, liée à une vision fausse de l'histoire. En effet, il n'y a pas, en principe, de raison pour qu'une conception du monde ne donne pas des arguments plus convaincants en faveur d'un développement théorique novateur que pour une théorie traditionnelle. Il n'existe donc pas de fondement cognitif permettant d'affirmer, comme Boring le fait, que le *Zeitgeist* favorise automatiquement les théories traditionnelles. Un exemple permettra également de montrer la faiblesse de cette position du *point* de vue historique: le *Zeitgeist* de la fin du XVIIe siècle en Angleterre permit de hâter le remplacement de la vieille philosophie mécaniste par la nouvelle science newtonienne, et cela parce que la tradition de recherche de Newton pouvait être plus facilement justifiée dans cette conception du monde que la théorie mécaniste de Descartes. Plus récemment, l'émergence de la «nouvelle» mécanique quantique dans les années 1920 fut accueillie rapidement par les intellectuels qui étaient déjà convaincus que les catégories causales rigides de la science classique n'étaient pas fiables.

L'INTEGRATION DES TRADITIONS DE RECHERCHE

Jusqu'ici, j'ai parlé des traditions de recherche comme si elles étaient invariablement en compétition et comme si la solution de cet état conflictuel nécessitait qu'une des traditions rivales domine les autres, celles-ci étant vaincues dans les faits. C'est souvent le cas. Mais ce serait une erreur de croire qu'un savant ne peut pas travailler dans plus d'une tradition de recherche à la fois. Si ces traditions de recherche sont fondamentalement inconsistentes, alors le savant qui les accepte en même temps provoque des doutes sérieux sur sa capacité à penser clairement. Mais il y a des cas où deux traditions de recherche, ou plus, loin de se saper mutuellement, peuvent être amalgamées et produire une synthèse qui constitue un progrès par rapport aux traditions dont elle est issue. C'est de la dynamique de ces situations dont je veux maintenant parler.

Il y a, en gros, deux façons d'intégrer des traditions de recherche différentes. Il se peut qu'une tradition de recherche soit greffée sur une autre sans grandes modifications des hypothèses de chacune. Ainsi, au XVIIIe siècle, de nombreux savants adhéraient à la fois aux théories newtoniennes et à la théorie des fluides subtils. Leur allégeance à celle-ci (qui était cartésienne tout autant que newtonienne) les amena à postuler l'existence de fluides éthérés imperceptibles afin d'expliquer les phénomènes d'électricité, de magnétisme, de chaleur, de perception et toute une série d'autres problèmes empiriques. Par leur côté newtonien, ils en arrivèrent à penser que les particules constituantes de ces fluides interagissaient, non par contact comme les cartésiens le croyaient, mais par de puissantes forces d'attraction et de répulsion, agissant à distance, à travers un espace vide. La fusion de ces deux traditions de recherche résulta en une nouvelle grande tradition que Schofield a appelé le « matérialisme »[36]. Sans saper les présuppositions de ses prédécesseurs, l'amalgame ouvrit de nouvelles voies de recherche et plaça les savants dans une situation qui leur permettait de travailler sur des problèmes empiriques et conceptuels qu'aucune tradition dont l'amalgame était issu ne pouvait résoudre avec satisfaction à elle seule.

Dans d'autres cas, l'amalgame suppose le rejet de certaines hypothèses fondamentales de l'une ou l'autre des théories qui sont combinées. La nouvelle tradition, si elle est fructueuse, exigera l'abandon de celles dont elle est issue. Incidemment, c'est de cette manière que se produisent, en général, les prétendues révolutions scientifiques; non par l'élaboration d'une tradition de recherche dont les *ingrédients* sont révolutionnaires, mais par le développement d'une tradition de recherche dont la nouveauté provient de la manière de *combiner* de vieux ingrédients. Il y a beaucoup d'exemples de ce processus dans l'histoire de toute discipline, scientifique ou autre. Examinons d'abord quelques cas scientifiques. La philosophie de la nature des XVIIIe et XIXe siècles offre de nombreux cas d'intégration. Roger Boscovich, par exemple, entreprit d'élaborer délibérément un nouveau « système de la nature » en prenant des hypothèses dans deux traditions de recherche incompatibles, celles de Newton et Leibniz. Maupertius tenta quelque chose de comparable. De même, le travail de leur contemporain Daniel Bernoulli contribua à forger un compromis entre les traditions cartésienne et newtonienne en physique. Aux XVIIIe et XIXe siècles, les disciples de Hutton façonnèrent une nouvelle tradition en s'appropriant des éléments des théories substantielles de la chaleur et de la géologie vulcaniste. Ces traditions de recherche ne purent être conservées intactes et les huttoniens établirent ce qui fut considéré comme une tradition de recherche « révolutionnaire » qui incorporait des éléments de traditions qui auparavant étaient incompatibles. En économie, Karl Marx utilisa des éléments de l'idéalisme d'Hegel, du matérialisme de Feuerbach et du « capitalisme » d'Adam Smith et de ses disciples anglais.

LES TRADITIONS DE RECHERCHE « NON STANDARD »

Il ne serait pas honnête de quitter le sujet des traditions de recherche sans ajouter un *caveat* dont il faudra d'ailleurs étudier l'importance. Nous avons jusqu'ici caractérisé les traditions de recherche comme des entités plutôt ambitieuses et grandioses constituées d'ontologies et de méthodologies. Je suis convaincu que les traditions de recherche les plus connues ont bien ces caractéristiques. Mais il y a aussi des traditions et des écoles en sciences qui, sans avoir l'une ou l'autre de celles-ci, n'en ont pas moins une cohérence intellectuelle réelle. Par exemple, au début du XXe siècle, la tradition psychométrique semblait ne devoir sa cohésion qu'à la conviction que les phénomènes mentaux pouvaient être représentés mathématiquement. De même, au XVIIIe siècle, la tradition de la mécanique rationnelle semble avoir chevauché toutes les traditions métaphysiques et méthodologiques concevables pour réunir un groupe de penseurs engagés simplement dans l'analyse mathématique du mouvement et du repos. Au début du XIXe siècle, l'importante tradition de la «physique analytique» française (Biot, Fourier, Ampère et Poisson) ne semble pas avoir eu d'ontologie commune, bien que ses partisans aient sans aucun doute partagé une méthodologie commune. A notre époque, les théories de la cybernétique et de l'information semblent être des «écoles» sans ontologies bien définies. Après une étude plus approfondie, il s'avérera peut-être que ces traditions de recherche ont bien, en réalité, des éléments d'ontologie et de méthodologie, ou bien encore, si tel n'est pas le cas, qu'elles fonctionnaient différemment des traditions plus riches. Une longue recherche est encore nécessaire sur ces entités qui sont trop petites pour être des traditions de recherche accomplies, mais trop grandes pour n'être que de simples théories.

L'EVALUATION DES TRADITIONS DE RECHERCHE

Jusqu'ici, nous avons focalisé notre attention sur la dynamique temporelle des traditions de recherche. Nous avons étudié la manière dont ces traditions évoluent, et comment elles interagissent avec les théories qui les constituent, les conceptions du monde, et les problèmes empiriques et conceptuels.

Toutefois, nous n'avons pas discuté la possibilité pour les savants de faire des choix raisonnables entre les différentes traditions, ou encore d'en évaluer l'acceptabilité individuelle. C'est un sujet crucial, car si nous ne définissons pas des critères pour choisir parmi les entités élargies que j'appelle traditions, nous n'aurons ni théorie de la rationalité scientifique, ni théorie de la croissance cognitive progressiste.

Je vais donc définir des critères pour l'évaluation des traditions de recherche et discuter certains contextes dans lesquels des évaluations cognitives peuvent être effectuées.

Adéquation et progrès

Bien que les traditions de recherche n'impliquent, en elles-mêmes, aucune conséquence observable, il existe différents moyens pour les évaluer rationnellement et donc, pour les comparer. Parmi ceux-ci, il en est deux dont l'utilisation est très fréquente et décisive. L'un est synchronique, l'autre diachronique.

Nous pouvons, d'abord, nous demander quelle est l'adéquation momentanée d'une tradition de recherche. Il s'agit essentiellement de savoir à quel point les *dernières* théories d'une tradition de recherche donnée sont efficaces pour résoudre des problèmes. Il nous faut donc déterminer l'efficacité des théories qui constituent la tradition (en faisant abstraction de celles qui les ont précédées). Etant donné que nous avons déjà étudié les techniques d'évaluation appropriées[37], il ne reste qu'à combiner les résultats individuels pour trouver l'adéquation d'une tradition de recherche plus large.

Nous pouvons aussi nous interroger sur le *progressisme* d'une tradition de recherche. Il s'agit alors de déterminer si celle-ci a agrandi la capacité de ses composants à résoudre des problèmes ou, au contraire, l'a diminuée au fil du temps. A cette fin, il faut étudier l'évolution de l'adéquation momentanée de la tradition au fil du temps. Cela nécessite *bien entendu* une connaissance de son histoire. L'évaluation diachronique d'une tradition de recherche peut se faire selon deux axes :

1. *Le progrès global d'une tradition de recherche* — celui-ci est déterminé par la comparaison de l'adéquation de l'ensemble des théories qui constituent la version la plus ancienne de la tradition et de celles qui en constituent les versions récentes ;

2. *Le taux de progrès d'une tradition de recherche* — il s'agit ici d'identifier les changements de l'adéquation momentanée de la tradition de recherche pendant des périodes déterminées.

Il est important de noter que le progrès global et le taux de progrès d'une tradition de recherche peuvent être fort différents. Par exemple, une tradition de recherche peut montrer un haut degré de progrès global tout en montrant un *taux* de progrès bas, en particulier dans son passé récent. Au contraire, une tradition de recherche peut exhiber un grand taux de progrès durant son passé récent tout en montrant un progrès global fort limité.

Il est de même important de noter que les évaluations d'une tradition, basées sur son progrès (soit global, soit à certaines périodes), peuvent être très différentes de celles qui sont basées sur son adéquation momentanée. On peut concevoir des cas où l'adéquation d'une tradition est relativement haute mais où celle-ci ne montre pourtant pas de progrès général, ou même un taux de progrès négatif. (En fait, beaucoup de traditions ont cette caractéristique). Il y a, d'autre part, des cas (par exemple, la psychologie behaviouriste, la théorie des quanta à ses débuts) où le progrès global et le taux de progrès, de la tradition sont hauts mais où l'adéquation momentanée est encore basse.

Inutile de dire que les évaluations n'iront pas toujours dans des directions contraires, mais le fait même qu'elles le puissent (et que c'est parfois effectivement le cas) met en évidence la nécessité de veiller soigneusement aux contextes variés dans lesquels les évaluations cognitives des traditions de recherche sont établies. Et c'est de cela que nous allons parler maintenant.

Les modalités de l'évaluation : acceptation et poursuite

Presque tous les écrits relatifs à l'évaluation scientifique, qu'ils soient philosophiques ou historiques, ont deux points en commun : ils supposent d'abord qu'il n'y a qu'*un seul* contexte cognitivement légitime dans lequel les théories peuvent être évaluées ; et ensuite que ce contexte est centré sur la détermination du bien-fondé empirique des théories scientifiques. Ces deux hypothèses devraient probablement être abandonnées : la première parce qu'elle est fausse, la seconde parce qu'elle est trop limitée.

En effet, un examen soigneux de la pratique scientifique nous montre qu'il y a généralement deux contextes, très différents, dans lesquels les théories et les traditions de recherche sont évaluées[38]. Je suggérerai que dans chacun de ces contextes d'investigation, des questions très différentes sont soulevées sur les capacités cognitives d'une théorie et que de nombreux aspects de l'activité scientifique, qui semblent irrationnels si l'on considère un contexte unique d'analyse, peuvent être perçus comme tout à fait rationnels si nous admettons que ces deux contextes sont liés à des buts divergents.

Le contexte d'acceptation est le mieux connu des deux. Il est clair que les savants acceptent, en général, de choisir une théorie parmi un groupe de théories et de traditions rivales, c'est-à-dire *de la considérer comme si elle était vraie*. C'est là la modalité opérative, en particulier dans les cas où on envisage certaines expériences ou actions pratiques. Par exemple, quand un immunologue doit prescrire des médicaments à un volontaire pour une expérience, quand un physicien décide quels instruments de mesure il faut utiliser pour étudier un certain problème, quand un chimiste cherche à synthétiser un composé avec certaines propriétés, dans tous ces cas, le savant doit s'engager, ne serait-ce que provisoirement, à accepter un groupe de théories et des traditions de recherche à l'exclusion des autres.

Comment peut-il prendre une décision cohérente ? Il y a de nombreuses réponses possibles à cette question ; les inductivistes diront :

«choisissez la théorie qui a le degré de confirmation le plus élevé» ou «choisissez la théorie qui a la plus grande utilité»; les falsificationnistes, pour autant qu'ils donnent un conseil, diront: «choisissez la théorie qui a le plus haut degré de falsifiabilité». D'autres, comme Kuhn, diront qu'*aucun* choix rationnel ne peut être effectué[39]. J'ai déjà dit pourquoi aucune de ces positions n'est satisfaisante. Ma réponse à cette question serait: «*choisissez la théorie (ou la tradition de recherche) qui est la plus adéquate pour résoudre des problèmes*».

Dans cette perspective, les motifs de l'acceptation ou du rejet d'une théorie sont essentiellement fondés sur la notion du progrès dans la capacité à résoudre des problèmes. Si une tradition de recherche a résolu plus de problèmes importants que ses rivales, alors accepter cette tradition est rationnel précisément dans la mesure où nous cherchons à progresser, c'est-à-dire à élargir au maximum le nombre de problèmes résolus. En d'autres mots, *le choix d'une tradition au détriment de ses rivales est un choix progressiste (et donc rationnel) dans la mesure exacte où la tradition choisie résout mieux les problèmes que ses rivales*.

Cette façon d'évaluer une tradition de recherche présente trois avantages sur les autres modèles: (1) elle est *praticable*; par rapport aux modèles inductivistes et falsificationnistes, la métrique d'évaluation semble (en tout cas en principe) poser moins de difficultés; (2) elle offre une explication à la fois de l'acceptation rationnelle et du progrès scientifique, montrant les liens qui unissent ces deux concepts et qui avaient échappé aux modèles précédents; (3) elle est d'une application plus large que les autres dans l'histoire réelle des sciences.

Le contexte de poursuite. Même si nous pouvions rendre compte de façon adéquate du choix des théories dans le contexte d'acceptation, nous serions toutefois loin de pouvoir expliquer tous les aspects de l'évaluation rationnelle. Il existe, en effet, de nombreuses situations importantes où les savants évaluent les théories rivales au moyen de critères qui n'ont rien à voir directement avec l'acceptabilité ou «l'assertion garantie» des théories en question.

On a pu observer fréquemment des situations de ce type. Paul Feyerabend, en particulier, a identifié de nombreux cas historiques où les savants ont poursuivi des recherches dans des théories ou des traditions qui étaient, de toute évidence, moins acceptables, moins dignes de croyance que leurs rivales. En fait, *l'émergence de presque toutes les nouvelles traditions de recherche se produit dans de telles circonstances*. Que nous pensions à la tradition copernicienne, aux débuts de la philosophie mécaniste, à la théorie atomique dans la première moitié du XIXᵉ siècle, au commencement de la théorie psychanalytique, aux premiers efforts de la mécanique quantique dans l'étude de la structure moléculaire, nous voyons le même scénario : les savants commencent à poursuivre et explorer une nouvelle tradition de recherche longtemps avant que son succès dans la résolution de problèmes (ou son support inductif, ou son degré de falsifiabilité, ou ses nouvelles prédictions) la qualifie pour être préférée à ses rivales plus anciennes et plus fructueuses.

Dans ce contexte, il faut aussi rappeler le fait historique que les *savants travaillent souvent alternativement dans deux traditions de recherche qui sont différentes et même mutuellement incompatibles*. Pendant les périodes de « révolution scientifique », en particulier, il arrive souvent qu'un savant consacre une partie de son temps à la tradition de recherche dominante et une autre à une ou plusieurs rivales moins élaborées. Si nous considérons qu'il est rationnel de travailler et d'explorer seulement les théories qu'on accepte et qu'on ne devrait pas accepter ou croire des théories mutuellement incompatibles, alors il est impossible de comprendre ce phénomène courant.

L'utilisation de théories mutuellement inconsistantes ou l'investigation de théories moins élaborées — phénomènes historiques attestés — ne peut s'expliquer si nous affirmons que le contexte d'acceptation est la base de toute rationalité scientifique. Confrontés à des cas de ce genre, nous devrions conclure avec Feyerabend et Kuhn[40] que l'histoire des sciences est en grande partie irrationnelle. Mais si nous admettons que *les savants peuvent avoir de bonnes raisons pour travailler sur des théories qu'ils ne voudraient pas accepter*, alors ce phénomène fréquent devient explicable.

Pour voir ce qui peut compter comme « bonnes raisons », nous devons en revenir à des discussions antérieures. Nous avons fréquemment suggéré dans cet essai que le but primordial de la science est de résoudre le plus grand nombre possible de problèmes empiriques et d'engendrer le plus petit nombre possible de problèmes conceptuels et d'anomalies. Nous avons vu que cela signifie que nous devons accepter les théories et traditions de recherche qui s'avèrent être les meilleures pour résoudre des problèmes. Mais l'acceptation d'une tradition de recherche nous interdit-elle d'en explorer d'autres qui sont incompatibles avec la première ? Dans certaines circonstances, la réponse à cette question doit être négative. En effet, considérons l'exemple général suivant : supposons que nous avons deux traditions de recherche rivales RT et RT', supposons en outre que l'adéquation momentanée de RT est beaucoup plus grande que celle de RT' mais que le taux de progrès de RT' est plus grand que celui de RT. Jusqu'ici, en ce qui concerne l'acceptation, RT doit l'emporter. Nous pouvons toutefois décider de poursuivre l'étude des mérites de RT', précisément parce que cette dernière a fait preuve de sa capacité à engendrer de nouvelles solutions à des problèmes à une cadence impressionnante. Ceci est particulièrement vrai si RT' est une nouvelle tradition de recherche. Il est bien connu que les nouvelles traditions de recherche apportent de nouvelles techniques analytiques et conceptuelles. Celles-ci constituent (selon le cliché) «de nouvelles approches» qui, dans l'immédiat, peuvent permettre la résolution d'un grand nombre de problèmes. *Accepter* une tradition de recherche naissante uniquement parce qu'elle a connu un taux de progrès rapide serait évidemment une erreur; mais ce serait une erreur aussi de la négliger, si elle a montré une capacité à résoudre des problèmes (empiriques ou conceptuels) que les autres théories plus anciennes et plus acceptables n'ont pu traiter.

En général, on peut dire qu'*il est toujours rationnel de travailler dans une tradition de recherche qui a un plus grand taux de progrès que ses rivales*, même si elle est globalement moins acceptable. Les motivations spécifiques pour poursuivre cette tradition sont nombreuses. Nous pouvons avoir l'intuition qu'avec plus de développement RT' peut devenir plus adéquate que RT; nous pourrions aussi avoir des doutes importants sur le succès potentiel de RT', mais pressentir que certains de ses éléments progressistes pourraient éventuellement être incorporés à RT. Quels que soient les aléas du cas individuel, si le but est d'élargir le nombre de problèmes qui peuvent être résolus, on ne peut accuser de manque de rationalité ou d'incohérence la poursuite d'une tradition très progressiste, en dépit de son inadéquation momentanée au sens défini plus haut.

En soutenant que la rationalité de poursuite est basée sur le progrès relatif plutôt que sur le succès global, je justifie explicitement l'utilisation courante, dans le monde scientifique, d'expressions comme «théorie prometteuse» ou «tradition féconde». Beaucoup de cas dans l'histoire des sciences illustrent le rôle que l'aspect prometteur ou progressiste d'une tradition peut jouer pour accroître la respectabilité de celle-ci.

La tradition de recherche galiléenne, par exemple, ne pouvait, à ses débuts, rivaliser avec la tradition aristotélicienne. Celle-ci pouvait résoudre beaucoup plus de problèmes empiriques importants. Malgré toutes les difficultés conceptuelles de l'aristotélicisme, celui-ci posait moins de problèmes conceptuels cruciaux que la première physique copernicienne de Galilée — un fait qu'on tend à oublier dans l'euphorie générale envers la révolution scientifique. Mais ce qui plaidait en faveur de l'astronomie et de la physique galiléenne, c'était sa capacité surprenante à expliquer avec succès certains phénomènes bien connus qui constituaient des anomalies empiriques pour la tradition cosmologique d'Aristote et de Ptolémée. Par exemple, Galilée pouvait expliquer pourquoi les corps lourds ne tombaient pas plus vite que les corps légers. Il pouvait expliquer les irrégularités de la surface de la lune, les lunes de Jupiter, les phases de Vénus et les taches solaires. Bien que les partisans d'Aristote aient fini par trouver des solutions à ces problèmes (après que Galilée eut attiré leur attention dessus), leurs explications avaient quelque chose d'artificiel. Galilée fut pris au sérieux par les savants de la fin du XVIIe siècle, non parce que son système pouvait, dans l'ensemble, donner plus d'explications que ses prédécesseurs médiévaux ou renaissants — ce qui *n'était pas* le cas — mais parce qu'il avait permis de résoudre en peu de temps des problèmes qui constituaient des anomalies pour les autres traditions de recherche dans ce domaine, ce qui le rendait très prometteur.

De même, l'atomisme daltonien suscita autant d'intérêt au début du XIXe siècle, en grande partie en raison de ses promesses scientifiques plutôt que par ses réussites concrètes. Du temps de Dalton, la tradition de recherche dominante en chimie s'intéressait aux affinités électives. Evitant tout essai de théorisation sur les microconstituants de la matière, les chimistes partisans des affinités électives cherchaient à expliquer les changements chimiques en termes des différentes tendances des éléments chimiques à s'unir entre eux. Cette tradition avait brillamment réussi à établir des corrélations et à prédire les combinaisons chimiques possibles. La première doctrine atomique de Dalton ne pouvait rien revendiquer de comparable, ce qui n'est guère surprenant dans la mesure où la tradition des affinités avait un siècle lorsque Dalton publia son *New System of Chemical Philosophy*. Pire encore, le système de Dalton était confronté à de nombreuses anomalies sérieuses[41]. Cependant, il réussit à prédire que les substances chimiques se combinent toujours selon des proportions constantes, quelles que soient les quantités des réactifs, — et cela, aucun système n'avait permis de le faire auparavant. Ce phénomène, résumé par ce que nous appelons maintenant les lois des proportions définies et multiples, provoqua une émotion à travers le monde scientifique européen dans la décennie qui suivit la publication du programme atomique de Dalton. Bien que de nombreux savants aient refusé de cautionner cette approche, beaucoup la prirent au sérieux, soutenant que le potentiel du système daltonien était suffisamment prometteur pour mériter qu'on le développe.

Il n'est pas du tout sûr que la caractérisation de la «rationalité de poursuite» que nous avons proposée ici puisse un jour prévaloir. En effet, nous avons seulement commencé à explorer les problèmes complexes de ce domaine. Je soutiendrai, toutefois, que le lien entre progrès et poursuite, que j'ai esquissé ci-dessus, présente un moyen terme prometteur entre, d'une part, l'insistance de Kuhn et des inductivistes à répéter que la poursuite d'autres voies que celle du paradigme dominant n'est *jamais rationnelle* (sauf en période de crise) et, d'autre part, l'affirmation anarchiste de Feyerabend et Lakatos qui soutient que la poursuite de toute tradition de recherche — aussi régressive soit-elle — peut toujours être rationnelle.

HYPOTHESES AD HOC ET EVOLUTION DES TRADITIONS DE RECHERCHE

On ne peut discuter des différents vecteurs d'évaluation utilisés en science sans inclure la notion d'hypothèse ad hoc, c'est-à-dire qui n'est pas testable indépendamment. Depuis au moins le XVIIe siècle, et plus particulièrement à notre époque, les stratagèmes et hypothèses ad hoc ont retenu l'attention des savants et des philosophes[42]. Si l'on détermine qu'une théorie ou une modification théorique est ad hoc, cela nous donne de bonnes raisons, en général, pour la rejeter comme illégitime ou non scientifique. En effet, si nous acceptons les positions des philosophes comme Popper, Grünbaum et Lakatos[43], il est irrationnel ou non scientifique d'accepter une théorie ad hoc. De quoi s'agit-il ?, et pourquoi, si cela est vrai, cette caractéristique constitue-t-elle un point négatif pour une théorie qui la met en évidence ?

Le problème des hypothèses ad hoc se pose le plus souvent en rapport avec l'évolution des théories et la manière dont elles traitent les anomalies. On nous demande généralement d'imaginer un contexte dans lequel une théorie T_1 fait face à une situation A qui la réfute. En réponse à A, on introduit une modification dans T_1 ce qui donne T_2. La sagesse conventionnelle nous apprend que T_2 est ad hoc si elle peut résoudre A et les autres problèmes que T_1 pouvait résoudre, mais n'a pas d'autres implications empiriques que celles de T_1 et A. Autrement dit, une théorie T_2 est ad hoc si elle peut résoudre les problèmes empiriques déjà résolus par T_1 ainsi que ceux qui constituaient des exemples de réfutation pour T_1, mais aucun autre problème supplémentaire.

Cette façon d'aborder cette question présente certaines difficultés. En premier lieu, nous ne pouvons savoir si la nouvelle théorie T_2 pourra, à un moment donné, par la suite, résoudre de nouveaux problèmes. Pour en juger de façon rationnelle, il nous faudrait une clairvoyance surhumaine sur les problèmes empiriques futurs et sur les théories auxiliaires à venir qui, jointes à la théorie principale, permettront peut-être de résoudre ceux-là. Toutefois, en nous basant sur Adolf Grünbaum, nous pouvons relativiser la définition qui vient d'être énoncée à des situations de croyance et dire qu'une théorie T_2 est ad hoc si on croit qu'elle ne peut résoudre que les problèmes empiriques qui étaient résolus par T_1 et ceux qui constituaient pour celle-ci des réfutations[44].

De graves difficultés persistent néanmoins. Comme Duhem nous l'a appris, les théories individuelles prises isolément ne résolvent généralement aucun problème. Ce sont plutôt des ensembles de théories qui permettent des solutions[45]. Il nous faut donc modifier une fois de plus la caractérisation traditionnelle et donner une nouvelle définition : *une théorie est ad hoc si on croit qu'elle figure essentiellement dans la solution de tous les problèmes empiriques résolus par une autre théorie, ainsi que dans la solution des anomalies de celle-ci, mais qu'elle ne permet la solution d'aucun autre problème.*

Aussi maladroite qu'elle puisse paraître, cette caractérisation des théories ad hoc semble faire justice à certaines analyses extrêmement sophistiquées, développées au cours des dix dernières années. Si l'on admet cette définition, on peut se demander quelles objections on peut soulever à son sujet. Si une théorie T_2 a résolu ne serait-ce qu'un seul problème empirique en plus que celle qui la précède, alors elle est manifestement préférable à T_1 et, toutes choses égales, représente un progrès cognitif sur celle-ci. Nous pouvons même aller plus loin et affirmer que le champ d'action des stratagèmes ad hoc, tels qu'ils viennent d'être définis, est parfaitement consistant avec notre but constant qui est d'améliorer la capacité des théories à résoudre des problèmes. Les modifications ad hoc sont, *par leur définition même*, empiriquement progressistes.

Ceci ne devrait pas nous étonner. En réalité des clichés comme «apprendre par l'expérience» et «auto-correction des sciences» réfèrent à des situations dans lesquelles, lorsqu'une théorie rencontre une anomalie, nous l'altérons pour transformer l'anomalie en problème résolu. Si toute modification d'une théorie pouvait immédiatement résoudre de nouveaux problèmes en plus des anciens problèmes non résolus, ce serait très positif, mais exiger qu'il en soit ainsi (comme le font par exemple Popper, Lakatos et Zahar), c'est répudier la doctrine selon laquelle les théories qui résolvent plus de problèmes empiriques sont préférables à celles qui en résolvent moins.

En affirmant avec insistance qu'une solution ad hoc est une vertu cognitive plutôt qu'un vice, je ne soutiens pas implicitement que les théories ad hoc sont invariablement meilleures que celles qui ne le sont pas. Je dis seulement qu'une théorie ad hoc est préférable à son prédécesseur non ad hoc (qui était confronté à des anomalies). Croire le contraire, c'est nier un caractère vital de l'investigation scientifique, à savoir que son but est de résoudre des problèmes[46].

On dira peut-être que je suis passé à côté de ce que les critiques des solutions ad hoc veulent vraiment dire. Ils pourraient, en effet, répondre que T_2 est bien entendu meilleure que son prédécesseur T_1 qui a été réfuté; mais que la comparaison doit se faire entre la théorie ad hoc T_2 et une autre théorie T_n qui n'est pas ad hoc et qui résout autant de problèmes que T_2. La théorie de la relativité restreinte d'Einstein pourrait servir d'exemple pour T_n et la théorie de l'éther modifiée par Lorentz pour T_2[47]. La réplique évidente à cette critique est de se demander pourquoi le caractère ad hoc de la contraction de Lorentz constitue un handicap décisif contre elle quand on la compare avec la relativité spéciale. Si les capacités à résoudre des problèmes empiriques des deux théories sont, pour autant que nous puissions en juger, équivalentes, elles sont (empiriquement) sur le même pied; ceux qui soutiennent que le caractère ad hoc de T_2 la rend nettement inférieure à T_n doivent nous expliquer pourquoi, dans de tels cas, on peut négliger le fait qu'elles ont des capacités comparables à résoudre des problèmes et des degrés de support empirique équivalents, et pourquoi on peut ainsi stipuler tout simplement que les théories ad hoc sont oiseuses.

Apparemment, les discussions sur les explications ad hoc se basent sur la conviction — souvent présente mais rarement défendue — selon laquelle tout changement dans une théorie est suspect s'il est motivé par le désir de supprimer une anomalie. En effet, on présume qu'on ne peut faire confiance à cette sorte de chirurgie esthétique parce que, quand on a découvert une anomalie, c'est un jeu d'enfant d'apporter quelque modification dans la théorie qui transformera celle-là en exemple positif. Cependant, je doute fort que cela soit aussi aisé quand il s'agit d'une science « réelle ». Nous devons nous rappeler que d'après la définition donnée de l'explication ad hoc, tout changement de ce type doit *accroître* plutôt que diminuer la capacité à résoudre des problèmes de la théorie en question. Or, la plupart des moyens évidents et triviaux utilisés pour supprimer les anomalies — par exemple, des contraintes arbitraires sur les conditions aux limites, l'élimination des postulats de la théorie qui impliquent l'anomalie (pour autant qu'on puisse les localiser!), la redéfinition des termes ou des règles de correspondance — aboutissent généralement à une *diminution* de l'efficacité de la théorie à résoudre des problèmes. Il s'ensuit que ces manœuvres — que nous aimerions sans doute critiquer[48] — ne peuvent être qualifiées d'ad hoc. Les détracteurs des explications ad hoc doivent encore démontrer que modifier une théorie, en lui conservant sa capacité à résoudre des problèmes, afin de la préserver d'une anomalie, nécessite moins de fécondité et d'imagination théorique que l'élaboration d'une théorie nouvelle. Dans la mesure où ces mêmes détracteurs donnent un avantage épistémologique aux théories qui donnent satisfaction d'emblée sans remaniements ou ajustements ad hoc, nous sommes en droit de demander qu'ils justifient cette préférence.

A cette discussion philosophique, il faut ajouter un problème historique. La plupart des grandes théories scientifiques — dont la mécanique newtonienne, l'évolution darwinienne, la théorie électromagnétique de Maxwell et l'atomisme daltonien — étaient toutes ad hoc au sens défini plus haut. Les philosophes et savants modernes qui voudraient faire de l'explication ad hoc un grave handicap pour toute théorie qui en use, doivent expliquer pourquoi les théories les plus fructueuses du passé furent fortement ad hoc.

Il y a cependant un grain de vérité dans l'inquiétude exprimée par de nombreux savants et philosophes envers les explications ad hoc. Pour le discerner, nous devons porter notre attention non sur les problèmes empiriques mais sur le niveau conceptuel. Dans de nombreux cas classiques où l'on a reproché à des théories d'être ad hoc (par exemple, l'astronomie de Ptolémée, la physique cartésienne, la phrénologie et la contraction de Lorentz et Fitzgerald), les traits cognitifs de la situation peuvent être caractérisés de la manière suivante: une théorie, T, fait face à une anomalie, A. T, a été remplacée par T_2, qui résout A et les problèmes précédemment résolus par T_1, mais n'est capable de résoudre aucun autre problème empirique. En même temps T_2 engendre plus de problèmes conceptuels que T_1 n'en faisait ressortir (peut-être en faisant des hypothèses contraires à l'ontologie de la tradition de recherche de T_1, ou en allant à l'encontre d'autres théories acceptables). Dans ces cas, les avantages empiriques de T_2 sont plus que compensés par les pertes conceptuelles, ce qui diminue son efficacité générale à résoudre des problèmes. Ici, nous aurions raison de refuser d'accepter T_2 et de garder notre préférence à T_1. Vu ainsi, *le seul emploi légitimement péjoratif du terme ad hoc se ramène à une situation où la capacité générale d'une théorie à résoudre des problèmes diminue*, en raison de l'accroissement de ses difficultés conceptuelles. Ce genre de situation est fréquent en science et motive souvent le rejet d'une théorie. Mais il faut redire que le concept d'explication ad hoc en lui-même, compris ainsi, n'ajoute rien à notre machinerie analytique permettant l'évaluation des théories. En effet, ce n'est alors qu'un cas particulier de la génération de problèmes conceptuels.

Je ne suis pas le premier à parler d'une interprétation conceptuelle du qualificatif «ad hoc»; Lakatos, Zahar et Schaffner ont développé des interprétations similaires récemment[49]. Mais, dans toutes leurs discussions, l'explication conceptuellement ad hoc n'est qu'un cas parmi d'autres, au lieu d'être le seul sens légitime. Pire encore, aucun de ces auteurs n'a donné d'indications sur la manière d'évaluer à quel point une théorie est conceptuellement ad hoc. Ils n'expliquent même pas en quoi cela consiste. Ils ne disent pas non plus quel poids cela doit avoir dans l'évaluation globale de la théorie. L'intérêt de l'approche que nous avons adoptée est de séparer les sens légitimes du qualificatif «ad hoc» de ceux qui ne le sont pas, et de nous donner les moyens d'estimer le degré de la menace cognitive que cette caractéristique fait peser sur les théories qui l'exhibent.

RETOUR AUX ANOMALIES

Le chapitre 1 évoquait un paradoxe selon lequel la réfutation d'une théorie ne constitue pas nécessairement une anomalie et promettait de revenir à ce problème, dès que nous disposerions des moyens nécessaires pour l'expliquer. Nous pouvons maintenant le faire. J'ai dit plus haut qu'un problème ne constitue une anomalie (c'est-à-dire une menace cognitive) pour une théorie T que s'il n'est pas résolu par T, mais bien par une théorie rivale. Il est clair que cela ne sera pas toujours le cas. Il arrive souvent, en effet, que les prédictions d'une théorie ne s'accordent pas avec les données, mais qu'il n'y ait aucune autre théorie qui puisse en rendre compte. Dans ces cas, pourquoi ne peut-on pas dire que les données en question constituent des anomalies pour T?

Nous pouvons répondre de la façon suivante: quand une théorie fait face à une réfutation, il est possible de modifier les règles d'interprétation qui lui sont associées pour rendre inoffensives les données qui posent un problème. Si, par exemple, nous avons une théorie T : « toutes les planètes ont des orbites elliptiques » et que nous découvrions un satellite du soleil S, qui suit un cercle, nous pouvons toujours modifier les règles interprétatives qui régissent le mot « planète » pour exclure S et donc garder la théorie intacte en éliminant toute apparence de réfutation. S'il n'existe pas d'autre théorie qui puisse expliquer S, l'exclusion de celui-ci du domaine de T est tout à fait raisonnable et progressiste car nous ne perdons pas l'avantage des problèmes résolus par T en éliminant S du domaine en question. Mais si une autre théorie que T peut résoudre S, alors rejeter S hors du domaine de T constitue une régression. On peut, en effet, critiquer cette démarche parce qu'en excluant S du domaine des problèmes légitimes de T, on sacrifie une partie existante de notre capacité à résoudre des problèmes.

En résumé, la modification arbitraire d'une théorie afin d'éliminer une réfutation ne peut être critiquée que s'il s'ensuit une diminution de l'efficacité à résoudre des problèmes. Généralement on ne peut montrer que c'est le cas que si la réfutation est résolue par une autre théorie du même domaine. D'où, on peut conclure qu'un exemple de réfutation ne compte comme anomalie sérieuse que s'il a été résolu par une autre théorie.

SOMMAIRE : UNE CARACTERISATION GENERALE DU CHANGEMENT SCIENTIFIQUE

Pour résumer les arguments développés dans ce chapitre, nous pouvons conclure que :

1. *L'adéquation* ou *l'efficacité* des théories individuelles est fonction du nombre de problèmes empiriques significatifs qu'elles résolvent et du nombre d'anomalies et de problèmes conceptuels qu'elles engendrent. L'acceptabilité de ces théories est en rapport avec leur efficacité et le statut de la tradition de recherche parente.

2. *L'acceptabilité* d'une tradition de recherche est déterminée par la capacité à résoudre des problèmes de ses théories les plus récentes.

3. *La décision rationnelle de poursuivre* une tradition de recherche se fonde sur son progrès (ou son taux de progrès).

4. L'acceptation, le rejet, la poursuite et l'abandon sont les positions cognitives majeures que les savants peuvent légitimement prendre relativement aux traditions de recherche (et aux théories qui les constituent). Les questions de vérité et d'erreur *ne sont pas pertinentes* pour décider de l'acceptation ou de la poursuite des théories et traditions de recherche.

5. Les évaluations des traditions de recherche et des théories doivent être faites *dans un contexte comparatif*. L'efficacité et le progressisme d'une théorie ne comptent pas dans l'absolu. Ce qui importe, c'est la comparaison avec les théories rivales.

Chapitre 4
Progrès et révolution

Le révolutionnaire pourra considérer sa révolution comme un progrès dans la seule mesure où il est également historien.

COLLINGWOOD (1956), p. 326.

La machinerie analytique développée dans les chapitres précédents soulève de nombreuses questions importantes sur l'évolution historique et le statut cognitif des sciences. Ce chapitre a pour objet l'examen des moyens par lesquels une approche de l'investigation scientifique basée sur la solution de problèmes peut éclairer, d'une manière nouvelle, un certain nombre de questions historiques et philosophiques relatives aux sciences. Il doit aussi montrer comment le progrès et la rationalité scientifique, ainsi que la nature des révolutions scientifiques peuvent être discutés avec profit en termes du modèle esquissé précédemment.

PROGRES ET RATIONALITE SCIENTIFIQUE

L'une des questions les plus épineuses pour la philosophie du XXe siècle concerne la nature de la rationalité. Certains philosophes ont une conception utilitariste de celle-ci, d'autres pensent que la rationalité consiste à croire seulement aux propositions qu'on a de bonnes raisons de considérer comme vraies, ou du moins vraisemblables, et à agir en fonction de celles-ci uniquement; d'autres encore considèrent que la rationalité est une fonction des coûts et des bénéfices; d'aucuns, enfin, pensent qu'elle consiste à n'énoncer que des propositions potentiellement réfutables. On a beaucoup écrit sur ces notions de croyance et d'action rationnelle, et d'autres points de vue encore ont été énoncés. Mais, indépendamment du fait qu'il n'a jamais été démontré que ces explications de la rationalité ne présentaient pas de difficultés logiques ou philosophiques, l'on n'a jamais montré qu'aucune d'entre elles était suffisamment riche pour s'accorder à nos intuitions relatives à la rationalité inhérente à la plus grande partie de l'histoire de la pensée scientifique. Au contraire, il est relativement aisé de montrer qu'il y a de nombreux cas dans l'histoire des sciences qui falsifient chacun des modèles de la rationalité mentionnés plus haut, mais où presque tout le monde admettra intuitivement qu'il y a eu analyse rationnelle.

La théorie des tradtions de recherche et du progrès esquissée dans les chapitres précédents constitue une amélioration significative sur les théories de la rationalité en vogue aujourd'hui chez les philosophes, si, par amélioration, nous entendons le fait de fournir une explication plus précise des facteurs cognitifs présents dans les cas réels de décisions scientifiques.

Comme nous l'avons vu, il y a d'importants cas historiques où : (1) des savants ont considéré des anomalies, qui ne constituaient pas des réfutations, comme des objections majeures à l'encontre d'une théorie; (2) les scientifiques se sont appliqués à clarifier des concepts et à réduire d'autres sortes de problèmes conceptuels; (3) certains chercheurs ont poursuivi et investigué des théories prometteuses (c'est-à-dire très progressistes) même lorsque celles-ci étaient moins adéquates que leurs rivales; (4) des arguments métaphysiques et méthodologiques ont servi contre des théories scientifiques et des traditions de recherche ou, inversement, en leur faveur; (5) des savants ont accepté des théories qui se heurtaient à de nombreuses anomalies; (6) l'importance d'un problème et même son statut de problème a subi de grandes fluctuations; (7) certains chercheurs ont accepté des théories qui *ne* résolvaient *pas* tous les problèmes empiriques que résolvaient leurs prédécesseurs.

Bien que des situations de type (1) à (7) n'aient pas toujours été rationnelles et cognitivement bien fondées, le modèle que j'ai élaboré nous permet de spécifier les circonstances dans lesquelles chacune de ces attitudes pourrait être justifiée rationnellement. Je crois bien qu'aucun autre modèle de la croissance et du progrès scientifiques existant à l'heure actuelle ne peut en faire autant.

En défaveur de ce modèle, on pourrait soutenir qu'il est purement descriptif, sans force rationnelle ou normative; qu'il offre, au mieux, une taxonomie permettant d'identifier certaines variables dans les controverses scientifiques, mais qu'il ne montre pas pourquoi l'une ou l'autre de celles-ci devrait légitimement jouer un rôle dans l'évaluation des théories. On pourrait également faire remarquer que nulle part je ne montre comment la capacité d'une théorie à résoudre des problèmes donne une indication sur sa vérité ou sa probabilité. On pourrait encore montrer que je n'établis nulle part que la capacité à résoudre des problèmes fournit une base solide pour la croyance rationnelle.

Certaines de ces critiques sont valides : je ne crois pas, et je ne prouve certainement pas, que la capacité à résoudre des problèmes ait une relation directe avec la vérité ou les probabilités. Mais je nie que ces questions épistémologiques privent le modèle d'une force normative et explicative. En effet, je considère qu'un modèle d'évaluation rationnelle des théories ne doit pas porter des jugements sur la vérité, l'erreur, la probabilité, la confirmation ou la corroboration.

Je dois donc m'expliquer là-dessus et étudier la question des liens entre la rationalité et la vérité, que j'ai évitée jusqu'ici.

La rationalité, que nous parlions d'actions ou de croyances, consiste essentiellement à faire (ou croire) des choses que nous avons de bonnes raisons de faire (ou de croire). En posant le problème en ces termes, je ne le résous pas. Cependant, cela permet de montrer que, si nous voulons déterminer si une action ou une croyance est (ou était) rationnelle, nous devons nous demander si elle est (ou était) bien motivée. Il faut tout de suite préciser que la nature des motivations acceptables n'est pas la même dans le domaine scientifique qu'en dehors de celui-ci, comme nous le montre l'exemple trivial suivant. Je pourrais avoir une bonne raison pour dire que 2 et 2 font 5 si je sais que quelqu'un me punira si je ne le dis pas. Je pourrais, de même, avoir de bonnes raisons personnelles pour remettre à l'honneur la théorie ptolémaïque (si, par exemple, je suis pauvre et que le Vatican donne des bourses pour de tels projets). Mais les motivations valables sur le plan personnel ne le sont pas nécessairement sur le plan *scientifique*. Qu'est-ce donc qui constitue une motivation valable en science ? Pour répondre, il faut se demander quels sont les buts des sciences. En effet, si nous pouvons montrer qu'une action particulière permettrait de remplir l'un des buts de l'entreprise scientifique, nous aurons alors démontré la rationalité de celle-ci.

J'ai essayé de montrer que le but cognitif principal des sciences est la résolution de problèmes. J'ai soutenu que l'augmentation du nombre de problèmes empiriques que nous pouvons expliquer et la réduction des anomalies et des problèmes conceptuels engendrés par là même sont la raison d'être des sciences en tant qu'activités cognitives. J'ai soutenu également que toute tradition de recherche qui évolue ainsi est progressiste. Il s'ensuit que *la façon principale d'être raisonnable ou rationnel est de faire tout ce qui est en notre pouvoir pour maximiser le progrès des traditions de recherche scientifique.* Cette position suggère aussi que la rationalité consiste à accepter les meilleures traditions de recherche disponibles. Cependant, d'autres aspects de la rationalité découlent de cette manière d'aborder le sujet. Le modèle que j'ai esquissé suggère par exemple qu'un débat scientifique est rationnel pour autant qu'il s'agisse d'une discussion des problèmes empiriques *et* conceptuels que les théories et les traditions de recherche engendrent. A l'inverse de ce qu'on croit généralement, il peut donc être rationnel de soulever des objections philosophiques ou religieuses à une théorie particulière ou une tradition de recherche, si celle-ci va à l'encontre de conceptions bien établies de notre *vision du monde* — même si celle-ci n'est pas «scientifique» (au sens courant du mot). Le modèle suggère donc que l'évaluation rationnelle d'une théorie ou d'une tradition de recherche nécessite une analyse des problèmes empiriques qu'elle résout et des anomalies ou problèmes conceptuels qu'elle engendre. Enfin, ce modèle affirme avec insistance que lorsqu'on se demande s'il est rationnel d'accepter une théorie particulière ou une tradition de recherche, on effectue une démarche triplement relative: elle est relative à ses rivales contemporaines, aux doctrines prévalentes d'évaluation des théories et aux théories antérieures de la même tradition de recherche.

En préconisant cette approche des sciences, je sépare délibérément des questions qui jusqu'ici étaient amalgamées. Spécifiquement, on a dit souvent que toute estimation de la rationalité ou du progrès scientifique est inévitablement liée à la question de la vérité des théories. L'on soutient en général que la rationalité consiste à accepter les énoncés sur le monde que nous avons de bonnes raisons de considérer comme vrais. Le progrès est perçu comme une suite d'étapes vers la *vérité* par un processus d'approximations et d'auto-correction. Je tiens à soutenir ici la thèse inverse, à savoir que la rationalité est le parasite du progrès. Ainsi, *faire des choix rationnels, c'est faire des choix progressistes* (c'est-à-dire qui augmentent l'efficacité à résoudre des problèmes des théories que nous acceptons). En liant ainsi rationalité et progrès, je suggère que nous pouvons avoir une théorie de celle-ci *sans devoir supposer quoi que ce soit sur la véracité ou la vérisimilitude des théories* que nous jugeons rationnelles.

S'il paraît étonnant de discuter le statut cognitif du savoir scientifique sans le lier à sa prétention à la vérité, il suffit, pour justifier cette position, de revenir aux circonstances qui sont à la source du choix de cet angle d'attaque. Les philosophes et les savants depuis Parménide et Platon ont cherché à justifier la science en tant qu'entreprise visant la recherche de la vérité. Ces efforts n'ont pas donné de résultat, et cela sans exception, parce que personne n'a pu démontrer qu'un système comme la science, avec les méthodes dont il dispose peut atteindre la «vérité» avec certitude, que ce soit à court ou à long terme. *Si la rationalité consiste à croire seulement ce que nous pouvons raisonnablement présumer être vrai, et si nous définissons la «vérité» dans son sens classique, non pragmatique, alors la science est (et sera toujours) irrationnelle.* Comprenant ce dilemme, certains philosophes (notamment Peirce, Popper et Reichenbach) ont cherché à lier la rationalité scientifique et la vérité d'une autre manière, en disant que même si nos théories actuelles ne sont ni vraies, ni probables, elles constituent des approximations plus proches de la vérité que celles qui les ont précédées. Cette approche n'offre toutefois que peu de consolations, car personne n'a été capable de donner des critères permettant d'estimer cette proximité, ni même d'expliquer ce que signifie l'expression «être plus près de la vérité»[1]. Pour cette raison, si le progrès scientifique consiste en des séries de théories qui représentent des approximations de plus en plus proches de la vérité, on ne peut montrer que la science progresse. Mais si nous acceptons la proposition développée dans cet essai et admettons que la science est un système d'investigation visant à résoudre des problèmes, si nous concédons que le progrès scientifique consiste en la solution d'un nombre croissant de problèmes importants, si nous admettons que la rationalité consiste à faire des choix qui maximisent le progrès des sciences, nous serons vraisemblablement capables de voir dans quelle mesure la science en général et les sciences spécifiques en particulier constituent un système rationnel et progressiste.

Le prix à payer pour cette approche paraîtra peut-être trop élevé à certains car elle signifie que nous pourrions approuver des théories, en les croyant progressistes et rationnelles, qui se révéleront être erronées (pour autant que nous puissions jamais établir définitivement qu'une théorie soit fausse). Mais cette conclusion ne doit pas nous consterner. En effet, on soupçonne aujourd'hui que la plupart des théories anciennes sont erronées; il y a tout lieu de croire que les théories actuelles subiront un jour le même sort. Mais la fausseté supposée des théories scientifiques et des traditions de recherche ne rend pas pour autant les sciences irrationnelles ou non progressistes.

Le modèle discuté ici, nous donne les moyens de montrer que la science est une entreprise intellectuelle significative, même si toutes les théories qui la composent s'avèrent être fausses. Certains diront que cette approche est de toute évidence instrumentaliste et qu'elle implique que la science est un ensemble de symboles et de sons vides, sans rapport avec le «monde réel» et la «vérité». Une telle interprétation manquerait de loin la cible. En effet, rien, dans ce modèle, n'écarte la possibilité de la véracité des théories scientifiques; ce modèle n'exclut pas non plus que, au cours des temps, la science se soit rapprochée petit à petit de la vérité. D'ailleurs, je n'ai rien dit qui interdise une interprétation pleinement réaliste de l'entreprise scientifique. Je soutiens seulement que nous n'avons, apparemment, aucun moyen de savoir avec assurance (ou même confiance) que la science est vraie ou probable ou qu'elle se rapproche de la vérité. Ces buts-là sont *utopiques*, au sens littéral du mot: nous ne pouvons jamais savoir si nous les atteignons. Les adopter comme buts de l'investigation scientifique est peut-être noble et édifiant pour ceux-là qui se réjouissent de la frustration de ne pouvoir jamais atteindre consciemment ce qu'ils cherchent; mais ils ne nous aident guère si l'objet de notre travail est bien d'expliquer comment les théories scientifiques sont évaluées (ou devraient l'être)[2].

La plus grande qualité du modèle *problem solving* est qu'il est effectivement utilisable. En principe, nous pouvons déterminer si une théorie donnée peut ou ne peut pas résoudre un problème particulier; nous pouvons savoir si nos théories résolvent plus de problèmes importants maintenant qu'il y a une génération ou un siècle. Si nous avons dû affaiblir nos notions de rationalité et de progrès pour obtenir ces résultats, nous sommes au moins capables maintenant de *décider* si une science est progressiste et rationnelle. C'est là un besoin crucial qui nous est dénié si nous gardons les liens classiques entre progrès, rationalité et vérité.

Comment pouvons-nous effectivement prendre des décisions de ce type? Inévitablement, il nous faut, dans ce but, évaluer des cas spécifiques tirés de l'histoire des sciences. En effet, la science, en général, sera rationnelle et progressiste si l'ensemble des choix individuels de théories et de traditions de recherche a fait preuve de progrès et de rationalité. Ainsi, on peut se demander si la réaction de la communauté scientifique à l'effet photoélectrique décrit par Einstein a conduit à une modification progressiste des théories en physique. A un niveau supérieur, on peut se demander si le triomphe de la tradition de recherche newtonienne au détriment des traditions cartésienne et leibnizéenne au XVIIIᵉ siècle a constitué un progrès. Pour répondre à ces questions, il faut nous pencher de près sur les *paramètres du débat scientifique de l'époque*, car c'est là que l'historien découvrira ce qu'étaient les problèmes empiriques et conceptuels reconnus; c'est là qu'il découvrira clairement le poids et l'importance de ces problèmes. Au moyen d'une analyse subtile du cas réel (et non de sa prétendue reconstruction rationnelle), l'historien — ou le savant de l'époque — pourra déterminer le degré de progressisme des traditions de recherche ou des théories en compétition.

Dans ce contexte, il est crucial d'évaluer *tous* les facteurs cognitifs pertinents *effectivement présents* dans la situation historique. Nous ne devons pas supposer *a priori*, comme certains historiens des sciences le font, que les seuls paramètres importants étaient *expérimentaux* ou manifestement «scientifiques». Etant donné que les traditions de recherche et les théories surgissent dans un cadre plus vaste de croyances et de préconceptions, l'évaluation précise d'un cas doit tenir compte des courants philosophiques, théologiques et intellectuels qui peuvent l'influencer. Le fait qu'un savant du XXᵉ siècle puisse ne pas admettre le bien-fondé d'une objection d'ordre philosophique ou religieux à une théorie *ne signifie pas* qu'on puisse comprendre la rationalité d'une science plus ancienne sans tenir compte de ces facteurs. Si, à un moment donné, une culture a des doctrines religieuses et philosophiques bien ancrées, que les penseurs de cette culture considèrent comme cruciales pour comprendre la nature, il est alors rationnel d'évaluer de nouvelles traditions de recherche ou théories scientifiques en fonction de leur capacité à s'intégrer dans ce système antérieur de croyances et de présuppositions.

Certains diront qu'une approche de ce genre relativise nos critères de rationalité à un point tel que toute croyance pourra être justifiée. Si cette critique était valide, il s'ensuivrait de graves difficultés pour la notion de rationalité telle qu'elle est défendue ici. Mais il n'en est pas ainsi. Dire que «tout est bon», qu'une combinaison de croyances quelconque apparaîtrait rationnelle et progressiste selon ce modèle serait *sous-estimer les critères élevés de comportement rationnel qu'il exige*. Ce modèle ne nécessite pas non plus qu'on abandonne totalement nos propres critères de rationalité face aux exigences des époques antérieures, et des écarts géographiques.

Cette question mérite d'être approfondie car elle joue un rôle crucial dans les dilemmes centraux de l'historiographie et de la sociologie des sciences. Beaucoup de philosophes ont cherché à mettre au point des critères de rationalité et de progrès valables à toute époque et en tout lieu. Ils voient leur travail d'historiens et de philosophes des sciences comme une tâche qui consiste à évaluer les épisodes historiques selon les théories *modernes* de l'évaluation et de l'acceptation rationnelle.

Certains partisans de cette approche n'ont pas hésité à dire que les critères actuels de l'évaluation rationnelle *sont restés constants au cours des temps*. Israel Scheffler par exemple, résume ce point de vue comme suit :

Sous-jacente aux changements historiques de théories, ... il y a une constance dans la logique et la méthode, qui unifie chaque âge scientifique avec celui qui l'a précédé... Cette constance ne comprend pas seulement les canons de la déduction formelle, mais aussi les critères au moyen desquels les hypothèses sont mises à l'épreuve de l'expérience et soumises à l'évaluation comparative[3].

Il est inutile de s'étendre sur cette approche. Quasi tous les écrits sur l'histoire de la méthodologie montrent sans ambiguïté que les composants de l'évaluation rationnelle ont subi d'énormes transformations, qu'il s'agisse des critères d'explication, des techniques expérimentales, ou des méthodes d'inférence inductive.

Un deuxième groupe, représenté par Popper et Lakatos, reconnaît que les critères de la rationalité ont évolué mais affirme que nous devons évaluer les cas historiques au moyen des nôtres et ignorer les évaluations faites par les savants du temps sur la rationalité de ce qu'ils faisaient. Dans cette approche, on ne se préoccupe pas de savoir si une expérience était considérée comme digne de confiance, si une théorie paraissait intelligible ou si un argument était perçu comme convaincant[4]. Ce qui compte, c'est voir si, *selon nos lumières*, une théorie particulière était bien fondée.

Ces approches, on le comprend, ont rendu les historiens perplexes. Quel sens y a-t-il à analyser la rationalité d'une science passée sans tenir compte des points de vue de ceux qui participèrent à son élaboration ? Les savants du passé ne pouvaient se préoccuper des notions modernes de la rationalité. Ils devaient décider de l'acceptabilité des théories contemporaines selon *leurs* critères et non selon les *nôtres*. Nous pouvons peut-être nous flatter d'avoir des théories de la rationalité meilleures que les leurs (ce qui est peut-être le cas), mais nous ne pouvons espérer augmenter notre compréhension *historique* en évaluant la force des théories anciennes au moyen de mesures dont nous savons qu'elles n'étaient même pas approximativement opératoires.

L'historien se trouve aussi confronté à l'autre aspect du dilemme. S'il accepte telles quelles les évaluations de la rationalité d'une croyance faites par les savants du passé, il ne pourra jamais juger du bien-fondé de celles-ci, même selon les critères appropriés de l'époque.

Ce n'est pas parce qu'un quelconque agent historique affirme que « la théorie A est meilleure que la théorie B » que c'est nécessairement le cas. Si l'historien veut expliquer pourquoi certaines théories ont triomphé et d'autres ont disparu, il doit (à moins qu'il ne considère que le choix d'une théorie est toujours irrationnel) pouvoir montrer que certaines théories — selon les meilleurs critères disponibles du temps — étaient supérieures aux autres.

Le problème central semble donc être le suivant : comment pouvons-nous, avec les philosophes, parler normativement de la rationalité (ou de l'irrationalité) des choix de théories dans le passé tout en évitant de lui greffer des critères anachroniques ?

Le modèle que j'ai esquissé résout en partie ces difficultés en utilisant les conceptions de notre époque sur la nature *générale* de la rationalité tout en se rappelant que la plupart des paramètres *spécifiques* qui la constituent varient avec l'époque et la culture. Ce modèle, selon lequel la rationalité consiste à accepter les traditions de recherche qui sont les plus efficaces pour résoudre des problèmes, transcende les particularités du passé et s'applique à toutes les époques et à toutes les cultures, pour autant que celles-ci aient une tradition critique (sans laquelle aucune culture ne peut prétendre à la rationalité). Ce modèle soutient que, dans toute culture, adopter une théorie ou une tradition de recherche qui est moins adéquate qu'une autre présente dans la même culture constitue un comportement irrationnel. Dans cette mesure, ce modèle défend l'idée qu'il y a certaines caractéristiques générales des théories de la rationalité qui sont *trans-temporelles* et *trans-culturelles*, qui sont tout aussi applicables à la pensée présocratique qu'au développement des idées au Moyen-Age et à l'histoire récente des sciences. D'autre part, ce modèle insiste sur le fait que ce qui est spécifiquement rationnel dans le passé est en partie fonction de l'époque, du lieu et du contexte. Notamment, ce qui compte comme problèmes empiriques et conceptuels, les critères d'intelligibilité, les standards du contrôle expérimental, l'importance ou le poids donné à différents problèmes, sont tous fonction des croyances normatives et méthodologiques d'une communauté particulière de penseurs. Le modèle dont nous discutons présente l'avantage de nous permettre d'intégrer les normes historiques spécifiques à une époque antérieure et les traits atemporels plus généraux qui régissent les prises de décision rationnelles[5].

Si l'on ignore les paramètres spécifiques du choix rationnel qui varient avec le temps, on place l'historien ou le philosophe dans une position insoutenable qui l'oblige à déclarer irrationnels certains des résultats les plus importants de l'histoire des idées. Aristote n'était pas irrationnel quand il déclarait, au IVe siècle avant J.-C., que la physique devrait être subordonnée à la métaphysique et légitimée par celle-ci — même si cette doctrine, en d'autres temps et d'autres lieux, peut être considérée comme telle. Thomas d'Aquin et Robert Grosseteste n'étaient ni stupides ni sous l'effet de simples préjugés, quand ils pensaient que la science devait être compatible avec les croyances religieuses.

Au XXe siècle, nous pouvons nous élever violemment contre de telles vues, et les considérer comme obscurantistes et nuisibles au développement des sciences. Et, en cela, je crois que nous avons raison. En effet, le temps nous a montré que les théories et les traditions de recherche s'épanouissent généralement mieux quand elles ne sont pas subordonnées aux doctrines théologiques et métaphysiques dominantes en dehors de la communauté scientifique. Mais c'est grâce à l'avantage du recul que nous en sommes arrivés à cette conclusion. Sans l'expérience des trois derniers siècles, il serait absurde de supposer qu'il est irrationnel de croire que la science, la théologie et la métaphysique se renforcent mutuellement. *L'idée que la science est quasi indépendante de ces disciplines est en soi une tradition de recherche*, d'origine relativement récente. C'est une tradition qui a engendré un degré considérable de progrès. C'est pourquoi il peut être rationnel au XXe siècle de l'accepter. Mais le fait qu'une croyance est rationnelle aujourd'hui, ou a une époque quelconque, ne signifie pas nécessairement qu'elle était rationnelle en d'autres lieux, en d'autres temps. C'est d'ailleurs plus souvent l'inverse qui est le cas.

Il doit être clair à présent qu'en soutenant que les exigences et les pressions culturelles exercées sur la science doivent être prises en compte, je n'abandonne pas la possibilité d'une évaluation rationnelle et je ne dis pas que des facteurs non scientifiques sont toujours présents dans chaque choix scientifique. Je suggère seulement que nous avons besoin d'une conception élargie de la rationalité qui nous montrera que «l'intrusion» de facteurs apparemment «non scientifiques» dans certaines prises de décision peut être un processus entièrement rationnel. Loin de croire que l'introduction de questions philosophiques, religieuses et morales en science représente le triomphe du préjugé, de la superstition ou de l'irrationalité, ce modèle dit que la présence de ces éléments peut être entièrement rationnelle; et même que leur suppression peut être irrationnelle et préjudiciable.

Bien entendu, la question de savoir si l'utilisation d'arguments théologiques, moraux ou philosophiques en faveur (ou contre) une nouvelle théorie ou tradition de recherche est rationnelle ou non, est un problème contingent qui dépend du degré de progressisme et de rationalité des traditions de recherche qui fournissent ces arguments. Une opposition aux théories modernes de la combustion chimique basée sur le fait qu'elles sont contraires au mythe de Vulcain serait évidemment absurde car les mythes grecs ne se sont pas imposés en tant qu'ensemble de dogmes rationnels et progressistes. S'opposer à l'économie marxiste parce qu'elle est contraire à la moralité chrétienne, ce serait utiliser une tradition singulièrement non progressiste comme instrument de critique contre une tradition « scientifique » relativement progressiste. La rationalité ou l'irrationalité de toutes les situations où des facteurs « non scientifiques » mais intellectuels jouent un rôle, doit être établie individuellement. Les principes de base devraient être les suivants : (1) quand il y a compétition entre des traditions de recherche, si l'une de ces traditions est compatible avec « la conception du monde » la plus progressiste disponible et que l'autre ne l'est pas, il y a de bonnes raisons de préférer la première ; (2) si deux traditions sont compatibles avec une même conception du monde, la décision rationnelle peut être faite sur base d'arguments strictement « scientifiques » ; (3) si aucune des traditions n'est compatible avec la conception du monde la plus progressiste, les partisans de ces traditions devraient élaborer une nouvelle conception du monde plus progressiste qui les justifie, ou élaborer une nouvelle tradition de recherche qui soit compatible avec la conception du monde la plus progressiste qui existe.

LES REVOLUTIONS SCIENTIFIQUES

Depuis plus d'un siècle, il est courant d'attribuer au concept de « révolution scientifique » une position centrale dans l'histoire des sciences et son exégèse. Au cours des vingt dernières années l'idée de révolution a été canonisée dans le livre classique de Thomas Kuhn : *La structure des révolutions scientifiques*. Bien que cela n'ait pas été dans ses intentions (Kuhn voulait, en effet, avant tout attirer l'attention sur la science « normale » non révolutionnaire), son livre a conduit de nombreux savants et historiens à compartimenter l'évolution des sciences en périodes largement espacées d'activité révolutionnaire et à imaginer que la révolution scientifique (et le changement de paradigme qui l'accompagne) est la catégorie de base dans la discussion de l'évolution des sciences.

Bien que les révolutions scientifiques soient des phénomènes historiques importants, elles n'ont ni l'influence, ni le caractère cognitif qui leur est souvent associé. Elles ont pris cette position privilégiée en grande partie parce que leur structure a été décrite erronément de sorte qu'elles paraissent avoir des caractéristiques très différentes de la science dans son état habituel; l'exagération de la différence entre la science «normale» et la science «révolutionnaire» a conduit certains auteurs à donner plus d'importance aux «périodes d'activité révolutionnaire» qu'elles ne le méritent probablement.

Considérons, par exemple, la position de Kuhn sur les révolutions scientifiques. Pour lui, une révolution est caractérisée par l'émergence d'un nouveau «paradigme» théorique qui, en peu de temps, discrédite le paradigme ancien et attire l'adhésion quasi unanime des membres de la communauté scientifique concernée. Selon lui, les révolutions sont précédées de courtes périodes d'activité théorique frénétique pendant lesquelles de nombreux points de vue différents sont en lutte pour acquérir l'allégeance de la communauté scientifique. Des éléments du paradigme ancien qui étaient sacro-saints font subitement l'objet de controverses et de débats animés. On examine de nombreux points de vue différents jusqu'à ce que (généralement en moins d'une génération) l'un de ceux-ci l'emporte sur les autres et devienne le nouveau paradigme, exigeant l'adhésion totale des savants du domaine. En effet, Kuhn va jusqu'à dire qu'une discipline n'est pas scientifique si la discussion de ses fondements ne se tarit pas[6]. Si les révolutions avaient effectivement de telles propriétés, si elles étaient aussi différentes de la «science normale», elles seraient des phénomènes historiques hautement intéressants (du point de vue conceptuel et du point de vue sociologique).

On a tout lieu de croire, cependant, que les révolutions scientifiques ne sont pas aussi révolutionnaires et la science normale aussi normale que l'analyse de Kuhn le suggère. Comme nous l'avons déjà observé, le débat sur les fondements conceptuels de tout paradigme et de toute tradition de recherche est un processus historiquement continu. Tout au long de la vie d'une tradition de recherche active, des problèmes conceptuels sont posés et résolus, et Kuhn a tort de vouloir confiner ceux-ci à de courtes périodes de crise. Comme plusieurs critiques l'ont indiqué, ni Kuhn ni ses disciples n'ont réussi à montrer une seule période de temps prolongée dans l'histoire d'un paradigme important pendant laquelle ses partisans auraient fermé les yeux sur les problèmes conceptuels qu'il engendrait. Une des raisons pour laquelle ces questions sont rarement laissées de côté provient d'un autre aspect de la science que Kuhn a ignoré, à savoir qu'un paradigme parvient rarement à cette hégémonie que Kuhn exige pour la «science normale». Que ce soit la chimie du XIXᵉ siècle, la mécanique du XVIIIᵉ siècle, la théorie quantique du XXᵉ siècle; que nous examinions la théorie de l'évolution en biologie, la minéralogie en géologie, la théorie de la résonance en chimie ou la théorie de la démonstration mathématique, nous voyons une situation beaucoup plus diversifiée que ne le permet Kuhn. La présence de deux traditions (ou plus) dans chacun de ces domaines était la règle bien plus que l'exception. Il est, en fait, bien difficile de trouver une période de temps un peu longue, ne serait-ce qu'une décennie, au cours de laquelle une tradition de recherche ou un paradigme ait été seul, dans quelque branche que ce soit.

En examinant quelques exemples donnés par Kuhn lui-même, nous pourrons comprendre à quel point son analyse est intenable :

La révolution newtonienne en mécanique. Comme pour d'autres chercheurs, l'exemple archétypal d'une révolution scientifique est pour Kuhn l'élaboration de la mécanique newtonienne de 1700 jusqu'au milieu du XIXᵉ siècle; ce choix n'est pas surprenant dans la mesure où il y a peu de paradigmes ou de traditions de recherche qui aient connu une aussi grande réussite. Toutefois, la mécanique du XVIIIᵉ siècle n'apporte guère de soutien à la théorie des révolutions de Kuhn. Dès sa réception par Huygens et Leibniz, les hypothèses de base de cette théorie furent l'objet d'un examen critique continuel, même par de nombreux physiciens qui reconnaissaient sa virtuosité mathématique et ses triomphes empiriques[7]. Georges Berkeley, plusieurs Bernoulli, Maupertuis, les partisans de Hutchinson, Boscovitch, le jeune Kant et même Euler soulevèrent certains problèmes centraux relatifs aux fondements *ontologiques* de la mécanique newtonienne. A la même époque, d'autres savants (Hartley, Lesage, Lambert) discutaient les postulats méthodologiques de la tradition newtonienne[8]. S'il ne fait aucun doute que cette tradition eut un impact énorme sur la mécanique rationnelle du XVIIIᵉ siècle, elle n'a pas été unanimement admise et n'a pas provoqué la suspension du jugement critique qui, selon Kuhn, caractérise l'après-révolution scientifique.

La révolution de Lyell en géologie. Selon Kuhn, c'est la publication des *Principes de géologie* (1830-1833) de Charles Lyell qui a établi la première tradition de recherche scientifique importante en géologie[9]. Autrement dit, les *Principes* de Lyell fournirent un paradigme (« l'uniformitarisme ») et certains exemples types pour la géologie qui, ensemble, constituèrent une révolution scientifique. Même selon l'interprétation la plus favorable des données, la révolution de Lyell ne soutient pas l'historiographie de Kuhn. D'abord, cette révolution n'avait rien de global. Son audience se limitait à l'Angleterre et l'Amérique. Le travail de Lyell ne fut guère pris au sérieux en Allemagne et en France et pratiquement aucun géologue du continent n'en devint un partisan. Même dans le monde anglo-saxon, les idées de Lyell — bien que largement diffusées — furent critiquées sévèrement et rarement acceptées sans corrections. En effet, les traits les plus caractéristiques du système géologique de Lyell («l'uniformitarisme de degré», sa théorie du climat et ses théories sur les volcans) furent acceptés par très peu de géologues. Il n'y eut pas non plus cet arrêt du débat sur les fondements, associé d'après Kuhn à la fin d'une révolution. En effet, dans les deux générations qui suivirent le travail de Lyell, la plupart des géologues, cosmogonistes, géographes et bio-géologistes (Darwin en particulier) estimèrent nécessaire d'abandonner beaucoup d'hypothèses fondamentales de son paradigme, par exemple sa conviction que tout l'éventail des animaux et des plantes est également représenté dans chaque âge géologique. Même avant que la théorie de l'évolution ne discrédite la géologie de Lyell, beaucoup de voix s'étaient élevées contre presque toutes ses présuppositions centrales. Ce qui est vrai pour Lyell, l'est aussi pour toute la géologie du début du XIXe siècle : il n'y avait pas de paradigme accepté universellement sans critiques. Au contraire, la multiplicité des cadres de recherche différents était la règle et non l'exception.

Dans la mesure où *des traditions de recherche conflictuelles coexistent de façon continue*, toute focalisation sur les époques révolutionnaires nous induit en erreur. En effet, les traditions évoluent constamment, leur fortune varie dans le temps. De vieilles traditions peuvent être remplacées par de nouvelles, mais il est généralement inutile de vouloir porter son attention sur certaines étapes de ce processus et de les classer comme révolutionnaires ou évolutionnaires. L'examen des fondements, l'exploration de cadres de travail différents, le remplacement de vieilles perspectives par de nouvelles plus progressistes se fait sans cesse en science — et dans toutes les autres disciplines intellectuelles d'ailleurs. Ceci ne signifie pas que chaque savant (comme le voudrait Popper) critique sans arrêt la tradition ou le cadre de travail dans lequel il opère. En effet, beaucoup de savants considèrent la tradition comme «donnée» et chercheront constructivement à l'appliquer à un plus grand nombre de problèmes empiriques non résolus (ce que Kuhn appelle la solution «d'énigmes»). Mais croire que tous les savants ont en permanence cette attitude — sauf pendant les rares périodes de crise — c'est prendre des libertés avec l'évolution réelle des sciences.

Pour que la notion de révolution scientifique soit historiquement fructueuse, nous devons la définir de manière telle qu'elle tolère une disharmonie persistante parmi les savants en ce qui concerne les fondements de leurs disciplines.

Une approche naturelle semblerait devoir faire appel à la question du nombre des partisans. On pourrait dire, par exemple, qu'une révolution scientifique survient quand un nombre important de savants, influents dans une discipline, abandonnent une tradition de recherche et en adoptent une autre. Mais, quand peut-on parler d'un « nombre important » ? Il ne s'agit pas seulement de compter des têtes, ou de dire qu'il y a révolution quand plus de la moitié de la communauté scientifique adopte une tradition de recherche particulière. *Les révolutions peuvent* (et cela a souvent été le cas) *être accomplies par un nombre relativement restreint de savants dans quelque domaine que ce soit*. Ainsi, nous parlons de la révolution darwinienne en biologie à la fin du XIXe siècle, même s'il est certainement vrai qu'un petit nombre de biologistes seulement étaient darwiniens à cette époque. De même, nous parlons d'une révolution newtonienne en physique au début du XVIIIe siècle, même si la plupart des philosophes de la nature n'étaient pas newtoniens alors. Comme nous l'avons dit plus tôt, on parle de la révolution de Lyell en géologie même si la majeure partie de ses confrères contemporains avaient de grandes réserves sur la tradition de recherche qu'il avait adoptée.

Ces exemples nous montrent qu'il n'est pas nécessaire que tous les membres d'une communauté scientifique (ou une majorité de ceux-ci) acceptent une nouvelle tradition de recherche pour que survienne une révolution. Celle-ci se produit plutôt lorsqu'une nouvelle tradition apparaît qui engendre suffisamment d'intérêt (peut-être grâce à un taux de progrès initial important), pour que les savants du domaine en question, quelles que soient leurs propres allégeances, se sentent obligés de la prendre en considération. Newton provoqua les remous que l'on sait parce que quand les *Principia* et les *Opticks* furent publiés, presque tous les les savants ont senti qu'ils devaient faire face à cette nouvelle vision du monde. Pour beaucoup, cela signifiait trouver des arguments *contre* les systèmes de Newton. Mais ce sur quoi presque tout le monde était d'accord, c'est que celui-ci avait élaboré un moyen d'approcher les phénomènes naturels qu'on ne pouvait pas ignorer. De même, les biologistes de la fin du XIXe siècle, qu'ils fussent des partisans fervents du darwinisme ou des anti-évolutionnistes confirmés, se sentirent obligés de débattre des mérites du darwinisme. Autrement dit, *une révolution scientifique survient quand une tradition de recherche jusque-là inconnue ou ignorée des savants d'un domaine donné, atteint un point de développement tel que ceux-ci se sentent obligés de la prendre au sérieux comme candidate à leur propre allégeance ou à celle de leurs collègues.*

Il faut noter que j'ai défini les révolutions d'une manière telle qu'on ne peut rien présupposer en ce qui concerne leur rationalité inhérente ou leur progressisme. Les révolutions scientifiques peuvent se produire même quand ce sont des considérations entièrement irrationnelles ou non rationnelles qui portent une nouvelle tradition de recherche à l'attention de tous. Une révolution pourrait en principe conduire à l'abandon de traditions progressistes en faveur de traditions qui le sont moins. En résumé, la rationalité et le progressisme d'une révolution sont des questions *contingentes*. Contrairement à Kuhn qui soutient que les révolutions scientifiques sont *ipso facto* progressistes[10], je veux séparer clairement la question de savoir si une révolution est survenue et la détermination du degré de progressisme de cette révolution. Sans cela, il serait trivialement vrai que la science est progressiste et cette affirmation perdrait toute valeur cognitive.

Même comprises ainsi, j'insiste sur le fait que les révolutions scientifiques ne constituent pas les entités centrales de l'analyse historique comme certains historiens et philosophes l'ont imaginé. Une fois que nous avons accepté le fait que l'émergence de nouvelles traditions de recherche, ainsi que les critiques et modifications des plus anciennes constituent l'état «normal» des sciences, on évitera de se préoccuper des révolutions — en tant que phénomènes historiques d'une nature différente de la science ordinaire. Si les théories et les traditions de recherche subissent *continuellement* des évaluations, l'intérêt de l'historien devrait se porter sur les traditions de recherche spécifiques et sur les débats relatifs aux mérites des traditions existantes dans une même discipline. Une révolution réussie n'est donc rien de plus que la conséquence d'une rencontre particulièrement dramatique et décisive entre des traditions de recherche en compétition.

REVOLUTION, CONTINUITE ET COMMENSURABILITE

Les chercheurs qui ont réfléchi au processus du changement scientifique ont été frappés, certains par les convulsions successives de la pensée scientifique, d'autres par la continuité remarquable de la science au cours de son histoire. L'école «révolutionnaire» insiste sur les différentes espèces de métaphysiques de la nature implicites dans les périodes scientifiques successives. Ainsi, Aristote croyait au plein, les atomistes du XVIIᵉ siècle au vide. Les chimistes du XVIIIᵉ siècle croyaient que l'air était composé de substances chimiques hautement réactives et que le feu n'était pas un élément. Les géologues des XVIIᵉ et XVIIIᵉ siècles voyaient l'histoire de la terre comme une suite de transformations et de changements très différents de ce qui se passe encore aujourd'hui sur la surface du globe; certains géologues du XIXᵉ siècle étaient au contraire impressionnés par le caractère uniforme de l'histoire de la terre.

Au contraire, « les gradualistes » montrent à quel point la science réussit à conserver la plus grande partie de ce qu'elle a découvert. Ils disent que malgré les apparentes « révolutions » en optique depuis le début du XVIIᵉ siècle, nous continuons à garder en substance la même loi de réfraction que celle de Descartes. Ils font remarquer que, malgré Einstein, la mécanique contemporaine utilise encore presque uniquement les techniques mises au point par les savants newtoniens, ou des approximations raisonnables de celles-ci. Les gradualistes voient le processus d'acquisition de la connaissance comme un processus lent et cumulatif, où les nouvelles vérités ou les approximations meilleures s'ajoutent sans cesse à un réservoir de lois sur la nature qui s'accumulent depuis l'antiquité. Ils montrent aussi que beaucoup d'apparentes innovations conceptuelles radicales se réduisent en fait à des juxtapositions et des réalignements subtils d'éléments traditionnels.

Ces deux écoles historiographiques ont concentré leurs attentions sur des aspects importants de l'histoire des sciences, mais aucune des deux n'a réussi à les intégrer de manière convaincante. Le point de vue de l'approche *problem solving* nous permet de capter plus aisément les deux sortes d'intuitions. L'élément principal de continuité, peut-on dire, est la base constituée par les problèmes empiriques. Même si ceux-ci subissent quelques modifications avec le passage du temps et des traditions de recherche successives, ils assurent une stabilité fondamentale dans l'évolution des sciences. Depuis 1640, toutes les théories optiques ont dû traiter de ce qui arrive à la lumière quand elle est réfractée à travers un prisme. Depuis l'antiquité, toutes les théories astronomiques ont été obligées d'expliquer les éclipses solaires et lunaires. Depuis 1650, toutes les théories de la matière et de l'état gazeux ont été forcées d'expliquer les relations (approximativement) inverses entre pression et volume des gaz. Depuis environ 1800, chaque théorie chimique a dû s'attaquer au problème du rôle de l'air dans la combustion. L'histoire suggère que de tels problèmes sont un trait *permanent* de la scène scientifique et que même si l'ontologie de base des sciences change et que des traditions de recherche nouvelles apparaissent, la plupart de ces problèmes devront être expliqués par les sciences tout au long de leur évolution.

Quand des discontinuités se produisent, ce n'est pas au niveau des problèmes de premier ordre, mais au niveau de l'explication et de la résolution des problèmes. Il y a une différence radicale entre la manière dont un chimiste contemporain explique la combustion chimique et la manière dont ses prédécesseurs des XVIIIe et XIXe siècles le faisaient. Il y a des discontinuités cruciales entre l'explication de la radiation des corps noirs par la physique quantique et l'explication du même problème par le physicien du XIXe siècle. Toutefois, ceci ne veut pas dire que les traditions de recherche successives n'ont en commun qu'un chevauchement partiel de leurs problèmes empiriques. Il y a souvent des liens formels et conceptuels importants qui persistent à travers le temps et sont préservés dans les traditions qui se succèdent. Mais, *ce sont fondamentalement les problèmes empiriques communs qui créent des connections importantes entre les traditions de recherche successives*; ce sont eux et eux seuls dont la préservation assure à la science son caractère (partiellement) cumulatif qui est si frappant au cours de la plus grande partie de son histoire[11].

Beaucoup d'auteurs qui s'intéressent au problème du changement scientifique, en particulier ceux du camp «révolutionnaire» ont été frappés par *l'incommensurabilité* radicale entre les traditions de recherche successives. Portant le point de vue révolutionnaire à son extrême, ils soutiennent que les théories qui précèdent et qui suivent une révolution sont si radicalement différentes, qu'aucun discours sur leurs similarités ne peut avoir de sens. Ils montrent avec raison que les disciples de Ptolémée et de Copernic, de Lamarck et de Darwin, de Newton et d'Einstein jettent un regard très différent sur le monde (ils regardent même peut-être des mondes différents bien que je trouve qu'il s'agit là d'une façon bizarre de présenter le problème). Ces auteurs (dont Hanson, Quine, Kuhn et Feyerabend) ont tiré de cette constatation des conclusions fort pessimistes sur la possibilité de la rationalité en science. Dans plusieurs cas, ils en sont arrivés à conclure qu'il est en *principe* impossible d'établir qu'une tradition de recherche l'emporte jamais sur une autre pour des raisons rationnelles. La logique de leur argumentation (que j'examinerai plus loin) les conduit à conclure que l'histoire des sciences n'est qu'une *succession* de différentes conceptions du monde et qu'un choix rationnel ne peut jamais être fait face à des visions de l'univers si divergentes. Comme chacune de ces conceptions a une rationalité et une intégrité propre, on ne peut donner aucun sens à l'idée que l'une d'entre elles est plus (ou moins) rationnelle qu'une autre.

Cet argument est important. S'il est correct, cela veut dire que la science ne peut avoir de prétentions envers nos loyautés cognitives. S'il n'y a pas de bases possibles pour faire un choix rationnel entre des traditions de recherche en compétition, la science n'est plus qu'humeurs et caprices, et c'est la tradition qui attirera les adhérents les plus influents et les propagandistes les plus puissants qui vaincra. La science *est* peut-être comme cela, mais avant d'accepter la conclusion plutôt déprimante qui veut que la science soit nécessairement ainsi, il faut examiner avec soin les arguments de ceux qui soutiennent cette conception relativiste du changement scientifique.

En résumé, l'argument central est le suivant: les théories scientifiques définissent implicitement les termes dont elles se servent. Donc, si deux théories sont différentes, tous leurs termes doivent avoir des sens différents. (Ainsi, quand un physicien einsteinien réfère à la « masse » d'une particule, il veut dire quelque chose de très différent de ce que dit un newtonien quand il utilise le même mot). De plus, même les prétendus rapports observationnels établis par des savants travaillant dans le cadre de théories différentes sont incommensurables car leurs termes observationnels sont imprégnés de la théorie, c'est-à-dire que leur sens est assigné par l'une ou l'autre théorie. De cela il s'ensuit que même si des savants travaillant dans des traditions différentes disent les mêmes mots, on ne peut affirmer qu'ils assertent la même chose. Accepter une théorie, de ce point de vue, consiste à accepter un langage quasi privé que personne ne peut comprendre en dehors de ceux qui travaillent dans la même théorie. Il en résulte que des savants travaillant dans des théories différentes ne peuvent communiquer entre eux, ni comprendre leurs déclarations respectives. Etant donné cette incapacité générale de se comprendre, la science apparaît comme une nouvelle tour de Babel, les théories ne peuvent être comparées ni évaluées rationnellement car cela exigerait un langage commun permettant de parler du monde.

Je crois que cet argument est erroné pour plusieurs raisons. Il est basé sur une théorie idiosyncratique de la façon dont les mots acquièrent un sens (à savoir la théorie de la définition implicite)[12]. Il esquive un certain nombre de questions sur la synonymie et la traduction, mais son *défaut central*, pour notre but, *c'est sa supposition qu'un choix rationnel ne peut être établi entre des théories que si l'on peut traduire l'une dans le langage de l'autre, ou encore si l'on peut les traduire toutes deux dans un troisième langage « neutre »*. Comme Kuhn le dit, « la comparaison de deux théories successives nécessite un langage dans lequel, au minimum, les conséquences empiriques des deux puissent être traduites sans pertes ni changements »[13]. Je maintiens, au contraire, que même si toutes les observations sont imprégnées de théorie à un degré tel que leur contenu est inséparable de la théorie qui a permis de les établir, il est possible de trouver des moyens pour faire des comparaisons objectives et rationnelles entre les théories et les traditions scientifiques en compétition. Deux arguments me permettent de tirer cette conclusion.

L'argument tiré de la résolution de problèmes. Au plus fort du positivisme logique, on disait communément que les théories rivales pouvaient être évaluées en comparant leurs conséquences observationnelles. Etant donné la prédominance de la métaphore linguistique à cette époque, cela était généralement compris comme un processus de traduction des prédictions des théories rivales (par le truchement des prétendues règles de correspondance) dans un langage purement observationnel. Dans la mesure où ce langage observationnel était sensé n'avoir aucun parti pris théorique ni spéculatif, on pensait qu'il fournirait une base objective pour évaluer empiriquement les théories en lutte. Mais, au fur et à mesure que croissaient les doutes sur l'existence de règles de correspondance et d'un langage observationnel indépendant des théories, des philosophes comme Kuhn, Hanson et Feyerabend ont commencé à ne plus croire en la possibilité d'un étalon objectif pour comparer des théories différentes. Ils ont donc suggéré que celles-ci étaient incommensurables et qu'il était impossible de les comparer objectivement.

Ce que cette approche ignore, c'est que ni règles de correspondance, ni langage observationnel indépendant ne sont nécessaires pour comparer les conséquences empiriques des théories en compétition. Car même sans ceux-ci, on peut dire, de façon intelligible, que différentes théories traitent du même problème et cela même si la caractérisation de celui-ci dépend crucialement des hypothèses de celles-là.

Dans la mesure où les théories affectent la caractérisation des problèmes, comment pouvons-nous montrer que des théories différentes s'occupent du même problème ? La réponse est claire : les termes par lesquels un problème est caractérisé dépendent généralement de l'acceptation d'une série d'hypothèses théoriques, T_1, T_2... T_3. Soit ces hypothèses constituent la théorie qui résout le problème, soit elles ont une portée plus large. Dans le premier cas, où le problème ne peut être défini que dans le langage et dans le cadre d'une théorie qui se propose de le résoudre, on ne pourra jamais dire qu'une autre théorie le résout. Cependant, *pour autant que les hypothèses théoriques néces-*

saires pour caractériser le problème soient différentes des théories qui cherchent à le résoudre, il est possible de montrer que les théories explicatives en compétition s'intéressent au même problème. Voyons un exemple élémentaire. Depuis l'antiquité, les savants ont cherché à expliquer pourquoi la lumière se reflète dans un miroir, ou toute autre surface polie, d'une façon régulière. Dans la mesure où le problème de la réflection nécessite qu'on compare les angles d'incidence et de réflection, il fait intervenir de nombreuses hypothèses quasi théoriques, à savoir que la lumière se meut en ligne droite, que certains obstacles peuvent changer la direction des rayons lumineux, que la lumière visible ne remplit pas continuellement chaque milieu, etc... L'existence de ces hypothèses théoriques signifie-t-elle qu'on ne peut dire de deux théories qu'elles résolvent le problème de la réflection? La réponse est évidemment négative pour autant que les théories qui résolvent le problème ne soient pas incompatibles avec les suppositions théoriques d'un niveau relativement bas nécessaires pour énoncer le problème[14]. A la fin du XVII⁰ siècle, par exemple, de nombreuses théories conflictuelles de la lumière (celles de Descartes, Hobbes, Hooke, Barrow, Newton et Huygens entre autres) se penchèrent sur le problème de la réflection. On considérait que ces différentes théories optiques résolvaient ce problème parce qu'il pouvait être caractérisé d'une façon indépendante des théories qui cherchaient à le résoudre.

Bien entendu, je ne suggère pas que *tous* les problèmes qu'une théorie ou une tradition de recherche se propose de résoudre peuvent être caractérisés indépendamment de la théorie ou des théories qui les résolvent. La détermination de «l'indépendance» de tout problème spécifique doit dépendre des particularités du cas. Cependant, je crois qu'il y a beaucoup plus de problèmes communs aux traditions de recherche en compétition qu'il n'y a de problèmes spécifiques à une tradition. Ces problèmes communs donnent une base d'évaluation rationnelle de l'efficacité relative à résoudre les problèmes des traditions en compétition.

Je dois *répéter* que cet argument ne présuppose pas que les problèmes empiriques puissent être énoncés dans un langage observationnel non théorique. Parler, par exemple, de la lumière qui se réfracte à travers un prisme, c'est faire un certain nombre de suppositions théoriques (parmi lesquelles, le fait que la lumière se meut, que quelque chose lui arrive lorsqu'elle est *dans* un prisme, etc...). Je n'affirme donc pas que les problèmes empiriques soient a-théoriques. Je soutiens simplement l'hypothèse plus faible suivante: *vis-à-vis de deux traditions de recherche ou théories, quelles qu'elles soient, dans tout domaine des sciences, il existe des problèmes communs qui peuvent être formulés de manière à ne rien présupposer qui soit syntaxiquement dépendant des traditions de recherche qui sont comparées.* Ainsi, lorsque les newtoniens et les cartésiens du XVIIIe siècle parlaient du problème de la chute libre, ils référaient à la même question, quelles qu'aient pu être les différences fondamentales de leurs traditions de recherche respectives. Quand ces mêmes savants discutaient du problème posé par le fait que toutes les planètes se déplacent dans la même direction que le soleil, ils étaient entièrement d'accord sur la nature de la question (bien qu'ils se fussent querellés sur l'*importance* relative de celle-ci). Quand les géologues du début du XIXe siècle débattaient sur l'explication de la stratification, ils pouvaient tous être d'accord pour dire qu'expliquer l'origine de ces couches uniformes et distinctes était un problème qui se posait à toutes les théories géologiques, et cela, qu'ils fussent uniformitaristes, catastrophistes, neptunistes, vulcanistes, huttoniens, werneriens, qu'ils eussent la crainte de Dieu ou qu'ils niassent son existence, qu'ils fussent français, anglais ou allemands.

Kuhn a été induit en erreur par sa découverte que certains problèmes empiriques ne sont pas communs à des traditions ou paradigmes différents (ce qui est vrai) et en est venu à croire qu'il n'y a jamais de problèmes identiques. La thèse générale de l'incommensurabilité des problèmes est aussi perverse que la thèse de l'incommensurabilité partielle est profonde.

L'argument tiré du progrès. L'argument qui vient d'être donné présume qu'il y a moyen d'identifier et de caractériser des problèmes qui sont neutres par rapport aux théories diverses qui cherchent à les résoudre. Mais, il y a certainement des philosophes qui nieront qu'il soit possible de caractériser les problèmes empiriques de telle sorte qu'on puisse parler de «deux théories (ou traditions de recherche) qui résolvent (ou ne résolvent pas) le même problème». Jusqu'ici, je n'ai jamais rencontré d'arguments contraignants dans ce sens, mais, même s'il y en avait — même si nous admettons qu'on ne peut décider si deux théories se préoccupent des mêmes problèmes — il y a encore place pour une évaluation et une comparaison objective de théories et de traditions de recherche incommensurables. Pour comprendre cela, il nous suffit d'établir certains corollaires à notre discussion antérieure sur la rationalité scientifique. On avait observé que celle-ci consiste à accepter les traditions qui font preuve de la plus grande efficacité à résoudre des problèmes. Or, une détermination approximative de l'efficacité d'une tradition de recherche peut être établie *dans* la tradition elle-même, sans référence à aucune autre tradition. Il suffit de se demander si une tradition de recherche a résolu les problèmes qu'elle s'est choisis, et si pendant ce processus, elle a engendré des anomalies empiriques ou des problèmes conceptuels. A-t-elle, au cours du temps, réussi à agrandir son domaine de problèmes résolus et à minimiser le nombre et l'importance des anomalies et des problèmes conceptuels restants[15] ? Par ce moyen, nous pouvons caractériser le progressisme (ou la régression) d'une tradition de recherche.

Si nous faisions cela pour toutes les traditions de recherche importantes en sciences, nous devrions être capables de les ordonner toutes selon leur degré de progressisme à n'importe quel moment de l'histoire. Il est donc possible, en tous cas en principe et peut-être même en pratique, de comparer le progressisme des différentes traditions de recherche, *même si celles-ci sont incommensurables en termes des déclarations substantives qu'elles font sur le monde* ![16].

Conséquemment, même si nous ne pouvions jamais trouver un moyen pour traduire la mécanique newtonienne en mécanique relativiste ; même si nous ne pouvions pas comparer les déclarations substantives de la physique des particules du XXe siècle avec l'atomisme du XIXe siècle ; même si, plus généralement, nous ne pouvions jamais dire que deux théories traitent des mêmes problèmes, il serait néanmoins possible, en principe, de faire une *estimation rationnelle* des mérites relatifs de ces traditions de recherche. On peut aisément généraliser cela en remarquant qu'il y a beaucoup de critères pour la comparaison de théories rivales qui ne nécessitent aucun degré de commensurabilité au niveau observationnel. Nous pourrions, par exemple, comparer des théories au niveau de leur cohérence interne. On pourrait se demander de deux théories (ou plus) laquelle est la plus simple, laquelle fait les prédictions les plus précises. On peut se demander si l'une d'entre elles a été réfutée. Comme ces propriétés (y compris le progressisme) peuvent être spécifiquement définies, nous pouvons dire que *l'incommensurabilité potentielle des théories et des traditions de recherche* (du moins en ce qui concerne leurs déclarations substantives sur le monde) *n'exclut pas l'existence d'évaluations comparatives de leur acceptabilité*[17].

LE PROGRES NON CUMULATIF

Depuis la parution de l'*Esquisse d'un tableau historique des progrès de l'esprit humain* de Condorcet, beaucoup de philosophes et d'historiens des sciences ont décrit des théories, ne serait-ce que schématiques, du progrès cognitif. De Whewell, Peirce et Duhem jusqu'à Collingwood, Popper, Reichenbach, Lakatos, Stegmüller et Kuhn, la recherche de modèles adéquats du progrès cognitif n'est pas chose rare. En dépit de toutes leurs différences, ces modèles du progrès — sauf celui de Kuhn[18] — ont un trait commun : la conviction *qu'il n'est possible de parler de progrès que si le savoir est acquis à travers des théories purement cumulatives*. Par « théories purement cumulatives » j'entends les théories qui ajoutent quelque chose à l'ensemble des problèmes résolus par leurs prédécesseurs, tout en résolvant *tous* les problèmes déjà résolus par ceux-ci. Autrement dit, ces penseurs soutiennent qu'une condition nécessaire pour qu'une théorie T_2 représente un progrès par rapport à une autre T_1 est que T_2 résolve tous les problèmes résolus par T_1. Bien que cette conception cumulative du progrès soit habituellement associée à Popper et Lakatos, elle a probablement été formulée le plus succinctement par Collingwood comme suit :

Si la pensée dans sa première phase, après avoir résolu un ensemble de problèmes initiaux est confrontée, à cause de cette solution même, à d'autres problèmes qu'elle ne peut résoudre, et qu'elle parvient, dans une seconde étape, à résoudre ceux-ci *sans perdre la solution des premiers*, il y a gain *sans pertes correspondantes*, et il y a donc progrès. *S'il y a pertes, la question de leur compensation par les gains est insoluble*[19].

En quoi ce problème est-il insoluble ? Collingwood ne nous le dit pas ; mais cette opinion est sans doute basée sur le fait qu'il croit qu'il est impossible de savoir laquelle des deux théories est la plus progressiste si les problèmes résolus par l'une d'entre elles ne forment pas un sous-ensemble de ceux qui sont résolus par l'autre. En effet, si ce n'est pas le cas, le progrès ne peut plus se réduire à une simple relation additive.

Des préoccupations similaires sont à la base de l'analyse du progrès de Popper et Lakatos. Popper, par exemple, dans ses « exigences pour la croissance du savoir » dit que pour pouvoir établir qu'une théorie est en progrès par rapport à sa rivale, nous devons montrer qu'elle implique chaque fait impliqué par sa rivale[20]. En l'absence de cette relation, le progrès (au sens poppérien) est impossible. Malgré toutes ses querelles avec Popper, Lakatos est du même avis sur ce sujet : une condition nécessaire pour dire qu'une série de théories (c'est-à-dire un « programme de recherche ») est « progressiste », c'est que chaque membre ultérieur de la série implique tout le contenu corroboré de ses prédécesseurs[21].

Heinz Post a récemment défendu l'idée selon laquelle les nouvelles théories absorbent toujours les succès de leurs prédécesseurs. Post va même jusqu'à dire « qu'il est un fait empirique historique..., que les théories [du passé] ont toujours expliqué *l'entièreté* [des parties bien confirmées de leurs prédécesseurs]..., contrairement à ce que soutient Kuhn, il n'y a jamais aucune perte de pouvoir explicatif »[22].

Ce type d'approche plaît par sa grande simplicité. Si le progrès survenait de cette manière, nous n'aurions pas à nous préoccuper de compter ou de *peser* les problèmes. Si *tous* les problèmes déjà résolus dans tous les domaines de la science étaient aussi toujours résolus par les dernières théories dans ces domaines, et si celles-ci résolvaient en plus d'autres problèmes (quel que soit leur nombre ou leur poids), il serait alors évident qu'elles font preuve d'un progrès sur celles qui les ont précédées. Ce qui vicie cette approche du problème du progrès, c'est que les conditions exigées pour qu'il y ait progrès sont rarement remplies dans l'histoire de la science. Comme Kuhn, Feyerabend et d'autres l'ont dit, il y a généralement des pertes qui accompagnent les gains dans tout remplacement d'une théorie ancienne par une nouvelle[23].

Nous pouvons nous rendre compte de l'importance de ces pertes en examinant un exemple historique particulièrement éclairant, à savoir l'évolution des problèmes géologiques au début du XIXe siècle. Avant Hutton, Cuvier et Lyell, les théoriciens, en géologie, s'étaient intéressés à un grand nombre de problèmes empiriques, dont les suivants : Comment les dépôts se consolident-ils en rochers ? Comment la terre est-elle née de la matière céleste et comment a-t-elle petit à petit acquis sa forme actuelle ? Quand et où les plantes et les animaux sont-ils apparus ? Comment la terre retient-elle sa chaleur ? Quelle est l'origine souterraine des volcans et des geysers ? Quelle est l'origine et la constitution des rochers en fusion ? Quand et comment les veines minérales se sont-elles formées ? Des solutions d'adéquation variable avaient été présentées au XVIIIe siècle pour chacun de ces problèmes. Et pourtant après 1830, avec l'émergence de la stratigraphie, il n'y avait aucune théorie sérieuse s'adressant à la plupart de ceux-ci. Est-ce que cela signifie (comme Popper, Lakatos, Collingwood et d'autres semblent le dire) que la géologie n'a pas progressé entre 1830 et 1900 (quand ces questions ont refait surface) ? Tirer cette conclusion serait aller trop vite, car ce serait ne pas tenir compte des théories qui, après Cuvier et Lyell se sont occupées avec succès d'autres problèmes empiriques comme la bio-géographie, la stratigraphie, le climat, l'érosion et la distribution terre-mer. Une analyse complète de ce changement, qu'on ne peut faire ici, montrerait que la précision et le nombre des problèmes empiriques qui pouvaient être résolus dès la moitié du XIXe siècle en géologie (ainsi que l'ensemble des anomalies et des problèmes conceptuels engendrés) supportent favorablement la comparaison avec les succès dont les théories de la fin du XVIIIe siècle pouvaient se flatter.

Cet exemple illustre mieux que d'autres que de nombreux problèmes peuvent disparaître du champ d'intérêt d'une communauté scientifique. Il s'agit là d'un phénomène courant.

En physique, ce même phénomène est illustré par l'incapacité de l'optique de Newton à résoudre le problème de la réfraction dans le spath islandais, phénomène qui avait été expliqué par Huygens; ou encore par l'incapacité des théories caloristes de la chaleur au début du XIXe siècle à expliquer le phénomène de la convection et de la génération de la chaleur, problèmes qui avaient été résolus par le comte Rumford vers 1790. En chimie, beaucoup de problèmes qui avaient été résolus par les théories des affinités électives ne le furent pas par la chimie atomiste de Dalton[24]. Un exemple meilleur encore est celui que nous donne la théorie électrique de Franklin. Avant Franklin, un des problèmes centraux résolus pour l'électricité était la répulsion des corps chargés négativement. Diverses théories, particulièrement les théories vorticulaires, avaient résolu ce problème vers 1740. La théorie de Franklin qui fut largement acceptée pendant la deuxième moitié du XVIIIe siècle, ne put jamais résoudre ce problème de manière satisfaisante[25].

Comme ces exemples le montrent, les problèmes empiriques sont souvent soit abandonnés, soit réduits à l'insignifiance, et toute théorie adéquate du développement scientifique doit permettre que de tels resserrements du domaine des problèmes pertinents puissent, dans certaines circonstances, être progressistes.

J'ai dit précédemment qu'on peut maîtriser ces situations en tenant compte de l'importance relative des différents problèmes empiriques. *La connaissance du poids relatif ou du nombre relatif de problèmes peut nous permettre de spécifier les circonstances dans lesquelles la croissance du savoir peut être progressiste, même lorsque nous perdons la capacité de résoudre certains problèmes.* De cette façon, nous pouvons éviter le dilemme supposé insoluble de Collingwood et faire un choix progressiste entre des systèmes dont les problèmes ne se recouvrent pas parfaitement[26].

EN DEFENSE DE LA SCIENCE «IMMATURE»

Kuhn et Lakatos soutiennent qu'il y a deux types de sciences, radicalement différents, correspondant en gros aux stades précoces et avancés de l'activité scientifique. Bien qu'ils les nomment différemment (Lakatos oppose les sciences «mûres et immatures»; et Kuhn les sciences «pré-paradigmatiques et post-paradigmatiques»)[27] et qu'ils les définissent différemment, ces deux auteurs croient que les diverses sciences subissent, à un certain moment, une transition de l'enfance à la majorité qui s'accompagne d'une modification radicale des règles du jeu scientifique. Pour Kuhn, la transition survient quand un paradigme établit son monopole sur le domaine et que la science «normale» commence. Pour Lakatos, une science atteint sa majorité quand les savants qui la pratiquent *ignorent systématiquement les anomalies* et *les influences intellectuelles et sociales extérieures* et se concentrent sur l'articulation mathématique des programmes de recherche. Ce qui caractérise donc une science mûre pour Kuhn et Lakatos, c'est l'émergence de paradigmes (ou de programmes de recherche) qui sont autonomes, et par conséquent indépendants de la critique extérieure. Cette transition est plus que nominale; Kuhn et Lakatos disent tous deux avec insistance que la science mûre est plus progressiste et plus scientifique que sa contrepartie immature.

Il y a plusieurs aspects troublants à ce concept de science mûre (en tout cas tel qu'il est défini par Kuhn et Lakatos). L'idée que chaque science subit une transition *définitive*, telle qu'elle est décrite par Kuhn et Lakatos ne rend pas compte de ce que nous savons de l'histoire des sciences. Kuhn n'a pu mettre en évidence aucune science importante dans laquelle le monopole d'un paradigme ait été la règle ou au sein de laquelle la question des fondements ait été écartée. Lakatos, de son côté, n'a identifié aucune science (physique) dans laquelle le dédain de l'anomalie et l'indifférence pour les problèmes conceptuels extra-programmatiques aient été les traits dominants. Le résultat est qu'il n'est pas sûr du tout qu'on puisse trouver un seul exemple historique de science «mûre».

Même si des sciences mûres existaient, la thèse de Kuhn et Lakatos selon laquelle elles seraient intrinsèquement plus progressistes et plus scientifiques que les sciences «immatures» n'a pas été établie. Kuhn n'a pas montré qu'un plus grand nombre de problèmes empiriques seraient résolus si un paradigme tyrannisait un domaine scientifique. Les arguments de Lakatos ne sont pas convaincants quand il soutient que des programmes de recherche autonomes, ignorant l'anomalie seraient plus progressistes que ceux qui n'ont pas ces caractéristiques[28]. En l'absence d'arguments puissants en faveur de la plus grande rationalité de la science mûre, nous pouvons seulement conclure que la préférence exprimée par Kuhn et Lakatos pour celle-ci est sans fondements.

Une troisième difficulté attachée à la doctrine des sciences mûres et immatures est qu'elle permet à tout constructeur d'un modèle de la rationalité scientifique d'abandonner, pour manque de pertinence, tout exemple historique contraire à son modèle. Etant donné qu'un modèle est supposé caractériser les «sciences mûres», tout exemple scientifique réel qui ne peut entrer dans son cadre pourra être classé comme proto ou pseudo-science et ignoré plutôt que d'être considéré comme une exception au modèle. La dichotomie mûre - immature est donc *méthodologiquement suspecte* car elle rend les modèles de la rationalité scientifique imperméables à la critique[29].

En constestant l'existence et la désirabilité de la science mûre ainsi définie, je ne soutiens pas que les stades ultérieurs du développement d'une science montrent toutes les caractéristiques structurelles et méthodologiques des stades antérieurs. Il se pourrait qu'on trouve une caractérisation de la science mûre qui fasse justice à l'histoire et à la rationalité[30]. Mais le concept de maturité selon Lakatos et Kuhn n'atteint malheureusement pas cet objectif.

DEUXIEME PARTIE
APPLICATIONS

Chapitre 5
Histoire et philosophie des sciences

> *La philosophie des sciences sans l'histoire des sciences est vide; l'histoire des sciences sans la philosophie des sciences est aveugle.*
>
> I. LAKATOS (1971), p. 91

Etant donné que ce sont les écrits des historiens et des philosophes des sciences qui m'ont poussé à développer le modèle exposé dans la première partie, il convient maintenant d'en explorer les ramifications en examinant ses conséquences dans ce (ou ces) domaine(s). En disant cela, j'indique déjà ce qui doit être l'une de nos préoccupations centrales; l'alternative exprimée par parenthèse — domaine ou domaines — souligne l'incertitude des savants sur la question de l'identité ou de la séparation de l'histoire et de la philosophie des sciences. Certains soutiennent qu'il s'agit de deux domaines distincts; d'autres croient que ces domaines sont si intimement liés qu'ils ne constituent qu'un seul champ de recherche, leur séparation étant dénuée de sens. Ainsi posée, la question peut paraître essentiellement verbale — une de ces discussions ennuyeuses sur les limites entre disciplines. Mais, dans ce cas précis, la possibilité de séparer l'histoire et la philosophie des sciences soulève des questions importantes. Les buts et les méthodes d'investigation de ces disciplines, la légitimation des thèses au sein de celles-ci sont inextricablement noués à la question de savoir s'il s'agit d'entreprises autonomes.

Le point de vue courant est que l'histoire et la philosophie des sciences sont deux moyens radicalement différents d'étudier celles-ci, même s'ils sont parfois complémentaires. L'historien s'occupe de faits et de données qu'il cherche à présenter d'une manière cohérente et convaincante pour raconter l'évolution des idées scientifiques. Par contre, la philosophie des sciences est communément perçue comme une investigation normative et *a priori*, cherchant à évaluer comment les sciences devraient fonctionner. Vu ainsi, le fossé entre l'histoire et la philosophie des sciences illustre bien l'écart qu'il y a entre les questions de fait et de valeur. Pour le philosophe, l'histoire n'est pas pertinente, parce qu'il n'est pas préoccupé par ce que la science a été mais bien par ce qu'elle devrait être. Inversement, la philosophie ne peut rien apporter à l'historien parce qu'il n'a pas à porter de jugements normatifs sur ce qu'il étudie.

La recherche, au cours des vingt dernières années, a bien mis en évidence les faiblesses de ce point de vue courant, Agassi[1], Grünbaum[2] et d'autres ont montré à quel point les écrits des historiens sont imprégnés implicitement de considérations philosophiques qui influencent d'une manière décisive le récit historique. (Voici un exemple simple et probant: si un historien est convaincu que l'expérimentation est le seul motif décisif pour abandonner une théorie, alors son récit historique aura tendance à se focaliser exclusivement sur ce qu'on appelle les expériences cruciales). La thèse n'est pas seulement que les considérations philosophiques ont effectivement influencé la recherche des historiens, mais qu'il faut qu'il en soit ainsi parce que l'histoire (comme la science) ne dispose pas de données neutres et que le traitement de tout épisode historique sera influencé jusqu'à un certain point par des conceptions préalables sur ce qui est important en sciences.

Une position parallèle a été défendue, avec une ferveur égale, pour la philosophie des sciences par un certain nombre de penseurs dont Whewell, Hanson, Kuhn, Toulmin, Lakatos, Mc Mullin et Feyerabend[3]. Tout en reconnaissant que le but de l'investigation philosophique est d'établir des normes (par exemple, pour choisir entre des théories rivales), ces critiques du point de vue habituel, font remarquer que toute théorie philosophique des sciences qui ne s'accorderait aucunement avec leur histoire serait considérée comme inacceptable. Confrontés à une position philosophique sur l'acceptation rationnelle des théories qui impliquerait que l'ensemble de l'histoire des sciences est irrationnelle, nous aurions tendance à y voir une *preuve par l'absurde* de la fausseté de la théorie de la rationalité en question plutôt qu'une démonstration que la science a été une suite de choix entièrement irrationnels.

Si ces critiques ont raison, il y a des relations de dépendance mutuelle entre l'histoire et la philosophie des sciences qui leur interdisent, sous peine de non-sens, un développement autonome. *A première vue*, il y a des difficultés si grandes à intégrer histoire et philosophie des sciences que la plupart des penseurs n'ont pas été convaincus par ces déclarations de dépendance mutuelle. La plus évidente de ces difficultés est le *cercle vicieux* que cette dépendance semble provoquer. Si la rédaction de l'histoire des sciences présuppose une philosophie des sciences et que la philosophie des sciences doit être corroborée par sa capacité à exprimer la rationalité implicite supposée dans l'histoire des sciences, comment pouvons-nous éviter une auto-corroboration automatique, puisque le récit historique que nous écrivons présupposera cette philosophie même que l'histoire écrite est censée mettre à l'épreuve ? Il y a bien d'autres difficultés encore. Dans la mesure où il est probable que presque aucune philosophie des sciences ne puisse faire justice à l'histoire de celles-ci, pourquoi l'historien prendrait-il l'épistémologie au sérieux comme instrument théorique pour organiser ses recherches ? De même, si la plupart du corpus historique a été écrit en utilisant des modèles philosophiques discrédités, pourquoi le philosophe se croirait-il obligé de confronter ses modèles soigneusement forgés, à des «données» historiques rassemblées sous l'égide d'une philosophie naïve ou opposée ? Il y a quelques autres difficultés techniques aussi. Même si nous admettons que d'une certaine manière, le cours réel des sciences devrait avoir une certaine influence sur la philosophie de celles-ci, le degré de concordance indispensable entre l'histoire réelle et sa reconstruction normative n'est pas évident *a priori*. De même, ni l'historien, ni le philosophe ne sont obligés de considérer que toute la science est rationnelle[4]. Conséquemment, le philosophe n'a aucune raison d'être perturbé si sa théorie affirme que de nombreux épisodes de l'histoire des idées contiennent des éléments irrationnels.

Voilà de graves questions auxquelles on n'a pas encore répondu. L'objet de ce chapitre est d'y fournir quelques réponses.

LE ROLE DE L'HISTOIRE DANS LA PHILOSOPHIE DES SCIENCES

Il y a certains domaines de la philosophie des sciences où un important apport empirique des disciplines scientifiques est admis. La philosophie de l'espace et du temps, ainsi que celle de la biologie, par exemple, recourent largement aux développements récents des sciences naturelles. Mais, en ce qui concerne la partie de la philosophie des sciences qui s'occupe de la méthodologie générale, l'idée que les données empiriques sur l'évolution des sciences soient pertinentes et décisives inspire encore beaucoup de malaise.

Avant d'essayer de résoudre ce problème, il est utile de se rappeler une distinction élémentaire, mais cruciale pour cette discussion, à savoir la distinction entre l'histoire effective des sciences (qui, dans une première approximation, peut être considérée comme l'ensemble chronologique des croyances des hommes de science du passé) et les écrits qui la concernent (c'est-à-dire les énoncés descriptifs et explicatifs que les historiens font au sujet des sciences). Cette distinction est vitale mais est souvent oubliée, sans doute parce que ceux qui parlent l'anglais utilisent le même mot pour les deux. Dans la mesure où cette ambiguïté est à la source d'une partie de la confusion qui règne sur les relations entre histoire et philosophie des sciences, j'utiliserai l'abréviation «HdS_1» pour désigner le passé effectif de la science et «HdS_2» pour les écrits qui s'y rapportent.

Une nouvelle version des arguments traditionnels pour l'autonomie de la philosophie des sciences (au sens de la méthodologie générale) par rapport à l'HdS_1 a été publiée récemment par Ronald Giere[5]. La démarche se base sur la thèse, bien connue, selon laquelle la philosophie des sciences est normative. Comme on ne peut tirer des normes à partir de situations de faits, il ne voit pas en quoi l'histoire des sciences pourrait concerner la philosophie. Il en vient à dire que, même si l'HdS_1 pouvait inspirer de nouvelles idées à un philosophe, elle ne pourrait en aucun cas valider celles-ci, puisque (selon Giere) on aurait quand même pu découvrir ces idées sans ces exemples historiques. Enfin, Giere insiste sur le fait qu'un philosophe ne doit pas devenir un esclave de l'HdS_1, parce qu'une de ses premières fonctions est de critiquer les théories du passé. Pour qu'une critique de ce genre ait une portée quelconque, elle doit avoir des bases indépendantes, non historiques.

Les vues de Giere (qui sont, comme il le dit lui-même, «plutôt représentatives de ce que pensent la majorité des philosophes des sciences»[6]) paraissent plausibles de prime abord. Mais elles ne résistent guère à un examen détaillé. Comme il le concède, si une philosophie des sciences impliquait que quasi tous nos jugements antérieurs étaient irrationnels, nous pourrions alors légitimement douter que cette philosophie concerne en rien les théories scientifiques[7]. En effet, parce que les thèses philosophiques ne peuvent être complètement *a priori*, elles doivent capter certaines intuitions préphilosophiques qui nous permettent de considérer certaines théories comme rationnelles et d'autres comme irrationnelles[8]. Si ces intuitions ne proviennent pas de l'HdS$_1$, d'où peuvent-elles donc venir? Giere se trahit en affirmant que c'est dans la science récente et contemporaine que le philosophe doit chercher l'inspiration et la légitimation. En effet, Giere ne se rend pas compte que l'utilisation de la «pratique scientifique» courante (ses exemples sont la mécanique quantique, la biologie moléculaire et la psychologie contemporaine[9]) est en soi un recours à l'HdS$_1$ pour juger les thèses philosophiques. En effet, le fait qu'une théorie scientifique soit encore admise et continue à être développée ne la place pas en dehors de l'histoire. Tout exemple qu'un philosophe de l'école de Giere peut discuter sera en partie tiré du passé, de l'histoire. Les préférences historiques personnelles de Giere peuvent aller vers un passé récent, elles n'en sont pas moins historiques.

Cependant, ce qui sous-tend le point de vue de Giere, me semble-t-il, c'est le fait que l'HdS$_2$ s'intéresse surtout au passé lointain, et qu'il y a beaucoup trop peu de travail sur l'HdS$_1$ récente. Si la philosophie des sciences peut se dispenser de l'HdS$_2$, cela ne milite pas contre la dépendance parasitique de la philosophie des sciences envers l'HdS$_1$. Il apparaît donc clairement que la résolution du paradoxe normatif/descriptif est aussi cruciale pour les philosophies des sciences qui se basent sur la science contemporaine que pour celles qui s'intéressent au passé. Inutile d'ajouter que cet argument ne résout en rien le problème central, mais accentue au contraire son importance en mettant en évidence son universalité.

Je vais proposer un moyen potentiel de résoudre ce paradoxe. A cette fin, il nous faut revenir à la distinction entre HdS$_1$ et HdS$_2$. On peut dire que dans l'HdS$_1$, il y a une sous-classe de cas d'acceptation et de rejet de théories sur lesquels la plupart des personnes ayant une formation scientifique ont des intuitions normatives fortes et similaires. Cette sous-classe comprend sans doute tous les cas suivants: (1) il était rationnel d'accepter la mécanique de Newton et de rejeter la mécanique d'Aristote à partir de 1800; (2) il était rationnel de rejeter l'homéopathie et d'accepter la médecine pharmacologique vers 1900; (3) il était rationnel dès 1890 de rejeter l'opinion selon laquelle la chaleur était un fluide; (4) il était irrationnel après 1920 de croire que l'atome chimique n'avait pas de parties; (5) il était irrationnel de croire après 1750 que la lumière se déplace à une vitesse infinie; (6) il était rationnel d'accepter la théorie de la relativité générale après 1925; (7) il était irrationnel après 1830 d'accepter la chronologie biblique comme une histoire littérale de la terre.

Ni les dates précises, ni les membres spécifiques de l'ensemble choisi ne sont essentiels. Ce que je soutiens cependant, c'est qu'il y a un vaste ensemble de jugements normatifs semblables à ceux que j'ai cité. Cet ensemble constitue ce que j'appellerai *nos intuitions préanalytiques préférées sur la rationalité scientifique* (ou I.P.). (Cet ensemble constitue une petite sous-classe de toutes nos croyances relatives à l'HdS$_1$). Nos convictions sur la rationalité ou l'irrationalité de tels épisodes sont plus claires et plus fermement enracinées qu'aucune théorie explicite, mais abstraite, sur la rationalité. Les théories et traditions de recherche qui ont été les plus globales et ont eu la plus grande influence sont particulièrement décisives, dans ce contexte, je veux dire celles qui pendant de longues périodes ont fourni la motivation et les présuppositions pour l'élaboration de théories variées et détaillées. Un modèle de la rationalité qui nous amènerait à conclure que l'acceptation de la plupart de ces théories n'étaient pas fondées, ne pourrait guère prétendre à notre adhésion[10]. Il en résulte que nos intuitions sur ces cas peuvent nous servir de pierres de touche pour évaluer différents modèles normatifs de la rationalité. En effet, nous pouvons dire qu'une condition nécessaire pour qu'un modèle soit acceptable est qu'il cadre avec au moins une partie de nos I.P.

Dans la pratique, comment de tels épisodes peuvent-ils éprouver un modèle putatif de la rationalité? Dans les grandes lignes, la procédure est simple. Tout modèle philosophique devra spécifier un ensemble de paramètres pertinents pour décider si une théorie est acceptable (par exemple, dans le cas du modèle de la première partie de ce livre, il s'agirait des problèmes résolus, des anomalies et des problèmes conceptuels mis en évidence par une théorie et ses rivales). La recherche historique permettra d'assigner des valeurs à ces paramètres pour chaque théorie. Une fois que celles-ci sont spécifiées, le modèle devrait nous permettre de déterminer la rationalité historique de l'acceptation de la théorie en question. Si l'évaluation résultante est en accord avec nos intuitions préanalytiques, celles-ci renforcent le modèle; si au contraire, le verdict les contredit, le modèle sera en mauvaise posture.

Dans le cas extrême, un modèle de la rationalité serait écarté avec raison si, appliqué aux cas repris dans l'ensemble des I.P., il nous obligeait à conclure que toutes nos intuitions étaient incorrectes. En effet, cela signifierait qu'il ne peut capter la rationalité même qu'il était censé expliquer. Il nous faut dire explicitement ce à quoi nous nous engageons en adoptant cette approche: (1) *nous admettons que certains développements de l'histoire des sciences étaient rationnels et nous spécifions un ensemble de ceux-ci;* (2) *nous supposons que pour tester un modèle putatif du choix rationnel, il faut vérifier qu'il permet d'expliquer la rationalité inhérente des cas spécifiés en (1).* Bien qu'il soit modeste, le premier de ces énoncés est fondé sur une question de foi puisque, en principe, il n'y a aucun moyen de prouver que ces développements étaient rationnels; c'est en effet sur eux que sont basés nos critères de rationalité.

Jusqu'ici, nous n'avons mentionné que le cas extrême dans lequel une méthodologie est discréditée par chaque élément de nos I.P. : il s'agit cependant d'un cas courant (en effet, beaucoup de philosophies des sciences contemporaines ne sont soutenues par aucune des situations mentionnées plus haut). De plus, nous pouvons aller au-delà de ce cas extrême pour dire plus généralement que *le degré d'adéquation d'une théorie de l'évaluation scientifique est proportionnel au nombre de I.P. dont elle permet de rendre compte.* Plus un modèle de la rationalité permet de reconstruire nos intuitions profondes, plus nous serons assurés qu'il explique correctement ce que nous appelons «rationalité».

Aussi naturelle que puisse paraître la proposition d'utiliser l'histoire des sciences pour mettre à l'épreuve les modèles philosophiques du choix rationnel, il y a sûrement des puristes qui considèrent inconvenant que la philosophie doive regarder au-delà d'elle-même et de ses propres stratégies argumentatives pour sa légitimation. Mais où, *dans* la philosophie, peut-on trouver les critères appropriés de décision? Supposons que nous soyons confrontés avec deux modèles rivaux de la rationalité MR_1 et MR_2 n'ayant ni l'un ni l'autre de contradictions internes. Comment, en principe, pourrions-nous effectuer un choix *philosophique* rationnel entre eux? Puisque MR_1 et MR_2 prétendent définir les conditions du choix rationnel, le choix de l'un d'entre eux présupposerait la validité de l'un ou de l'autre (ou peut-être même d'un troisième modèle). Nous avons manifestement là un méta-problème sérieux qui ne peut être résolu qu'en testant les modèles en compétition au moyen de quelque chose qui ne soit pas une théorie du choix rationnel. Ce que nous proposons dans ce chapitre, c'est que notre critère de choix entre des théories rivales de la rationalité soit basé sur l'évaluation de celles-ci vis-à-vis des cas archétypes de rationalité (les I.P.) que nous trouvons dans l'HdS_1.

Cette proposition, qui vise à vérifier les thèses philosophiques sur la rationalité scientifique, montre clairement que la philosophie des sciences dépend de l'histoire des sciences pour deux raisons cruciales. D'abord, elle vise à expliquer les critères de rationalité implicites dans nos intuitions favorables sur certains cas dans l'HdS_1. Ensuite, toute mise à l'épreuve d'un modèle philosophique nécessite une recherche approfondie en HdS_2, qui permette d'évaluer l'applicabilité de ce modèle aux cas qui constituent les I.P.

Mais, cette approche ne rend-elle pas la philosophie des sciences purement descriptive, en la privant de toute force critique ? La réponse générale est non. Nous n'avons pas de convictions préanalytiques fortes largement partagées, sur la *plupart* des épisodes de l'HdS$_1$. En fait, la raison principale qui incite à construire un modèle de la rationalité est de pouvoir disposer de ce modèle pour clarifier ces cas flous (qui sont la grande majorité). Pour ce qui concerne ces derniers, le jugement du philosophe — basé sur un modèle de la rationalité vérifié par les I.P. — doit prévaloir sur les intuitions préanalytiques faibles que nous pourrions avoir. De même, en éthique, nous faisons appel à un ensemble complexe de normes, non pour expliquer les cas patents d'évaluation normative (nous n'avons pas besoin d'éthique formelle pour nous dire si le meurtre d'un enfant bien portant est moral), mais pour nous aider dans la gamme très large des cas où notre jugement préanalytique n'est pas clair.

Ainsi, la philosophie des sciences est à la fois descriptive et normative, à la fois empirique et *a priori*, mais cela pour des types différents de cas historiques.

Il y a sans aucun doute d'autres voies par lesquelles l'HdS$_1$ pourrait aider le philosophe des sciences, par exemple, en lui fournissant des exemples qui soutiennent ses thèses philosophiques ou des indices heuristiques pour le traitement de certains sujets spécifiques[11]. Mais l'HdS$_1$ n'est pas nécessaire à ces fins. Elle n'est indispensable que lorsqu'on veut décider si nos prétendues théories de la rationalité peuvent effectivement prétendre à ce titre.

Imre Lakatos a déjà fait une suggestion semblable à la mienne sur l'utilisation de l'HdS$_1$ pour tester les modèles de la rationalité scientifique. Il y a cependant des différences de substance importantes entre nos démarches qui valent la peine d'être explorées. Essentiellement, la proposition de Lakatos dit que le meilleur modèle de la rationalité scientifique est celui qui, quand il est appliqué à l'HdS$_1$, nous permettra de présenter *la plus grande portion* de l'histoire scientifique comme une entreprise rationnelle. En résumé, ce n'est pas un petit ensemble de cas sur lesquels nous avons de fortes intuitions (comme je le propose) mais bien l'ensemble de l'HdS$_1$ qui devient le critère de choix entre différents modèles de la rationalité[12]. La démarche de Lakatos m'apparaît le contraire d'une démarche intuitive pour une raison toute simple : si nous prenons sérieusement sa proposition, alors *le meilleur modèle possible de la rationalité serait celui qui entraînerait que toutes les décisions prises au cours de l'histoire de la science étaient rationnelles*[13]. Ceci paraît être un idéal curieux, car si nous sommes convaincus que certains choix scientifiques étaient rationnels, nous sommes tout aussi convaincus (la «nature humaine» étant ce qu'elle est) qu'ils ne l'ont pas tous été. Tout modèle de la rationalité qui rendrait *toute* la science rationnelle serait aussi suspect que ceux qui la rendraient entièrement irrationnelle. Ma suggestion sur l'emploi du groupe des I.P. comme moyen de tester les modèles de la rationalité est un effort pour trouver un moyen terme plausible entre ces deux extrêmes.

LE ROLE DES NORMES DANS L'HISTOIRE DES SCIENCES

Dans la section précédente, l'attention était portée sur les relations entre la philosophie et l'HdS$_1$. Maintenant, je compte m'attacher aux connections, s'il y en a, entre l'HdS$_2$ et la philosophie des sciences[14]. Il s'agit d'une question plus complexe, car les endroits où des éléments d'évaluation entrent dans l'HdS$_2$ sont plus subtils et plus implicites que dans le cas inverse. Nous allons examiner deux points de contact très différents: la construction d'un récit historique et la production d'explications historiques.

Les normes dans la narration historique

Comme Agassi l'a montré dans son étude classique sur l'historiographie des sciences[15], tout historien des sciences doit faire beaucoup d'hypothèses sur le caractère de celles-ci quand il trie et arrange ses données. Il doit supposer, parmi d'autres choses, qu'il y avait des hommes de sciences, et il doit être capable de distinguer leurs activités scientifiques (qui sont dignes d'être relatées) de leurs autres activités. Même dans la classe des activités scientifiques, l'historien doit émonder et sélectionner, car il y a des limites pratiques aiguës à l'exhaustivité possible en HdS$_2$. Il doit, par exemple, décider quelle importance il convient de donner à la discussion des expériences, des théories, des journaux de laboratoire, des notes de cours, des livres que contient la bibliothèque d'un chercheur, etc. En principe, l'historien pourrait prendre ces décisions au moyen d'une technique aléatoire, mais dans la pratique, *ce qui guide le choix de l'historien, c'est un ensemble de suppositions sur ce qui compte le plus dans l'élaboration des sciences.* Des éléments philosophiques et normatifs entrent inévitablement en ligne de compte à ce stade. L'importance que l'historien donnera aux discussions relatives à l'expérimentation dépendra du poids qu'il accorde aux expériences dans le développement scientifique. La signification qu'il accordera au contexte métaphysique ou religieux d'un savant dépendra, de nouveau, de sa conviction sur le rôle que jouent ces éléments dans la délibération scientifique.

Il n'est pas surprenant que des historiens qui ont des « images » différentes de ce qu'est la science fassent des récits radicalement divergents des mêmes épisodes. Ce phénomène est particulièrement clair dans les travaux sur Galilée où nous trouvons des récits marxistes, idéalistes, empiristes, instrumentalistes et pragmatistes du « même » résultat scientifique. Cela ne pose aucun problème particulier dans la mesure où il est inévitable que le récit d'un historien des sciences, qu'il soit vrai ou faux, soit coloré par l'idée qu'il se fait de celles-ci. Cette coloration ne devient déplaisante que lorsque la philosophie des sciences sous-jacente est implicite et est utilisée sans esprit critique, ou lorsque l'historien nie son existence, s'imaginant qu'il est à l'abri de préjugés normatifs.

Mais nous pouvons aller plus loin. C'est une obligation intellectuelle et même morale pour l'historien non seulement d'être bien conscient du genre de normes qu'il applique, mais encore de s'assurer qu'*il se sert des meilleures normes disponibles*. Comment peut-il faire ce choix ? En utilisant le modèle de la rationalité (ou peut-être les modèles si nous pouvons en trouver plus d'un qui remplisse les conditions appropriées) qui rend le mieux compte de nos I.P. sur l'HdS$_1$. C'est cette étape qui complète le cercle reliant l'histoire et la philosophie des sciences. *La tâche de l'historien des sciences*, ainsi conçue, *est d'écrire un récit* (l'HdS$_2$) *des épisodes de l'histoire des sciences* (l'HdS$_1$) *en utilisant comme critères de sélection et de pondération pour sa narration les normes contenues dans le modèle philosophique qui représente nos I.P. de la manière la plus adéquate possible*. Faire moins que cela, utiliser un modèle des sciences à moitié conscient ou moins qu'adéquat pour écrire l'histoire est intellectuellement aussi irresponsable que d'ignorer délibérément les données.

Beaucoup d'historiens seront sans doute d'accord pour dire qu'il s'agit là d'un idéal à atteindre ; s'il est rarement réalisé, c'est en premier lieu parce que les modèles présentés par les philosophes semblent être encore moins adéquats que les vues semi-articulées des historiens sur les normes de l'évaluation scientifique. Mais, en dépit du poids de l'évidence inductive en faveur de la position contraire, l'historien ne devrait pas présumer qu'aucun modèle philosophique de la rationalité n'est capable d'éclairer l'histoire.

Les normes dans l'explication historique

Jusqu'ici, nous avons parlé de la manière dont les croyances philosophiques relatives aux sciences influencent les décisions de l'historien sur le choix des facteurs qui figureront dans son récit. Mais, il y a un deuxième niveau, plus profond, celui de la compréhension et de l'explication historique où se glissent inéluctablement dans l'HdS$_2$, des jugements philosophiques ou normatifs. Tout en n'étant pas le seul but de l'HdS$_2$, une de ses fonctions premières est d'expliquer pourquoi des expériences diverses, des théories, des traditions de recherche ont été acceptées, rejetées ou modifiées comme elles l'ont été. Toute étude sérieuse sur l'histoire des idées scientifiques contiendra de nombreuses explications de ce type. Les évaluations normatives font crucialement partie des explications de ce genre, non pas en tant que prémisses explicites, mais comme fondement. Considérons un exemple typique :

Q_1: Pourquoi Newton a-t-il rejeté la théorie cartésienne des tourbillons pour le mouvement planétaire ?

R_1: Parce que Newton a jugé, avec raison, que la théorie de Descartes était grossièrement incompatible avec les données sur les vitesses et les positions des planètes.

Il est clair que cette réponse se veut une explication du rejet par Newton de l'hypothèse vorticulaire. Mais avançons d'un pas et demandons-nous :

Q_2: Pourquoi Newton devrait-il rejeter une théorie qui est grossièrement incompatible avec les données ?

La question semble bizarre; il en est ainsi parce que les historiens considèrent comme allant de soi qu'il était raisonnable à l'époque de Newton d'insister pour que les théories soient compatibles avec les données, et que si on peut montrer qu'une action était raisonnable (dans les circonstances données) il n'y a plus rien à expliquer, notre tâche explicative est achevée. Des questions comme Q_2 semblent donc superflues. L'HdS$_2$ est pleine de cas semblables : l'historien explique pourquoi un savant a accepté une certaine idée en montrant qu'il l'a déduite d'une croyance antérieure; il explique pourquoi un chercheur a fait une certaine expérience en montrant qu'elle lui permettait de tester une théorie qu'il envisageait.

Dans *tous* ces cas, nous nous basons implicitement sur l'idée de « ce qu'il serait raisonnable de faire, vu les circonstances ». Pour voir que c'est bien de cela qu'il s'agit, considérons une explication «perverse» du type suivant:

Q_3: Pourquoi Jones a-t-il accepté l'hypothèse de l'évolution?
R_3: Parce que toutes les données étaient contre elle.

Manifestement, il y a quelque chose qui ne va pas. Mais, en fait, la réponse pourrait être vraie. Si, par exemple, nous savons que Jones était un *iconoclaste* résolu qui niait toujours les témoignages de ses sens, alors l'explication deviendrait convaincante (quoique nous puissions souhaiter savoir aussi pourquoi Jones était iconoclaste). Mais, telle qu'elle est, R_3 n'a aucune force explicative. Elle échoue parce que la raison qu'elle nous donne pour accepter la théorie de l'évolution ne semble pas être un motif légitime. Par contre, si la réponse avait été:

R_3^1: Parce que toutes les données étaient en sa faveur.

nous serions raisonnablement satisfaits de cette réponse (à condition toutefois, qu'il soit raisonnable du point de vue historique de soutenir R_3^1).

Ce que je veux dire, c'est que les explications de l'historien invoquent continuellement les canons de la rationalité et de la plausibilité et donc présupposent une grande quantité de machinerie normative. Et ici, comme dans le cas des normes de sélection, l'historien devrait s'assurer que les normes de rationalité dont il se sert sont les meilleures disponibles.

D'autres dimensions vitales de la recherche historique exigent également l'emploi de normes relatives à la croyance et à l'action rationnelle. L'étude de l'histoire des idées — scientifiques ou autres — nécessite beaucoup d'imagination créatrice, et cela à un point rarement bien apprécié par ceux qui ne sont pas historiens (ils croyent souvent que l'historien n'est qu'un rapporteur d'événements). Les savants ne nous laissent que rarement des récits complets de la manière dont ils sont parvenus à faire une découverte; même quand ils le font, ces récits ne sont généralement pas très fiables parce qu'ils sont écrits longtemps après les événements. La tâche à laquelle l'historien se trouve confronté est souvent de recréer, de façon conjecturale, le cheminement d'arguments et d'influences qui sous-tend les conclusions que le savant nous donne explicitement. Cette tâche de reconstruction est impossible à moins que l'historien n'ait un sens subtil des sortes d'arguments plausibles dans une situation donnée. Dans ce cas, comme pour la narration et l'explication, la tâche de l'historien exige donc qu'il dispose d'une théorie (implicite ou explicite) de la croyance et de l'action rationnelles.

L'EVALUATION RATIONNELLE ET LA «RECONSTRUCTION RATIONNELLE»

Ce qui a empêché de nombreux historiens de voir la force de ces arguments, c'est la crainte qu'en souscrivant à un modèle contemporain de la rationalité, ils soient amenés à importer anachroniquement dans le passé des critères de choix rationnel qui ne seraient pas appropriés aux circonstances historiques[16]. Justement, parce qu'il sait que les normes d'évaluation rationnelle changent avec le temps, l'historien se demande s'il est approprié de transposer nos théories philosophiques contemporaines — en supposant qu'on puisse en trouver de solides — à une époque et une culture auxquelles elles sont étrangères. Il a raison d'insister sur le fait que toute théorie des normes, si on doit l'appliquer historiquement, doit tenir compte du fait que les savants qui l'ont précédé avaient eux aussi des normes — souvent différentes des nôtres — qu'on ne peut ignorer quand on explique leurs positions cognitives par rapport aux théories de leur époque. Comme aucun modèle philosophique de la rationalité n'a fait de concessions aux normes du passé, on comprend que les historiens répugnent à utiliser ces modèles.

En effet, l'obstacle majeur à ce que les historiens admettent l'importance de la philosophie pour l'HdS$_2$ est sans doute le mépris flagrant de l'HdS$_1$ dont font preuve la plupart des philosophes (surtout Lakatos, Feyerabend et Agassi) qui ont défendu avec force la dépendance de l'HdS$_2$ sur la philosophie[17]. Ce manque d'intérêt se manifeste non seulement par le mauvais emploi qu'ils font des données historiques, mais surtout, il est profondément enraciné dans leurs convictions relatives aux buts de l'histoire philosophique des sciences, convictions qui parfois subordonnent la vérité historique au désir de marquer des points philosophiques. Ces questions émergent le plus clairement, je crois, dans la «théorie de la reconstruction rationnelle» de Lakatos, théorie relative au rôle de la philosophie des sciences dans l'écriture de l'HdS$_2$[18]. Lakatos prétend «expliquer *comment* l'historiographie des sciences devrait s'inspirer de la philosophie des sciences»[19]. Les reconstructions rationnelles du passé, que Lakatos souhaite ardemment voir entreprendre par les philosophes, ont une relation curieuse et ambiguë avec les épisodes réels dont ils prétendent être la reconstruction.

Comme Lakatos le dit, le processus de préparation de l'histoire «interne» ou reconstruction rationnelle d'un épisode historique n'est pas une tâche empirique. On «*invente*» ou on «améliore radicalement» le dossier historique réel afin de le «reconstruire rationnellement»[20].

Dans cette reconstruction rationnelle, on raconte l'histoire comme elle *aurait dû* se passer. Les croyances réelles des agents historiques dont les noms figurent dans le récit sont ignorées ou délibérément déformées. Lakatos, en cela, *ne soutient pas* que l'historien est inévitablement sélectif dans les données qu'il mentionne. Il dit quelque chose de très différent, à savoir que «l'historien rationnel» devrait construire *a priori* un récit de la façon dont un épisode particulier aurait dû se produire. Il n'est pas nécessaire qu'il y ait une ressemblance quelconque entre le récit «interne» ainsi reconstruit et les exigences réelles de l'épisode qu'on étudie[21].

Si ceci paraît excessif, l'un des exemples de Lakatos montre clairement à quel point il est prêt à s'écarter du fait historique. Lorsqu'il discute de la théorie de l'électron de Bohr, Lakatos fait remarquer que celui-ci n'avait pas encore conçu l'idée du spin en 1913. «Néanmoins», dit Lakatos, «l'historien qui décrit le programme de Bohr, avec le recul du temps, devrait y inclure le spin de l'électron, puisque celui-ci trouve tout naturellement sa place dans la structure originale du programme de Bohr. Celui-ci aurait donc pu en parler dès 1913»[22]. Selon ce critère, tout ce qu'un personnage historique pourrait avoir dit (c'est-à-dire sans doute, tout ce qui est compatible avec son «programme de recherche») peut être attribué à ce personnage par l'historien. L'historien intègre qui suit Lakatos doit évidemment «indiquer *dans les notes* en quoi l'histoire réelle 's'est mal comportée'»[23], mais la reconstruction n'est en rien limitée par les croyances effectives des agents historiques. En effet, les libertés que le reconstructeur rationnel peut se permettre vont bien au-delà de l'ajout de croyances compatibles avec le programme de recherche d'un penseur. Il peut également ignorer ou rejeter les critères de rationalité d'un personnage historique s'ils ne lui plaisent pas. Par exemple, lorsqu'il discute du travail du chimiste Prout, Lakatos recommande à l'historien d'ignorer une des croyances de base de Prout relative au bien-fondé expérimental de son hypothèse sur la composition des éléments[24].

Une fois qu'un épisode a été ainsi remanié par reconstruction rationnelle, Lakatos entreprend d'évaluer sa rationalité selon un modèle approprié du choix rationnel. Cependant, quel que soit le résultat de cette évaluation, *l'épisode historique reste intouché et inexpliqué*, si ce n'est dans la mesure où il est fidèle à la reconstruction *a priori*. Or, un tel isomorphisme, par la nature même du procédé, n'existera quasi jamais si ce n'est sur des points limités[25].

Lakatos défend sa théorie de la reconstruction rationnelle en arguant que «*l'histoire sans quelques partis pris est impossible*»[26]. Cependant, il existe sûrement une différence entre le fait d'avoir un parti pris théorique (c'est-à-dire sélectionner et interpréter des événements historique «d'une façon normative»[27]) et le fait de falsifier consciemment et délibérément les faits historiques. Lakatos n'établit nulle part la nécessité (ni même la désirabilité) de faire une reconstruction du passé qui déforme intentionnellement les faits. En effet, le fait même que Lakatos suppose la possibilité de comparer la «reconstruction» d'un épisode avec «son histoire réelle»[28], montre qu'il croit que l'histoire ne doit pas nécessairement être «fabriquée» pour être comprise.

Je veux dissocier vigoureusement mon modèle de la rationalité scientifique de ceux de Lakatos et des autres partisans de la reconstruction rationnelle. Comme eux, je crois que l'évaluation de la rationalité d'épisodes historiques est une tâche essentielle pour l'historien des idées scientifiques. Mais la similarité s'arrête là[29]. Contrairement aux reconstructeurs rationnels, je soutiens que ce sont des épisodes réels et non quelque produit de notre imagination, dont nous éprouvons la rationalité. Contrairement à eux, j'affirme que les croyances réelles des agents historiques *et* les canons de la croyance rationnelle de leur époque doivent être scrupuleusement pris en considération. Contrairement aux reconstructeurs, je proteste contre l'invention de personnages historiques ou la fabrication de croyances historiques afin de marquer des points philosophiques ou de faire des leçons de philosophie[30]. Si le *philosophe* doit apprendre quelque chose de l'histoire, il doit se faire son serviteur et en tout cas s'occuper de cas réels et de croyances effectives. Et si l'*historien* doit trouver un modèle philosophique approprié à son travail, ce modèle doit permettre de rendre compte du caractère évolutif de la rationalité. Comme je l'ai déjà dit, le modèle développé dans la première partie de cet essai parvient à ces fins.

Chapitre 6
L'histoire des idées

> *Bien que le fossé semble étroit, il n'y a pas d'abîme qui nécessite autant d'être comblé que celui qui sépare l'historien des idées de l'historien des sciences.*
> T.S. KUHN (1968), p. 78

> *Il y a trop d'historiens professionnels dont le travail est diminué par une obsession anti-rationnelle — un préjugé violent contre la méthode, la logique et la science.*
> D. FISHER (1970), p. XXI

L'histoire des idées ou, comme on l'appelle souvent, l'histoire intellectuelle, figure parmi les genres les plus anciens dans les écrits historiques. Les hypothèses qui la motivent, à savoir que les *pensées* de nos ancêtres sont aussi intéressantes que leurs *actions*, et que leurs idées étaient aussi importantes que leurs guerres et leurs chefs, ont leurs racines dans la plus haute antiquité. En effet, beaucoup d'écrits historiques anciens ont pour objet ce que nous appelons aujourd'hui l'histoire des idées. Récemment, en particulier au XIXe siècle, les études sur l'histoire de la pensée, l'histoire culturelle, l'évolution des idées et des doctrines formaient une large partie de la littérature historique. De nos jours, par contre, l'histoire des idées est considérée souvent comme dépassée et non pertinente, comme une discipline qui a des présupposés démodés et des ambitions exagérées. Beaucoup d'historiens considèrent que l'histoire des idées est une excroissance anachronique qui bourgeonne par dessus l'intégrité intellectuelle et idéologique de leur discipline. Comme la majeure partie de ce chapitre (et d'une certaine manière de cet essai) veut insister sur l'importance de l'histoire des idées — au moins d'un certain type d'histoire des idées — il convient de commencer par examiner quelques-unes des raisons de son discrédit actuel. En voici les plus répandues :

1. *Elle est « élitiste »*, non parce que la plupart des gens ne pensent pas, mais parce que nous n'avons de témoignage historique sur les « pensées » que d'un petit nombre de personnes dans chaque société (ceux qui étaient et lettrés et prolifiques).

2. *Elle suppose que les idées ont une réalité indépendante* : alors que, disent les critiques, ce sont les « gens qui ont des idées ». Ils vivent dans des sociétés qui ont des caractéristiques économiques, politiques et sociales, qui conditionnent et même provoquent leurs idées (l'histoire intellectuelle, du fait même qu'elle abstrait les idées de leur contexte social le plus large, déforme le témoignage historique).

3. *Les idées sont une cause de changement beaucoup moins forte que les « réalités » socio-économiques sous-jacentes* : selon ce point de vue, les idées (en tant qu'idéologies) reflètent simplement les conditions matérielles de la société et ne sont que des signes du conflit de classe entre les factions en lutte. En plaçant l'évolution des idées au centre de son attention, on se trompe sur les causes véritables du changement historique.

4. *L'histoire des idées, parce qu'elle est « impressionniste » et peu quantifiable est à contre-courant du mouvement vers une histoire « scientifique »*.

Je remets à plus tard les commentaires sur ces arguties bien connues relatives à l'histoire intellectuelle. Il fallait cependant les énumérer dès maintenant afin de souligner la différence entre ces critiques habituelles de l'histoire des idées et les réserves que je vais exprimer. Les objections qui précèdent s'adressent à l'histoire des idées de quelque espèce qu'elle soit ; elles cherchent à mettre en doute tout effort visant à étudier l'évolution des idées (sauf dans un contexte socio-économique plus large). Mes propres réserves, dont je parlerai longuement, concernent certaines suppositions qui sous-tendent actuellement certains types d'histoire intellectuelle. En bref, je soutiens que cette recherche, telle qu'on la pratique aujourd'hui, est trop orientée sur les disciplines, trop insensible à la dynamique historique des problèmes intellectuels et plus préoccupée par la chronologie et l'exégèse que par l'explication — qui devrait être son objet central. Cependant, on peut remédier à tous ces défauts. Ma thèse est qu'il y a des moyens de pratiquer l'histoire des idées qui non seulement sont bien fondés intellectuellement, mais sont aussi du plus haut intérêt. Après avoir décrit, dans ses points essentiels, ce que je crois être un modèle adéquat pour une historiographie des idées, j'en reviendrai aux points 1, 2, 3, 4 pour voir dans quelle mesure ils sont pertinents face à une conception plus complexe de l'histoire intellectuelle.

AUTONOMIE DES DISCIPLINES ET HISTOIRE DES IDEES

Sans aucun doute, un des aspects les plus restrictifs de l'histoire intellectuelle est qu'elle se présente sous la forme d'études séparées de diverses disciplines. Parmi les historiens de la philosophie, les historiens des sciences, les historiens de la théologie, chacun considère que les idées qui le préoccupent n'ont pas de dépendances cruciales vis-à-vis des autres disciplines. La tendance à la spécialisation se remarque même au sein des disciplines. Les philosophes écrivent des histoires de l'éthique, de l'épistémologie ou de la logique. Les scientifiques produisent des histoires de la chimie analytique, de l'optique physique ou même de la cristallographie par rayons X. Les théologiens nous donnent des histoires de l'eschatologie, de la théologie naturelle et de la doctrine eucharistique. Il n'y a rien d'étonnant dans tout cela. Les praticiens d'une spécialité contemporaine ont une curiosité naturelle, peut-être inévitable, envers leurs prédécesseurs. Et il n'y a rien qui soit nécessairement suspect dans ces hauts niveaux de spécialisation que nous constatons dans la plupart des écrits contemporains de l'histoire intellectuelle. Mais, en pratique, sinon en théorie, cette division étroite du travail entre les différentes disciplines a eu un effet nuisible sur l'histoire intellectuelle. En effet, l'hypothèse de l'autonomie (relative) des disciplines a aveuglé beaucoup d'historiens sur une caractéristique capitale de l'histoire de la pensée : à savoir qu'elle *doit intégrer* des résultats d'origines diverses.

A toutes les époques, et même aujourd'hui, les chefs de file intellectuels se sont préoccupés simultanément d'un large spectre de questions, depuis les problèmes les plus spécifiques et techniques jusqu'aux sujets les plus abstraits et les plus généraux. Comme je l'ai montré dans la première partie de ce livre, l'évaluation rationnelle a été conçue par nos prédécesseurs comme un moyen de trouver les solutions les plus adéquates à des problèmes intellectuels variés et stimulants, problèmes qui de surcroît se retrouvent dans diverses disciplines[1]. L'évolution des idées, et des problèmes auxquels ces idées apportent des solutions, est nécessairement *un processus interdisciplinaire*. C'est à leur grand péril que les historiens des idées, scientifiques ou non, ignorent cette tendance vers l'intégration.

Et pourtant, ils l'ignorent. La grande majorité des histoires des sciences contemporaines et des histoires de la philosophie n'évoquent que pour la forme l'interpénétration mutuelle des doctrines «philosophiques» et des problèmes «scientifiques». Egalement, on ne trouve guère d'histoires des théories sociales et politiques qui tiennent vraiment compte de l'importante interaction historique entre les sciences «molles» et «dures».

Si la nature de l'interaction entre les différentes disciplines n'était qu'une sorte de «contamination», certaines idées d'une discipline ne pénétrant qu'occasionnellement dans le domaine d'une autre, la tendance à écrire des histoires séparées pour chacune d'elles serait excusable. Mais, en fait, si nous nous basons sur les meilleurs travaux récents, il y a — ou, en tout cas, il y a eu — un processus continuel d'interpénétration et de légitimation entre les structures intellectuelles des diverses disciplines. Ainsi, les problèmes métaphysiques des XVIIe et XVIIIe siècles furent posés par la nouvelle «science mécanique» et n'ont pas de sens s'ils ne sont pas vus dans cette perspective. Les problèmes des théories sociales et esthétiques du XIXe siècle résultent de la conjonction de développements scientifiques, technologiques et épistémologiques. Ceux-ci ont fourni le modèle et la légitimation d'une succession de théories relatives à la structure sociale et à la perception esthétique.

Comment se peut-il que tant de chercheurs, fins et sophistiqués aient pu ignorer ces interconnexions? Plus spécifiquement, pourquoi ce fossé entre «l'historien des idées et l'historien des sciences» (auquel Kuhn se réfère dans l'extrait cité au début de ce chapitre) s'est-il formé? Paradoxalement, Kuhn lui-même nous donne le noyau de la réponse dans ses propres travaux. Tout en regrettant l'incapacité des historiens à voir les connexions entre les idées scientifiques et les idées non scientifiques, Kuhn met au point un modèle du développement scientifique bien connu qui, essentiellement, nie l'existence d'un degré d'interaction quelque peu significatif entre celles-ci. C'est Kuhn qui écrit, par exemple que: «les praticiens d'une science adulte sont en fait isolés du milieu culturel dans lequel ils vivent leur vie non professionnelle»[2]. C'est encore Kuhn qui dit que: «le développement d'une spécialité technique peut être compris sans devoir aller au-delà des travaux écrits dans cette spécialité et dans quelques sous-disciplines voisines»[3].

De telles tensions entre les aspirations de l'historien et ses convictions se retrouvent fréquemment[4]. Tout en insistant sur la nécessité de chercher les connexions intellectuelles entre les disciplines, l'historien, quand il s'agit du domaine qu'il connaît le mieux, écrit comme si ce domaine était presque complètement isolé du reste ! Il ne semble pas se rendre compte qu'aussi longtemps que nous conserverons un modèle d'autonomie stricte des disciplines, la réalisation d'une histoire interdisciplinaire des idées nous échappera.

LES IDEES ET LES PROBLEMES QUI FORMENT LEUR CONTEXTE

La tendance à ignorer les *problèmes* qui ont motivé l'élaboration des grands systèmes intellectuels du passé est un défaut persistant, qui est d'ailleurs lié aux questions évoquées ci-dessus, dans la plupart des recherches sur l'histoire des idées. Trop souvent, l'historien des idées voit son travail comme la mise en évidence des interconnexions systématiques entre les croyances d'un penseur ou d'un groupe de penseurs sur une famille de sujets proches ; c'est là un travail subtil qui implique de mettre à nu les fils des raisonnements par lesquels nos prédécesseurs en sont arrivés à croire ce qu'ils croyaient. Mais cette démarche ne résout qu'une des faces du problème, même lorsqu'elle est bien menée. En effet, les systèmes de pensées ne sont pas seulement des liens logiques entre des propositions. Ils sont en plus des tentatives visant à résoudre ce qui est perçu comme étant des problèmes importants. Ecrire l'histoire des systèmes conceptuels sans identifier constamment les problèmes qui les ont suscités revient à déformer radicalement la nature de l'activité cognitive[5]. Donner, par exemple, une exégèse détaillée de l'empirisme de Locke ou du matérialisme dialectique d'Engels, sans identifier soigneusement les problèmes empiriques et conceptuels que ces doctrines étaient destinées à résoudre, ressemble fort à un de ces jeux de salon où l'on donne une réponse (souvent bizarre) à quelqu'un, sans connaître la question qui est posée ! On ne peut comprendre un système d'idées que si on connaît en détail les problèmes auxquels il s'adresse.

S'il semble difficile d'imaginer que ce lieu commun est plus souvent ignoré qu'observé, il suffit d'examiner les deux exemples suivants. Pendant plusieurs centaines d'années, les historiens des idées ont écrit sur la philosophie cartésienne. On peut dire que des centaines de livres et des milliers d'articles ont eu pour objet le dualisme cartésien, le doute méthodique, le *cogito*, et les emprunts faits par Descartes à ses prédécesseurs. Et pourtant, ce n'est que depuis peu que des chercheurs, comme Gilson et Popkin[6], ont commencé à éclairer les problèmes auxquels Descartes était confronté. C'est seulement maintenant qu'on commence à voir pourquoi la philosophie de Descartes fait parfois ces tours et détours qui avaient si peu de sens tant que les chercheurs étaient restés insensibles aux problèmes réels auxquels cette philosophie se heurtait.

Le deuxième exemple est celui que nous donne la vaste littérature exégétique relative aux positions importantes de John Stuart Mill sur l'épistémologie, la logique et la philosophie politique. Bien que cette littérature soit immense, nous n'avons toujours aucune idée claire de l'ensemble des problèmes auxquels Mill était confronté. Pourquoi, par exemple, a-t-il consacré autant de temps à ressusciter les méthodes d'induction par énumération et par élimination. Quels étaient donc les problèmes spécifiques dans les sciences sociales que sa célèbre « méthode historique » était supposée résoudre? Pour quels motifs a-t-il classé les sciences comme il l'a fait? Même la recherche la plus scrupuleuse sur Mill ne fait qu'effleurer ces questions (et d'autres semblables) sur les problèmes auxquels il s'attachait.

Même lorsque les historiens des idées admettent que les systèmes de pensée ont leurs racines dans les problèmes, ils ont tendance à adopter une notion figée et peu éclairante de ce qu'est un problème. Beaucoup de chercheurs montrent moins de sensibilité aux processus historiques et aux nuances conceptuelles qu'on ne pourrait s'y attendre et écrivent comme si les problèmes ne changeaient pas au cours du temps, comme s'ils avaient un caractère de pérennité[7]. Combien de fois ne voyons-nous pas dans l'histoire de la philosophie des références au problème de *la* substance, de *l'*induction, *des* relations corps-esprit, *du* libre-arbitre, *des* universaux? De la même manière, les historiens des sciences parlent du problème de *la* combustion, de *la* vie, ou de *la* chute libre. Dans chacun de ces cas, les problèmes ne sont pas restés statiques à travers le temps. Le problème de l'induction de Hume était très différent de celui de Mill, et tous deux sont distincts de la version que nous en donnons aujourd'hui[8]. Il arrive que deux penseurs s'attachent au même problème, ou groupe de problèmes; mais, dans ce cas, il faut le montrer au lieu de le supposer benoîtement. Supposer l'identité des problèmes au cours du temps constitue, pour l'historien des idées, le premier pas sur le chemin qui pourrait le conduire à une falsification importante des données historiques, car lorsque nous nous faisons une idée fausse des problèmes que le penseur cherche à résoudre, nous risquons de ne pas comprendre correctement la nature des solutions qu'il propose.

Beaucoup d'historiens s'obstinent à considérer que les problèmes intellectuels ne changent pas. Leonard Nelson, par exemple, n'hésite pas à dire qu'il serait *impossible* d'écrire l'histoire de la philosophie si on ne supposait pas que les problèmes sont identiques au cours des âges. Selon l'analyse de Nelson, les solutions peuvent changer mais pas les problèmes [9]. Imaginer, comme le veut Nelson, que la théologie médiévale ou la physique du XVIIe siècle ou l'émergence récente des sciences sociales n'ont soulevé aucun problème *nouveau* pour la tradition philosophique implique le rejet massif des meilleurs travaux de ces 150 dernières années.

En insistant comme je le fais sur l'importance d'une démarche orientée vers les problèmes pour l'histoire intellectuelle, je rejoins le point de vue de Collingwood qui estime que l'historien des idées doit constamment s'intéresser aux problèmes et aux questions que les penseurs ont cherché à résoudre au cours des temps [10]. Toutefois, malheureusement Collingwood sabote l'idée même d'une historiographie basée sur les problèmes à résoudre en raison de sa conception particulière des problèmes et des solutions. Par exemple, il croit fermement que le *seul* moyen pour un historien de déterminer quels problèmes un penseur cherchait à résoudre est de voir quels problèmes il a, en fait, résolus. Comme il le dit à propos de Leibniz : « Le même passage donne la solution et nous éclaire sur le problème traité. Le fait que nous pouvons identifier son problème est la preuve qu'il l'a résolu ; car nous ne pouvons savoir ce qu'était le problème qu'en retraçant la démarche argumentative à partir de la solution » [11]. Avec cette sorte d'analyse, on ne pourrait jamais dire qu'un penseur a échoué dans une tentative de résoudre un problème. En effet, le seul critère que Collingwood accepte pour attribuer un problème à un penseur est que celui-ci l'ait résolu. Cette vision à la Pangloss signifie que les seuls problèmes que nous ayons cherché à résoudre sont ceux-là même qui ont été résolus. Ainsi, il devient impossible qu'un historien critique le passé ou en explique les vicissitudes dans la mesure où celles-ci dépendent du fait que certains systèmes intellectuels échouent à résoudre les problèmes auxquels ils s'adressent. Collingwood n'a pas compris que l'historien peut souvent trouver des bases solides pour attribuer un problème à un penseur même si celui-ci a échoué dans ses tentatives de le résoudre.

LES BUTS ET LES MOYENS DE L'HISTOIRE INTELLECTUELLE

Chronologie, exégèse et explication. Un autre problème important de l'historiographie des idées est une ambiguïté cruciale concernant l'objet même de l'entreprise. Selon beaucoup de ses praticiens, l'objet de l'histoire intellectuelle n'est ni plus ni moins que l'exégèse et sa méthode de base est la méthode classique de l'explication des textes. Dans cette optique, la première tâche de l'historien des idées est de rendre clair ce que les gens du passé ont dit et (pour autant que ce soit possible) ce qu'ils ont pensé. Par exemple, on examine les vues de Newton sur le temps ou encore la théorie marxiste de l'aliénation, et on essaye de présenter la doctrine en question d'une manière plus claire et plus pénétrante que l'original. Faite ainsi, l'histoire intellectuelle se réduit à une forme élaborée de paraphrase et de résumé. L'historien considère que son travail consiste à répéter les arguments qu'il trouve dans les textes classiques, ajoutant quelquefois des présuppositions implicites ou formulées peu soigneusement dans les sources.

Cette espèce d'histoire intellectuelle, je l'appellerai *histoire exégétique*, précisément parce que son but est l'explication pure et simple. L'histoire exégétique cherche à produire une *histoire naturelle de l'esprit tel qu'il évolue dans le temps*. Comme toutes les autres formes d'histoire naturelle, son ambition première est *descriptive*. Elle cherche à recenser la suite temporelle des croyances, tout comme la géologie descriptive aspire à décrire la séquence des changements survenus sur la surface de la terre. Mais, il y a une tout autre sorte d'histoire intellectuelle que nous pourrions souhaiter, je veux dire l'*histoire explicative*.

Le but de cette discipline ne serait pas seulement de récapituler ce que les «grands esprits» ont dit mais aussi d'expliquer *pourquoi* ils l'ont dit. En clair, l'histoire exégétique des idées est à l'histoire explicative ce que la chronologie est à l'histoire générale, ou ce que toute science descriptive est à sa contrepartie explicative. L'homme de science qui vise à l'explication doit avoir une vision claire de la succession temporelle des événements, mais il aspire à beaucoup plus qu'une simple chronologie. Il cherche, en fait, à mettre en évidence les raisons et les causes sous-jacentes qui expliquent le déroulement temporel des événements. Exactement de la même manière, l'historien des idées — s'il veut faire plus que de la chronologie — doit être prêt à aller au-delà de l'histoire exégétique. Il doit être prêt à poser des questions comme les suivantes, et à y répondre. Pourquoi tel penseur a-t-il adhéré, à un certain moment, à telles croyances? Pourquoi tel système de pensée a-t-il été modifié à un certain moment et à certains endroits? Comment une certaine tradition intellectuelle est-elle née d'une autre?[12].

Malheureusement, la recherche en histoire des idées reste essentiellement exégétique, et cela explique sans doute le malaise répandu qui règne encore autour d'elle. Elle n'est explicative ni dans les faits, ni même par ses aspirations. L'historiographie de la philosophie, probablement la plus retardataire de ce point de vue, nous en fournit des exemples convaincants.

Les chercheurs, par exemple, sont d'accord pour dire que l'émergence d'un modèle de science hypothético-déductif a été une caractéristique importante de la logique et de l'épistémologie du XIXe siècle. De nombreuses études exégétiques ont été écrites qui concernent les opinions de Kant, Whewell, Mill, Peirce et d'autres, sur ce nouveau modèle philosophique de la science. Et pourtant, presque personne ne s'est demandé *pourquoi* il se trouve que la plupart des philosophes du XIXe siècle, contrairement à leurs prédécesseurs du XVIIIe siècle, ont pensé qu'il était approprié ou important d'insister sur la nature spéculative de la science. Nous n'avons, jusqu'à présent, même pas l'esquisse d'une histoire explicative de l'épistémologie et de la logique inductive pour cette période[13].

Les historiens des idées, spécialistes du siècle des lumières, savent que les ombres de Bacon et Newton pèsent largement sur la pensée du XVIIIe siècle. D'innombrables livres et articles ont été écrits pour démontrer l'influence de leurs idées en France, en Grande-Bretagne, en Allemagne pendant cette période. Et pourtant, si on se demande pourquoi Bacon et Newton ont eu tellement plus d'influence que, disons, Hobbes, Boyle ou Malebranche, on s'aperçoit que les réponses sont rares et que, quand il y en a, elles ne sont pas formulées de façon convaincante. L'influence dominante de Bacon et Newton sur la pensée du XVIIIe siècle est prouvée par une documentation très vaste, il nous reste pourtant à expliquer ce fait. En ce qui concerne les individus, l'histoire des idées est, de même, exégétique et non explicative, pour sa plus grande part. Par exemple, nous savons maintenant que Newton et Leibniz ont été fortement influencés pendant leurs années de formation par la philosophie cartésienne. Pourtant, tous les deux, et pour des raisons différentes, ont répudié ces conceptions à l'heure de leur maturité philosophique. La chronologie de ce changement est bien documentée depuis un certain temps. Mais si on demande une *explication* convaincante de cette modification dans leur attitude, la recherche contemporaine nous offre à peine plus que les explications fragmentaires que Leibniz et Newton nous donnent eux-mêmes.

La pauvreté générale en explications de l'histoire intellectuelle, comme ces exemples l'illustrent, n'est probablement pas accidentelle. On est tenté de conjecturer qu'il y a quelque chose dans les méthodes de recherche et les présuppositions actuelles de l'histoire des idées qui peut nous permettre de comprendre les raisons de cette faillite explicative. J'en vois au moins deux: les unités d'analyse de base utilisées jusqu'à présent par les historiens des idées; et les difficultés inhérentes à tout effort visant à expliquer, des croyances humaines. Je discuterai ces questions successivement.

Concepts, « groupes unitaires d'idées » et traditions de recherche.
Jusqu'à tout récemment, la démarche dominante de l'histoire des idées consistait à repérer une ou plusieurs idées apparentées et à suivre leur évolution sur une longue période temporelle. Le concept de l'espace, l'idée de la grande chaîne de l'être, la doctrine de l'*habeas corpus*; des entités de ce type ont constitué le fonds, les unités principales d'analyse pour l'histoire intellectuelle. Ce n'est d'ailleurs guère surprenant; à quoi pourrait s'intéresser cette discipline si ce n'est aux idées ? En dépit de l'apparent bien-fondé initial de cette approche, il y a quelque chose de profondément déficient à se focaliser sur les concepts ou (comme Lovejoy les appelle) les «groupes unitaires d'idées».

D'abord parce que, en agissant ainsi, on a tendance à oublier que les idées ont des liens entre elles. Si nous voulons comprendre ce que signifie une idée entretenue par quelqu'un, nous devons voir comment il l'utilise, comment elle fonctionne pour lui dans la grille plus large de ses convictions relatives au monde. Très souvent, la simple *détermination du sens* d'un concept ou d'une idée nous oblige à pénétrer en profondeur dans le réseau de croyances du penseur qui l'utilise. Comme la recherche récente l'a montré, l'analyse du sens du concept de matière chez Newton, de force chez Faraday, de l'état chez Hobbes, pour ne citer que quelques exemples, exige le déballage du *Weltbild* entier du penseur en question.

Mais, il y a d'autres raisons, encore plus sérieuses, qui font qu'en se focalisant sur des idées particulières, on crée des obstacles graves sur le chemin de l'analyse historique. Nous savons que les idées changent et évoluent. L'une des tâches les plus importantes de l'histoire des idées est de rendre compte de ces changements, or on ne peut les expliquer qu'en examinant leur position dans un réseau conceptuel plus large qui subit des modifications continuelles. D'où, pour expliquer les changements survenus dans un concept particulier et spécifique, il nous faut examiner une «unité» plus large que celui-ci. Des études récentes nous ont montré, par exemple, que le concept de «régularité naturelle», dont la préhistoire peut être tracée jusqu'à l'antiquité, a subi une altération majeure pendant le XVIIe siècle. Nous pouvons commencer à comprendre ce changement lorsque nous observons qu'il a été étroitement lié à l'émergence de la théologie volontariste et que la notion de loi naturelle qui s'accorde avec une déité agissant librement est très différente de l'espèce de régularité naturelle qu'on contemple dans un univers soumis à un ordre déterministe et structuré téléologiquement. Essayer de raconter l'histoire du concept métaphysique de l'ordre naturel, sans parler en même temps des systèmes plus larges ou des traditions de pensée — dont les sciences et la théologie — auxquels ce concept est intimement lié, c'est aller droit à l'échec.

A un niveau plus profond, le danger de cette approche pour l'histoire intellectuelle résulte de sa tendance à rendre les historiens aveugles aux changements que subit un concept ou une idée au cours de son évolution. Suggérer, comme le fait Lovejoy, que Platon et Leibniz souscrivent tous deux à l'idée de la grande «chaîne de l'être», c'est oublier que ce concept signifie quelque chose de radicalement différent pour ces deux penseurs. Affirmer, comme le fait Holton, que le «thème» de la discontinuité est récurrent dans la pensée humaine, obscurcit sans doute plus les problèmes que cela ne les clarifie puisque (pour prendre deux cas extrêmes) les discontinuités de Démocrite n'ont rien de semblable à celles que postulent Bohr ou Planck[14]. Qu'avons-nous à gagner en considérant l'histoire de la pensée comme un contrepoint entre des polarités comme l'être et le devenir, l'activité et la passivité, ou la quantité et la qualité? Expliquons-nous vraiment ce que fait un penseur quand nous le représentons comme quelqu'un qui construit un système en puisant dans le puits familier des concepts primordiaux? Je crois que les concepts évoluent autant que les problèmes. Supposer qu'ils sont dans un état d'équilibre, revient à accepter une conception platonicienne démodée de la nature de l'histoire intellectuelle.

Tant la recherche philosophique que la recherche historique récente soulignent la nécessité d'abandonner l'approche «verticale» de l'histoire intellectuelle et les groupes unitaires d'idées. Des penseurs comme Duhem, Quine, Hanson et Feyerabend ont défendu de façon convaincante l'idée que ce sont des systèmes entiers de pensée qui se confrontent à l'expérience[15]. Les concepts individuels et les propositions particulières, qui font partie de ces ensembles plus vastes, ne peuvent être envisagés seuls. Il en résulte donc que nous ne devons pas juger ou évaluer les concepts un à un. Du fait que ces systèmes plus vastes (que j'ai appelés «traditions de recherche») fonctionnent à tout moment comme des unités effectives d'acceptation (ou de rejet), il s'ensuit que l'historien intellectuel — pour autant qu'il souhaite expliquer les vicissitudes d'une croyance qui évolue — doit prendre ces traditions comme unités fondamentales de l'analyse historique[15].

Et ceci exige une approche plus *horizontale*, et moins verticale, que ce qu'on constate habituellement dans la recherche historique. Nous devons nous attacher davantage à de petites tranches temporelles et y examiner les interconnexions systématiques entre les concepts de différentes traditions de recherche contemporaines. Si nous voulons apprendre pourquoi Newton introduit le concept de temps absolu, ou pourquoi Locke modifie le concept traditionnel de la monarchie, nous devons examiner en détails leurs traditions et celles de leurs rivaux. Nous devons être prêts à montrer comment, par exemple, l'introduction de certaines variations conceptuelles ont amélioré la capacité à résoudre des problèmes du système au sein duquel elles se sont produites.

Il y a une autre dimension du contraste entre l'histoire « verticale » et « horizontale ». On dit souvent, et plus souvent encore on présume, que la fonction centrale de l'histoire des idées est de clarifier ce qu'un « grand penseur » a voulu dire dans un texte donné. La quête du *Verstehen* dans Dilthey, les tentatives de Collingwood visant à « repenser les pensées d'un autre homme » et à « entrer dans sa tête » ainsi que la volonté d'identifier les « intentions » des grands penseurs chez Skinner[16] montrent à quel point les théoriciens de l'histoire intellectuelle se soucient d'établir une exégèse fidèle. Quoiqu'elle soit très importante, cette tâche n'est pas la plus centrale de celles qui incombent à l'historien des idées. Celui-ci doit également se préoccuper de la manière dont les idées sont accueillies (ce que les Allemands appellent *Rezeptionsgeschichte*) tout autant que de la manière dont ces idées ont atteint leur maturité dans le chef du penseur qui les a produites. Les intentions ou les processus mentaux d'un homme qui crée une idée ne permettent généralement pas d'expliquer la manière dont cette idée a été reçue dans la communauté intellectuelle appropriée. Autrement dit, si notre attention se porte sur l'évolution des traditions de recherche, nous devons à l'avenir examiner davantage les façons dont ces traditions sont interprétées et modifiées et réfléchir moins sur les processus ratiocinatifs qui les ont fait naître.

En soutenant que les traditions de recherche et non les concepts individuels devraient constituer l'unité de base de l'analyse historique, je ne dis pas du tout que l'histoire des idées doive négliger celles-ci. Mon propos est que, même si (et peut-être surtout si) nous sommes intéressés par les concepts individuels, nous devons commencer par l'analyse des traditions de recherche, car ce sont les destinées variables de ces dernières qui généralement permettent d'expliquer les changements spécifiques et la plus ou moins bonne fortune des premières.

Nous ne devons pas nous laisser égarer par le fait que la plupart des physiciens parlent de l'espace ou que la plupart des théoriciens politiques parlent de l'état, et en conclure que des concepts comme ceux-là ont une autonomie historique qui autorise le chercheur à expliquer leurs évolutions indépendamment de réseaux plus larges de croyances, dont ces concepts particuliers ne constituent qu'un aspect.

Les explications de l'histoire intellectuelle. Si le manque constant d'attention envers les unités d'analyse les plus utiles a causé des difficultés pour l'histoire des idées, l'ambiguïté de ses ambitions explicatives a été à la source de problèmes encore plus sérieux. Dans la plupart des sciences explicatives, l'objet de l'explication, ce qui doit être expliqué est soit un événement (la chute d'une pierre), un processus (la croissance d'une plante) ou une action (le bombardement d'Hiroshima). Dans l'ensemble, l'histoire des idées ne se préoccupe pas d'expliquer principalement des phénomènes de ce type. Ses données de base sont les *croyances*, leurs changements et leurs modifications. Si l'histoire des idées doit devenir à proprement parler explicative, son but doit être l'explication des vicissitudes des croyances et des convictions des agents historiques. En ne faisant que documenter la nature de ces croyances et de leurs modifications — ce qui est l'objet de l'histoire exégétique — ce ne seront certes pas des *explications* que nous obtiendrons. Celles-ci n'apparaîtront que si nous fournissons des arguments historiques convaincants qui nous montrent pourquoi telle croyance a été formulée, acceptée, modifiée ou rejetée. Cependant, à ce stade, il subsiste une difficulté, dans la mesure où il y a encore un large débat sur ce qui peut légitimement être considéré comme «l'explication d'une croyance».

A quoi devrait ressembler un *explanans* approprié? Si nous souscrivons au modèle habituel de l'explication, et si nous l'appliquons à l'histoire des idées, nous pourrions suggérer que tout *explanans* adéquat devrait contenir et des énoncés universels (des «lois») et des conditions initiales. Ces deux ensembles devraient conjointement impliquer une proposition décrivant la situation de croyance que nous souhaitons expliquer. Si, pour l'instant, nous acceptons ce modèle, notre question sur l'explication dans le domaine de l'histoire intellectuelle se réduit à ceci: Quelles sont les lois et les conditions initiales appropriées pour expliquer des croyances?

Il y a au moins deux façons différentes de chercher une réponse à cette question. Premièrement: si nous étions des déterministes sociaux (ou psychologiques) engagés, convaincus que toutes les croyances sont causées (et donc doivent être expliquées) par la position socio-économique, ou l'état psychologique de celui qui croit, alors nous devrions exiger des lois reliant un type de situation sociale spécifique, x, avec un type de croyance, a (où a est l'une des croyances à expliquer). Nos conditions initiales (on l'espère) établiraient qu'une certaine personne z se trouvait dans la situation appropriée x. Nous pourrions alors déduire que z accepte a (et donc expliquer cette croyance). Ce type d'explication nous est rarement présenté par les historiens des idées; et ce n'est pas surprenant puisque la plupart d'entre eux ne souscrivent pas au déterminisme situationnel des croyances et ne veulent donc pas accepter la valeur des «Lois» qui sont proposées dans ce type d'explication. Etant donné que la motivation sociale des croyances ne constitue pas un mode d'explication largement accepté et que la plus grande part du chapitre 7 traite des ramifications de ce genre de démarche, je n'en dirai pas plus sur ce sujet maintenant.

En second lieu, il y a ce que nous pourrions appeler les *explications rationnelles des croyances*, qui sont bien plus fréquemment invoquées. Dans ce cas, nous supposons, implicitement ou explicitement, certaines règles ou lois de la croyance rationnelle et nous les appliquons à des situations particulières de croyances. Par exemple, un historien pourrait dire que Bacon a rejeté la croyance à la magie parce qu'il ne voyait aucune donnée qui la soutienne (supposant par là même qu'il adhérait à la loi explicative générale suivante «les agents rationnels n'acceptent les croyances que lorsqu'elles sont soutenues par des données»). Vu que ce mode d'explication est crucial pour la possibilité même d'une histoire explicative des idées, il vaut la peine d'en examiner la structure en détail. Considérons le schéma suivant:

Tous les agents rationnels dans une situation de type a accepteront (ou rejetteront ou modifieront) une croyance de type b (1).
Smith était un agent rationnel (2).
Smith se trouvait dans la situation a_1 (c'est-à-dire une situation de type $a)$ (3).

Smith a accepté (ou rejeté ou modifié) la croyance b_1 (4).

Les énoncés (3) et (4) ne sont sans doute pas problématiques; les données devraient établir sans ambiguïté leur valeur de vérité. L'énoncé (2) est un peu plus difficile, mais des études biographiques soigneuses et suffisantes peuvent établir avec toute la vraisemblance souhaitable qu'un personnage historique donné était ou n'était pas généralement rationnel dans ses évaluations de croyances dans un domaine donné. Par contre (1) pose un problème, car comment pouvons-nous découvrir des lois ou des principes de type (1)?

On ne peut ni éviter ni reporter cette question. En effet une réponse plausible à celle-ci est un préliminaire nécessaire à l'histoire des idées (par opposition à la chronologie); les lois générales recherchées feront, bien entendu, partie de la théorie de la croyance rationnelle car seule une théorie de ce genre peut fournir les principes généraux du type de l'énoncé (1). L'application de ces théories de la croyance rationnelle dépend crucialement de ce que nous faisons entrer dans la caractérisation des types de situations de croyance dans lesquelles une personne peut se trouver. Comme je l'ai fait remarquer dans la première partie de cet essai, la plupart des théories de la croyance rationnelle ne servent guère à l'historien parce qu'elles ne proposent qu'un ensemble fort appauvri de types de situations.

Par exemple, dans le cas d'une théorie *inductiviste* de la rationalité, les seuls types de situations envisagés seraient ceux où on assigne à une croyance un haut (ou un bas) degré de probabilité en raison des données empiriques connues. Mais, comme nous l'avons vu, ceci n'aide guère l'historien des sciences et l'historien intellectuel car presque aucun cas historique réel de croyance ne remplit les conditions strictes exigées par le modèle inductiviste. D'autre part, dans le cadre des théories *déductivistes* de la rationalité, les seules situations types acceptables seraient celles où il existe des relations d'implication entre la croyance à expliquer et les autres croyances du sujet. Bien que des cas semblables existent certainement dans l'histoire de la pensée (et, par suite, les modèles déductivistes de la rationalité seront plus utiles pour l'historien intellectuel que les modèles inductivistes), ils ne représentent qu'une très petite proportion des situations de croyance que l'historien cherche à expliquer.

Une variante du modèle déductiviste souvent invoquée par les historiens des idées est la théorie de la présupposition de Collingwood. L'idée de base de cette variante est de dégager les concepts fondamentaux qui se cachent sous les croyances explicites auxquelles un penseur souscrit. Hélas, l'analyse en termes de présuppositions (dans la forme proposée par Collingwood en tout cas) est en fait purement déductiviste. Elle peut expliquer les croyances d'un personnage historique qui découlent strictement de ses présuppositions supposées; mais elle n'explique ni les présuppositions elles-mêmes ni les croyances qui ne découlent pas de celles-ci. Plus grave encore, l'histoire « présuppositionnelle » ne fournit aucun outil permettant de discuter les raisons pour lesquelles des sujets ont accepté tel ensemble de présuppositions plutôt que tel autre. Elle n'explique donc pas cet aspect même de l'histoire qu'elle considère comme le plus important.

En plus des limitations dont je viens de parler, ces modèles de la croyance rationnelle présentent un autre défaut pour l'histoire des idées : ils ne tiennent pas compte de la *dépendance temporelle qui pèse sur les canons spécifiques de la rationalité*, ce qui revient en fait à nier celle-ci. Un mode d'argumentation qu'une époque ou « école de pensée » considère comme légitime et raisonnable peut être perçu dans une autre période ou une autre tradition comme mal fondé ou obscurantiste. Ni les théories inductivistes, ni les théories déductivistes de la rationalité ne donnent à l'historien la possibilité de tenir compte de ces changements temporels subtils des critères d'argumentation, auxquels il est constamment confronté dans sa recherche.

Selon moi, ce dont l'histoire intellectuelle a le plus besoin, c'est d'une théorie de la croyance rationnelle qui aille au-delà des limites restrictives des modèles inductifs et déductifs.

Le modèle « problem solving » de la rationalité discuté précédemment, est un pas dans cette direction. Il tient compte des glissements des canons locaux de la croyance rationnelle ; il permet une évaluation comparative et cohérente des présuppositions ; il ne limite pas la croyance rationnelle aux cas qui présentent des liens rigoureusement inductifs ou déductifs entre propositions.

Ces déclarations grandioses peuvent paraître belles dans l'abstrait mais, dans la pratique, comment le modèle « problem solving » peut-il éclairer les cas spécifiques ? La méthode d'application en est relativement claire. On commence par identifier l'ensemble des systèmes d'explication (c'est-à-dire des traditions de recherche) disponibles à une certaine époque, dans telle communauté intellectuelle. On détermine alors, pour chacun de ces systèmes, le degré de progressisme (c'est-à-dire leur capacité à maximiser le nombre de problèmes résolus et à minimiser les problèmes conceptuels et les anomalies). Cette analyse permettra à l'historien de construire un profil du progrès de chaque option disponible [17]. Indépendamment de ces profils, on dispose d'un certain nombre de lois ou principes généraux de la rationalité. Parmi eux, on trouverait les principes suivants : (1) tout agent rationnel choisira une tradition de recherche plus efficace plutôt qu'une tradition moins efficace ; (2) tout agent rationnel, lorsqu'il modifie une tradition de recherche, vise à en augmenter le progressisme.

Ces principes, combinés avec les profils du progrès ou de la rationalité des traditions de recherche disponibles, permettront d'expliquer beaucoup de changements survenus dans l'histoire de la pensée qui jusqu'ici ont échappé à toute explication. C'est, du moins, l'ambition du modèle « problem solving ».

On pourrait soutenir que pour donner des explications historiques du type que je propose ici, nous n'avons nullement besoin d'évaluations rationnelles, normatives. On pourrait également dire que ce n'est pas le travail de l'historien de déterminer si une croyance était rationnelle, mais seulement de montrer qu'un penseur la croyait telle. Supposons, par exemple que nous souhaitions expliquer pourquoi Newton a fait appel aux forces agissant à distance pour expliquer la gravitation. N'est-ce pas assez de citer les raisons exprimées par Newton pour introduire ce concept, en ajoutant éventuellement qu'il les considérait comme suffisantes ? Dans cette analyse, l'historien n'a pas à poser de questions normatives; il n'y a pas à se demander si selon les canons appropriés de la croyance scientifique de son époque, Newton avait raison de penser que le concept d'action à distance était bien fondé.

Pour bien comprendre le défaut de cette approche, voyons un autre exemple. Supposons que nous voulions expliquer pourquoi un certain «créationiste particulier» croit qu'il y a eu un déluge universel à l'époque de Noé. Supposons, en outre, que nous puissions montrer que la seule raison de cette croyance est qu'elle s'accorde avec les Ecritures. Parce qu'il considère cela comme un critère de vérité, il pense que sa croyance est bien fondée. Confrontés à une «explication» de ce genre, nous estimerions que le travail de l'historien n'est fait qu'à moitié car nous aimerions savoir pourquoi ce créationiste souscrit à une théorie de la vérité aussi particulière. Notre curiosité est aiguisée mais non satisfaite quand on nous dit que quelqu'un a accepté une croyance en faveur de laquelle il n'y a que de «mauvaises» raisons.

Au contraire, si nous pouvons montrer qu'un penseur a accepté une croyance qui était la meilleure disponible dans une situation donnée, alors nous sentons que notre travail d'explication est terminé. Dans cette démarche, nous supposons implicitement que *lorsqu'un penseur fait ce qui est rationnel, nous ne devons pas chercher plus loin les causes de son action*; par contre, quand il agit en fait d'une manière irrationnelle, même s'il croit le contraire, nous voulons des explications supplémentaires. Cette supposition fonctionne donc dans le domaine du comportement humain d'une façon comparable au principe d'inertie dans le domaine de la mécanique. Dans les deux cas, les principes fournissent une caractérisation de ce que nous appelons un «comportement normal». Un corps qui se meut à une vitesse constante et un homme qui se conduit rationnellement constituent des «états attendus» qui ne nécessitent aucune analyse causale supplémentaire. C'est seulement lorsqu'il y a changement de vitesse ou une conduite irrationnelle que nous voulons une explication de ces comportements contraires à l'attente. Evidemment, supposer qu'un comportement rationnel est la règle plutôt que l'exception peut faire l'objet de discussions, mais comme nous le verrons au chapitre sept, cette perspective est préférable à d'autres. Pour cette raison même, les évaluations normatives — par opposition à celles qui sont purement descriptives —, doivent jouer un rôle dans les explications historiques, car ce sont elles qui nous permettent de voir quand notre tâche explicative est terminée.

LA SOLUTION DE PROBLEMES ET LES TRADITIONS DE RECHERCHE NON SCIENTIFIQUES

On pourrait croire que le modèle «problem solving» exposé dans la première partie de ce livre, bien qu'applicable à l'histoire des idées scientifiques, ne peut être que d'une utilité limitée pour les parties de l'histoire intellectuelle qui s'occupent des domaines non scientifiques. Alors que les problèmes conceptuels se rencontrent dans tous les champs d'investigation, les problèmes empiriques, eux, semblent beaucoup moins répandus. Après tout, beaucoup de savants ont défendu longuement l'idée selon laquelle seules les sciences sont des disciplines empiriques, ce qui implique qu'elles seules connaissent des problèmes empiriques et qu'il n'y aurait donc pas de contrepartie à la résolution des problèmes empiriques dans les disciplines non scientifiques. S'il était exact que les sciences naturelles et sociales épuisent à elles seules le domaine des problèmes empiriques possibles (comme, par exemple, les positivistes l'ont soutenu), alors on douterait beaucoup de la valeur du modèle «problem solving» pour l'histoire intellectuelle générale. Mais croire que les disciplines «non scientifiques» n'ont eu traditionnellement aucun élément empirique, c'est déformer gravement la vérité historique. Considérons quelques exemples :

1. La métaphysique est souvent citée (en particulier par les anti-métaphysiciens professionnels) comme un exemple idéal d'une discipline sans contenu empirique. Mais en fait il y a, et il y a eu, un grand nombre de problèmes empiriques que les systèmes métaphysiques cherchent à résoudre. Par exemple, la plupart des objets, dans notre existence quotidienne, semblent persister dans le temps. Une des questions centrales de la métaphysique a été d'expliquer quelles propriétés de l'être peuvent expliquer cette impression de durée des objets. De même, la plupart des changements que nous percevons dans le monde semblent avoir des liens de causalité avec d'autres changements. L'exploration des liaisons causales a été un problème persistant en métaphysique. Même les systèmes métaphysiques (comme l'occasionalisme)

qui ne croient pas à la réalité ultime d'une connection causale entre les événements, se voient obligés d'expliquer un problème empirique, à savoir: comment se fait-il que le monde paraît être structuré par des liens de causalité? Il est exact que la spécificité des problèmes empiriques dont s'occupe un chimiste ou un ontologiste est très différente; mais ce n'est là qu'une différence de degré et non d'espèce. Le métaphysicien et l'historien de la philosophie, tout comme le chimiste et l'historien de la chimie, doivent se préoccuper des problèmes empiriques de leur domaine.

2. On considère souvent que la théologie (comme la métaphysique) transcende les données de l'expérience et n'a donc pas de problèmes empiriques. Toutefois, peu de théologiens traditionnels ou d'historiens de la théologie souscriraient à ce point de vue. Par exemple, le «problème du mal» est en fait un problème empirique par excellence: comment peut-on continuer à croire en une divinité bienveillante et omnipotente face à la mort, à la maladie et aux désastres naturels qui sont des éléments quotidiens de notre expérience? De nombreuses doctrines théologiques ont été élaborées dans le but même de traiter cette apparente anomalie empirique. La théologie judéo-chrétienne comprend, plus que d'autres, un grand nombre de problèmes empiriques semblables. D'un côté, cette théologie soutient des thèses historiques sur l'existence de certaines personnes et la réalité de certains événements. D'autre part, cette théologie affirme que la «vraie croyance» produit des effets sur le vécu des croyants. Ces effets peuvent en principe être testés, ils sont dans le domaine de l'expérience[18]. Si ces thèses sont fausses, elles se heurteront à de nombreuses anomalies empiriques que toute théologie adéquate (c'est-à-dire progressiste) devra résoudre, à défaut de quoi elle subira les conséquences cognitives de son échec. Si ces thèses sont vraies, elles constituent des problèmes empiriques résolus.

On pourrait faire des remarques similaires sur l'existence de problèmes empiriques dans tous les domaines des investigations humaines. Même dans les prétendues sciences formelles comme la logique et les mathématiques où on s'attendrait le moins à trouver des problèmes empiriques, ils existent en grand nombre comme le démontrent les études fascinantes de Lakatos sur l'histoire des mathématiques[19].

La possibilité d'appliquer le modèle «problem solving» à des disciplines non scientifiques a des implications non seulement sur la façon d'en écrire l'histoire mais aussi sur l'*appréhension de leur statut cognitif*. On dit souvent que seules les sciences sont progressistes et cumulatives; les autres domaines de recherche ne mettraient en évidence que des changements de mode et de style qui ne peuvent être interprétés comme des progrès[20]. On exprime parfois ce contraste d'une manière différente : ainsi, on dit que les sciences peuvent découvrir que leurs hypothèses sont fausses, tandis que les sciences humaines ne le peuvent pas; on dit que les sciences sont « auto-correctives » mais que les autres disciplines n'ont pas cette caractéristique décisive. Quelle que soit la manière dont cette distinction est exprimée (progressiste - non progressiste, rationnel - non rationnel, empirique - non empirique, falsifiable - non falsifiable), elle ne résiste pas à un examen détaillé. Des disciplines comme la métaphysique, la théologie et même la critique littéraire ont tous les traits que nous exigeons pour évaluer rationnellement les mérites relatifs des idéologies rivales qui les parcourent. Les non-sciences, tout comme les sciences, ont des problèmes empiriques et conceptuels; toutes deux ont des critères pour évaluer l'adéquation des solutions proposées afin de résoudre des problèmes. De même, on peut montrer que les non-sciences aussi ont fait des progrès significatifs à certaines périodes de leurs évolutions historiques respectives.

Ce qui a empêché de reconnaître la parité cognitive des sciences et des non-sciences, c'est une identification simpliste de la rationalité (scientifique) avec le contrôle expérimental et la précision quantitative. Parce que les « sciences humaines » en sont généralement dépourvues, certains penseurs ont cru pouvoir ignorer leur rationalité. Mais, comme nous l'avons vu, l'essence de la rationalité en sciences ne dépend pas de ces caractéristiques.

Ceci dit, nous ne devons pas sauter à l'autre extrême. Qu'il soit *possible* et *approprié* de parler de progrès et de rationalité en ce qui concerne les non-sciences, je crois l'avoir établi, au moins en principe; mais bien évidemment, il ne s'ensuit pas que les différentes disciplines humanistes ont été, dans *les faits*, aussi progressistes et rationnelles que les sciences. Le progrès, comme nous l'avons dit dans la première partie, est une question de degré. Deux systèmes de pensée peuvent être chacun progressistes, mais l'un peut exhiber un taux de progrès plus important que d'autre.

Il y a sans doute une part de vérité dans la thèse positiviste sur les différences entre sciences et non-sciences. En effet, s'il est faux de dire que les sciences seules progressent, il est probablement vrai qu'elles ont un taux de progrès plus élevé que les non-sciences. Mais ce dernier énoncé lui-même ne repose que sur une intuition vague. Il faudrait, pour le soutenir, que les historiens des idées non scientifiques commencent à réécrire l'histoire, afin d'évaluer le progrès et la rationalité relatives des traditions de recherche concurrentes dans les sciences humaines.

Il me faut encore préciser un dernier aspect du contraste entre sciences et sciences humaines. L'on prétend souvent que l'adoption de doctrines dans les non-sciences ne peut être qu'une affaire subjective de goûts et de modes. Dans cette perspective, en choisissant de devenir un empiriste, un idéaliste ou un socialiste, l'on prend une décision entièrement arbitraire; aucune de ces positions ne peut être prouvée vraie ou fausse: il y a toujours des arguments dans les deux sens. Sous l'angle de la psychologie sociale descriptive, ce point de vue peut, certes, se défendre. De nombreuses personnes font effectivement des choix entre idéologies concurrentes une question intrinsèquement non rationnelle. Mais il n'y a aucune raison de principe pour qu'il en soit ainsi. Le choix entre athéisme et théisme, phénoménalisme et réalisme, intuitionisme et formalisme, ou encore entre capitalisme et socialisme (pour ne citer que quelques exemples), pourrait se faire en estimant le progressisme relatif — et donc la rationalité relative — de ces traditions de recherche rivales. Si on pouvait montrer — et je crois que c'est possible pour toutes les paires citées ci-dessus — que l'une a permis de résoudre plus de problèmes et est donc, en fait, plus progressiste que l'autre, nous aurions des arguments légitimes et rationnels pour la préférer. Pour pouvoir soutenir que de tels choix sont entièrement arbitraires et conventionnels, il faudrait qu'une analyse montre que ces traditions sont également progressistes. D'après notre analyse, il apparaît donc qu'est entièrement non fondée la supposition selon laquelle l'acceptation et le rejet des idéologies ne peut, en principe, jamais être justifié.

LA NECESSITE DE L'HISTOIRE DANS L'EVALUATION DES THEORIES

Jusqu'à présent, dans ce chapitre, nous avons étudié quelques-uns des problèmes concernant les fondements de l'historiographie des idées. Pour conclure, cependant, je désire orienter la discussion sur la question de la *pertinence* de l'histoire intellectuelle en ce qui concerne l'évaluation de théories *contemporaines*. L'on a souvent soutenu qu'en essayant d'utiliser l'évolution historique d'un système d'idées pour critiquer ou évaluer son statut actuel, on commet une erreur de catégorie. Cette démarche constituerait un exemple du fameux « argument par l'origine » dont les logiciens nous apprennent qu'il est fallacieux: l'origine ou le développement historique d'un système d'idées ne peut avoir un quelconque rapport avec son bien-fondé cognitif. En effet, la plupart des théories modernes de l'évaluation rationnelle nous offrent une version sophistiquée de la maxime de Henry Ford — selon laquelle «l'histoire, c'est de la blague» — lorsqu'elles soutiennent que la carrière temporelle d'une doctrine ou d'une tradition de recherche ne peut absolument rien nous apprendre sur son acceptabilité rationnelle [21]. Cependant, je soutiendrai ici la position inverse, à savoir *qu'il est impossible d'évaluer une doctrine de façon cohérente et rationnelle sans connaître d'une manière approfondie son développement historique*, (ainsi que celui de ses rivales).

Ce qui conduit à ces perspectives divergentes sur le rôle de l'histoire intellectuelle, c'est un désaccord profond sur les buts et la nature de l'évaluation rationnelle elle-même. Si l'on adopte le point de vue traditionnel qui veut qu'en évaluant une doctrine, on y croit dans la mesure précise où on présume qu'elle est vraie, alors il est, en effet, évident que l'histoire ne peut en rien nous éclairer sur son statut rationnel. On pourrait imaginer des antécédents quelconques pour une doctrine, dont on sait qu'elle est vraie ou fausse, sans pour cela changer en rien son statut sur ce point. Mais le problème crucial de ce point de vue, c'est qu'il est impossible, pour des raisons que nous avons déjà discutées, de déterminer si un système ou une théorie cohérente est vraie ou fausse, ni même de présumer quoi que ce soit sur ce sujet. Il en résulte que pour estimer la rationalité qu'il y a à accepter une doctrine, on doit se baser sur des facteurs autres que sa vérité. J'ai déjà suggéré que le facteur le plus prometteur sur lequel nous puissions baser notre acceptation, c'est le «progrès dans la solution de problèmes».

Si, cependant, nous acceptons que pour évaluer une doctrine, il faut se baser sur le progressisme et l'efficacité à résoudre des problèmes de la tradition de recherche à laquelle elle est associée, alors il nous faut reconnaître que l'histoire intellectuelle est un ingrédient qu'on ne peut éliminer des situations de choix rationnel. En effet, nous ne pouvons juger les prétentions d'une tradition de recherche sans savoir comment elle s'est comportée au cours des temps (surtout par rapport à ses rivales). Dans une certaine mesure, l'approche que je propose ici est déjà largement utilisée. Ceux qui soutiennent que «le positivisme logique est en perte de vitesse», que «la nouvelle critique n'est plus une approche prometteuse pour l'analyse littéraire», que «la psychanalyse devient de plus en plus *ad hoc* et doctrinaire», tous ceux-là exploitent déjà, en recourant à ces caractéristiques familières, l'idée que l'histoire d'une tradition est pertinente pour l'évaluation de son statut cognitif actuel.

Mais ce type d'analyse est encore fort peu évolué, de sorte qu'on présume qu'il suffit d'une intuition historique superficielle sur l'évolution d'une tradition, pour effectuer un jugement de ce type. Si, cependant, nous accordons à cette perspective l'attention qu'elle mérite, il nous faut bien plus que des impressions vagues sur les dimensions temporelles des traditions de recherche. Pour rendre nos évaluations fiables, il nous faut des recherches historiques sérieuses sur les diverses traditions du domaine d'investigation étudié. Sans les informations que fournissent de telles études, il est impossible d'effectuer un choix rationnel bien informé entre idéologies concurrentes d'un domaine quelconque. C'est en ce sens, et dans cette mesure, que toutes les disciplines contemporaines sont, ou devraient être, parasites de leur ascendance intellectuelle ; et cela non seulement génétiquement mais aussi cognitivement.

Ce résultat nous permet de revenir aux objections des praticiens de l'histoire générale envers l'entreprise que constitue l'histoire intellectuelle. Ces objections, dans la mesure où elles impliquent que l'histoire générale peut se passer de l'histoire des idées, s'avèrent n'avoir aucune pertinence si les arguments de ce chapitre sont corrects. En effet, l'histoire elle-même est une discipline théorique qui comporte des idéologies rivales, des méthodologies alternatives et des traditions concurrentes. Des choix intelligents dans ces domaines requièrent une conscience de leur histoire intellectuelle. Ainsi, malgré son «élitisme» et son «idéalisme» prétendus, loin d'être à la périphérie des intérêts de l'historien, l'histoire intellectuelle est au centre même de toute recherche historique, et est présupposée par toute autre forme d'histoire — du moins, dans la mesure où les problèmes et les méthodologies de l'histoire générale ont une histoire intellectuelle dont l'historien doit être conscient, s'il veut écrire des travaux historiques solides.

Mais, en disant cela, j'insiste seulement sur la nécessité qu'il y a, pour l'historien social ou économique, d'être conscient que l'histoire elle-même a une histoire intellectuelle. En effet, nous n'avons pas encore réfuté la thèse répandue selon laquelle l'histoire des idées doit être remplacée par une forme plus large d'histoire socio-économique dont la fonction serait d'identifier les causes «réelles», non intellectuelles, des changements de type de croyances. C'est cette question qu'il nous faut maintenant aborder.

Chapitre 7
Rationalité et sociologie de la connaissance

Un homme a toujours deux raisons pour faire une chose — une bonne raison et la vraie raison.
J. PIERPONT MORGAN

Celui qui désire recourir à l'irrationnel là où la lucidité et l'acuité de la raison doivent encore régner de plein droit, montre seulement qu'il a peur d'affronter le mystère à sa place légitime.
Karl MANNHEIM (1952), p. 229

L'une des grandes controverses, parmi les savants qui étudient l'évolution du savoir, concerne le rôle des facteurs sociologiques et psychologiques dans le développement de la pensée scientifique. C'est à ce nœud entre «l'interne» et «l'externe» que les disciples de l'histoire intellectuelle des sciences et de l'histoire sociale des sciences croisent le fer. C'est là également que ceux qui prônent une analyse rationnelle de la science se querellent avec ceux qui soutiennent une analyse historique basée sur la sociologie ou la psychologie. Ces derniers temps, cette controverse a provoqué plus d'échauffement que de lumière, ce qui est bien dommage car il s'agit là d'un vrai problème, dont l'issue pourrait fortement influencer notre conception générale de la science elle-même. Il y a, bien entendu, une littérature énorme et bourgeonnante sur la sociologie du savoir. L'objet de ce chapitre n'est pas, en premier lieu, de discuter le détail des conclusions qui apparaissent dans ce domaine, mais d'examiner l'étendue et l'éventail de la sociologie du savoir scientifique en particulier, et de la sociologie du savoir en général, la première ne formant qu'une partie de la seconde [1]. J'essaierai de montrer, notamment, que le modèle de la rationalité décrit dans la première partie de cet essai a de nombreuses conséquences pour la compréhension de la nature et des limites de la sociologie du savoir.

Il faut toutefois commencer par quelques distinctions préliminaires, car une grande partie de la confusion survenue dans ce domaine provient de ce qu'on a négligé quelques *différences élémentaires*. Il est vital de distinguer dès le début deux sortes de sociologies du savoir bien distinctes : (1) Supposons que quelqu'un désire expliquer pourquoi telle ou telle société ou institution scientifique a été fondée, pourquoi la réputation d'un savant s'est estompée, pourquoi tel ou tel laboratoire a été créé en un certain lieu et à un certain moment, ou encore pourquoi le nombre des hommes de sciences allemands a si largement augmenté entre 1820 et 1860. Je propose d'appeler la recherche de réponses à ce genre de questions *la sociologie non cognitive des sciences*. Ces études sont non cognitives parce qu'elles ne cherchent pas à expliquer *les croyances* des savants relativement au monde naturel, mais plutôt leurs modes d'organisation et leurs structures institutionnelles. (Il est exact, naturellement, que les croyances des savants peuvent conditionner leurs modes d'organisation institutionnels[2]; mais ce qui fait que cette forme de sociologie est non cognitive, c'est que les questions qu'elle aborde ne sont pas des croyances sur le monde naturel.) (2) A l'inverse, un sociologue peut chercher à expliquer pourquoi l'une ou l'autre théorie a été découverte (ou, après sa découverte, acceptée ou rejetée) en indiquant les facteurs sociaux ou économiques qui ont prédisposé les savants en sa faveur, ou contre elle. Ou encore, il peut chercher à montrer que certaines structures sociales ont influencé la genèse des concepts d'une théorie. Ces efforts-là relèvent d'un domaine que j'appellerai *la sociologie cognitive du savoir*. Bien entendu, ces deux modes d'approche, cognitif et non cognitif, pourraient être appliqués à n'importe quelle discipline intellectuelle, depuis les sciences particulières jusqu'à la théologie, la métaphysique et même la sociologie. Il en résulte que nous pouvons parler de façon générale de la sociologie cognitive ou non cognitive du savoir.

Etant donné les conclusions du chapitre six, il doit être clair qu'il n'y a ni chevauchement ni conflit entre l'historien intellectuel et le sociologue non cognitif de la science (ou du savoir en général) car ils s'adressent à des problématiques radicalement différentes. L'historien intellectuel essaye d'expliquer pourquoi des savants ou penseurs du passé ont adopté certaines croyances ou solutions (c'est-à-dire certaines théories plutôt que d'autres). Par contre, les conceptions du monde sont, par définition, des problèmes qui n'intéressent pas le sociologue non cognitif. Cependant, cette situation s'inverse quand nous comparons la sociologie cognitive du savoir et l'historiographie intellectuelle ou rationnelle de celui-ci. En effet, un conflit important — et potentiellement fructueux d'ailleurs — est possible à ce niveau. L'historien intellectuel du savoir cherchera généralement à expliquer pourquoi une certaine personne à cru à une théorie en se basant sur les arguments et les faits présentés en faveur ou en défaveur de celle-ci et de ses rivales. Par contre, le sociologue cognitif du savoir essayera, en général, d'expliquer les choix théoriques en termes de circonstances sociales, économiques, psychologiques et institutionnelles. Tous deux cherchent donc à résoudre le même problème (à savoir la croyance de quelque agent historique) mais leurs modes de solution sont si différents qu'ils sont presque incommensurables. Y a-t-il un moyen, face à ces stratégies explicatives conflictuelles, de déterminer qui a raison, de l'historien intellectuel ou du sociologue cognitif (à moins que ce ne soit les deux) ?

La possibilité de répondre à cette importante question dépend de notre capacité à articuler des critères qui permettront de choisir entre les récits historiques apparemment rivaux de l'historien intellectuel et du sociologue cognitif. L'énoncé de tels critères est le but central de ce chapitre.

LE DOMAINE DE LA SOCIOLOGIE COGNITIVE

Avant d'aller plus loin, il nous faut préciser les caractéristiques de la sociologie cognitive, car même ses meilleurs praticiens semblent, par moment, avoir soutenu des positions confuses et même contradictoires sur le domaine de la théorie sociologique et sur la nature des explications dans celui-ci.

La nature de la sociologie cognitive

Comme nous l'avons déjà vu, un trait important de la sociologie cognitive est qu'elle considère que *les croyances* constituent son domaine de problèmes empiriques. Mais cela ne suffit pas pour la distinguer de nombreux autres moyens d'explication non sociologiques, par exemple, l'histoire rationnelle des sciences. Ce qui l'a différencie essentiellement de ces autres modes, ce qui fait qu'elle est *socio*logique, c'est la présomption que les croyances doivent être expliquées *en termes de la situation sociale de ceux qui y adhèrent*. Nous pouvons donc dire qu'une tâche essentielle du sociologue cognitif est de mettre en évidence les racines et origines sociales de toute croyance qu'il souhaite expliquer. En disant cela, j'indique les caractéristiques qu'une explication sociologique doit présenter, *une fois qu'on l'a énoncée*.

Mais, il faut aussi, sans doute, trouver un moyen d'identifier les situations de croyance qui peuvent fructueusement faire l'objet d'une analyse sociologique.

D'aucuns voudraient soutenir que quasiment tout changement de croyance dans une communauté de penseurs peut s'expliquer par l'infrastructure sociale et, qu'en conséquence, le domaine de la sociologie du savoir recouvre l'histoire entière de la pensée humaine[3]. A l'autre extrême, il y a des critiques de la sociologie du savoir qui soutiennent avec force qu'il n'y a presque aucune transformation dans l'histoire des idées qui soit liée à des changements de la structure sociale. Les déterministes sociaux intransigeants, entre autres certains marxistes — mais non Marx lui-même — et les idéalistes inflexibles (par exemple, Hegel) sont des exemples de ces deux pôles[4]. Malheureusement, aucun de ces deux points de vue ne s'accorde avec les données historiques. Il y a toutes les raisons de croire que certaines doctrines et idées n'ont pas de relations nettes avec les exigences des circonstances sociales: pour ne citer que deux exemples, le principe selon lequel «2 + 2 = 4» ou l'idée que la «plupart des corps lourds tombent vers le bas quand on les lâche» sont des croyances auxquelles souscrivent des personnes provenant de situations culturelles et sociales très variées. Quiconque suggèrerait que des croyances de cet ordre sont socialement déterminées ou conditionnées trahirait une grande ignorance de la manière dont de telles croyances ont été engendrées et établies. De même, il y a des idées et des croyances qui ont clairement des racines et origines sociales tangibles. Supposer, par exemple, qu'un blanc, possesseur d'esclaves au XIXe siècle, croit à l'infériorité raciale des noirs pour des raisons purement intellectuelles exigerait un état de charité morale dont peu d'entre nous seraient capables. Il faudrait être également crédule pour dire que la plupart des ouvriers allemands du XIXe siècle qui étaient en faveur du socialisme tenaient cette position en raison de son bien-fondé doctrinal.

Mais si nous admettons que la vérité, en la matière, se situe quelque part entre un déterminisme social rigide et un idéalisme insulaire, nous nous heurtons immédiatement à un problème central, à savoir: *quelles sortes de croyances peuvent faire l'objet d'une analyse sociologique?* Autrement dit, en utilisant le langage des chapitres précédents, quelles sortes de situations de croyance peuvent être considérées comme des problèmes empiriques légitimes pour la sociologie? On pourrait penser qu'il s'agit là d'une question purement empirique qu'on ne peut résoudre *a priori*, mais seulement par l'examen de cas d'espèce. L'ennui avec cette réponse, apparemment anodine, est qu'elle soulève des problèmes à la fois pratiques et théoriques. Sur le plan pratique, nous nous heurtons au fait qu'il y a eu littéralement des millions de croyances. Si le sociologue ne dispose pas de principes permettant de guider son choix initial de problèmes potentiellement prometteurs, il ne pourra guère faire de progrès. On pourrait, par exemple, se demander pour chacune des vérités arithmétiques, si elle a une origine sociale, en commençant par «1 + 1 = 2» et en parcourant progressivement les nombres.

A cause des difficultés pratiques soulevées par une approche purement empirique visant à délimiter la gamme des problèmes de la sociologie cognitive, presque tous les chercheurs, dans ce domaine, ont essayé de cerner les problèmes sociologiques potentiels en adoptant certains principes régulateurs ou méthodologiques. Leur fonction est de fournir un mécanisme de choix initial permettant d'attirer l'attention sur les sortes de croyances qui sont le plus susceptibles d'une analyse sociologique.

Mais, il y a également des raisons théoriques pour établir à l'avance les limites des problèmes potentiels accessibles au sociologue cognitif. En effet, s'il était vrai qu'*aucune* croyance n'était le résultat de délibération rationnelle ou d'évaluation éclairée, mais que toutes étaient simplement déterminées par la situation sociale du sujet qui les tient, alors toute l'entreprise de la sociologie cognitive se mettrait elle-même en accusation. Car si *toutes* les croyances sont causées socialement plutôt que fondées rationnellement, celles du sociologue cognitif lui-même n'offrent aucune garantie de rationalité, et ne peuvent donc prétendre à un statut spécial d'acceptabilité[5]. Ernst Grünwald l'a très bien fait remarquer en disant: «la thèse selon laquelle toute pensée est existentiellement (c'est-à-dire socialement) déterminée et ne peut donc prétendre être vraie se donne elle-même pour vraie»[6]. Par conséquent, afin d'éviter d'être pris à son propre piège, le sociologue cognitif doit adhérer au point de vue selon lequel *certaines* croyances sont rationnellement bien fondées plutôt que déterminées socialement.

Pour faire face à cette situation, trois principes méthodologiques différents sont souvent cités ou utilisés implicitement par les sociologues cognitifs du savoir. Je les appellerai l'*hypothèse de l'a-rationalité, l'hypothèse historico-sociale* et l'*hypothèse interdisciplinaire*. Bien qu'elles ne soient pas strictement compatibles, ces conditions sont largement (et souvent simultanément) utilisées dans la plupart des travaux relatifs à la sociologie du savoir. Je veux les discuter en détail, car le modèle de la science et du savoir exposé dans la première partie de cet ouvrage les affecte chacune et a, par conséquent, des répercussions pour toute la sociologie cognitive du savoir.

L'hypothèse de l'a-rationalité. De nombreux sociologues du savoir, suivant en cela Karl Mannheim, distinguent les idées «immanentes» et «non immanentes» (ou «existentiellement déterminées»)[7]. *Les idées immanentes* (ou encore concepts, propositions ou croyances — termes employés indifféremment par la plupart des écrivains) sont celles qui sont liées naturellement et rationnellement à d'autres idées auxquelles adhère le sujet. Les théorèmes de la géométrie d'Euclide constituent un exemple archétype. Une fois les axiomes acceptés, on est forcé rationnellement ou logiquement d'accepter les théorèmes qui en découlent. Si l'on y réfléchit, on ne peut comprendre les uns et rejeter les autres. *Les idées non immanentes* (ou existentielles), par contre, sont celles qui ne s'accompagnent pas de preuve de leur propre rationalité. Il s'agit d'idées que l'on peut accepter, mais qui ne sont pas intrinsèquement plus rationnelles que de nombreuses autres auxquelles on aurait tout aussi bien pu adhérer.

La plupart des sociologues de la connaissance sont d'accord avec Mannheim pour dire que *ce sont seulement les idées non immanentes*, c'est-à-dire celles qui sont moins bien fondées rationnellement dans une situation donnée *que la sociologie doit essayer d'expliquer*. Il est aisé de voir ce que cette situation a de convaincant. Si l'acceptation d'une croyance x, semble découler naturellement et rationnellement de l'acceptation préalable des croyances y et z, il semble qu'il n'y ait aucune raison pour dire qu'on adhère à x à cause de circonstances sociales ou économiques[8]. Par contre, si un sujet accepte la croyance a qui n'est pas rationnellement reliée à ses autres croyances $b, c, ...\ i$, alors il paraît naturel d'expliquer *la première* par des facteurs extra-rationnels, tels que la situation sociale (ou psychologique) du sujet en question.

Je propose d'appeler ce critère de démarcation *hypothèse de l'a-rationalité*; elle consiste à dire que *la sociologie de la connaissance pourra intervenir pour expliquer des croyances, si et seulement si celles-ci ne peuvent être expliquées en raison de leurs mérites rationnels*. Comme Robert Merton l'a fait remarquer, cette façon de voir est largement acceptée par les sociologues actifs: «Un point central d'accord entre toutes les démarches de la sociologie du savoir est la thèse selon laquelle la pensée a une base existentielle [c'est-à-dire sociale] pour autant qu'elle ne soit pas déterminée de façon immanente [c'est-à-dire rationnelle]»[9]. Fondamentalement, l'hypothèse de l'a-rationalité établit une division du travail entre l'historien des idées et le sociologue de la connaissance; elle dit en fait que l'historien des idées peut, par ses techniques, expliquer l'histoire de la pensée pour autant qu'elle soit rationnellement bien fondée et que le sociologue de la connaissance intervient au moment précis où l'analyse rationnelle de l'acceptation (ou du rejet) d'une idée ne cadre pas avec les données effectives de la situation.

Il faut insister sur le fait que l'hypothèse d'a-rationalité est un principe *méthodologique* et non une doctrine métaphysique. Elle n'affirme pas que «lorsqu'une croyance peut être expliquée par des raisons adéquates, alors celle-ci n'a pas une cause sociale». En fait, cette hypothèse ne fait qu'établir un programme de recherche. Elle soutient que «lorsqu'une croyance peut être expliquée par des motifs rationnels adéquats, on peut écarter une analyse sociale car il y a peu d'espoir d'obtenir un résultat en lui cherchant une explication de ce type».

Bien que l'hypothèse de l'a-rationalité soit largement acceptée par les sociologues cognitifs, peu d'arguments convaincants ont été avancés en sa faveur. Etant donné qu'elle a été récemment attaquée par les tenants de la sociologie historique et qu'elle représente un critère crucial pour définir les limites entre les explications rationnelles et non rationnelles d'une croyance, il est important d'explorer les bases de cette hypothèse. Dans ce but, supposons la situation imaginaire suivante: une personne x croit à A. Deux chercheurs y et z étudient les structures de croyance de x. Supposons que y pratique l'histoire intellectuelle et prend l'hypothèse de l'a-rationalité au sérieux. Admettons que y arrive à montrer que la croyance de x est rationnellement fondée étant donné les autres croyances, $B, C,... I$ de celui-ci. Pour y, le fait que x croit A est expliqué aussi complètement que cela semble possible. Supposons maintenant que z soit un sociologue non conformiste qui n'accepte pas l'hypothèse de l'a-rationalité. Tout en admettant que y a trouvé une explication «rationnelle» de la croyance de x, z est convaincu qu'il y a encore place pour un travail sociologique sur la croyance A (peut-être parce que z se demande si y ne s'est pas trompé en prenant une «rationalisation» avancée par x, en faveur de cette croyance, pour la cause «réelle» de son adoption). Après une recherche biographique sur x, z découvre que x faisait partie de la petite bourgeoisie et avait une fixation œdipienne sur sa mère. Supposons que z défende l'idée que les personnes dans la situation de x ont généralement tendance à avoir des croyances comme A. Sans nier que y ait donné une explication alternative de la croyance de x, le sociologue z insiste néanmoins sur la validité de sa propre explication. Il affirme même que celle-ci est plus fondamentale que celle d'y. Comment ce dernier pourra-t-il, dans ces conditions, convaincre z que son explication est erronée, parce qu'elle viole l'hypothèse de l'a-rationalité?

On pourrait naturellement postuler que l'hypothèse de l'a-rationalité est une question de foi; un postulat sans lequel il serait peut-être toujours impossible de choisir entre des explications conflictuelles de la croyance humaine. Mais, ce raisonnement n'arrivera sûrement pas à convaincre un déterministe social résolu comme z. Ce qui pourrait, par contre, faciliter les choses, ce serait une analyse de l'orientation intellectuelle de z lui-même. Celui-ci, comme ceux qui ont la même tournure d'esprit, cherche à expliquer des croyances. Toute explication, si elle est pertinente, est une argumentation, un processus de raisonnement qui va de prémisses adéquates vers des conclusions plausibles. Le but d'une explication qui se veut plus que du bavardage, est de démontrer que la conclusion suit rationnellement des prémisses. Ainsi z, en proposant des explications sociologiques suppose qu'il y a au moins quelques personnes (en particulier lui-même) qui acceptent certaines croyances parce qu'elles ont de bonnes raisons pour le faire. (On peut supposer que z ne serait pas content de s'entendre dire que le seul motif de sa croyance en une certaine explication sociologique est sa propre situation sociale!). Mais si z prétend que certains sujets, dont lui-même, ont des croyances rationnellement bien fondées, qui ne sont pas fonction de leur position sociale, alors, il lui incombe de montrer pourquoi ses propres croyances transcendent les situations sociales, tandis que celles des personnes qu'il étudie ne doivent pas être considérées comme telles, même lorsqu'on peut les expliquer rationnellement.

Il existe, cependant, une autre manière d'aborder cette controverse entre y et z. On peut considérer leurs systèmes théoriques dans les termes de la première partie, *comme des traditions de recherche rivales*. Dans cette perspective, on peut se demander laquelle a résolu le plus grand nombre de problèmes empiriques importants. Or, on ne peut douter qu'à l'heure actuelle, l'historiographie rationnelle des idées est allée bien plus loin que la sociologie dans l'explication d'un grand nombre de cas historiques. En fait, la proportion de succès de l'histoire intellectuelle est nettement plus élevée[10] que celle de la sociologie cognitive. Au niveau des problèmes conceptuels aussi, les traditions de l'histoire intellectuelle sont reconnues comme étant en bien moins grande difficulté que celles de la sociologie cognitive[11]. Vu ces circonstances, il serait approprié de faire remarquer à z que lorsque nous avons des explications rationnelles et sociologiques rivales d'une *même croyance*, le bon sens nous dicte de donner la priorité à l'explication rationnelle précisément parce que celle-ci a prouvé qu'elle est la plus fructueuse. (Ce qui ne signifie pas que les explications sociologiques soient inappropriées là où les reconstructions rationnelles ne peuvent s'appliquer).

Je ne sais pas si c'est pour de telles raisons que la plupart des sociologues cognitifs adhèrent à l'hypothèse de l'a-rationalité. Mais, quoi qu'il en soit, la plupart des praticiens lui donnent un statut axiomatique. Il nous faut maintenant examiner certaines conséquences importantes qui en résultent.

Bien qu'on la retrouve un peu partout, on n'a guère fait remarquer que l'hypothèse de l'a-rationalité pose beaucoup plus de difficultés que ne le reconnaissent la majorité de ses partisans. En effet, pour pouvoir l'appliquer nous avons besoin d'une théorie de la croyance rationnelle. Sans celle-ci, la condition d'a-rationalité n'a pas de sens. Mais, comme nous l'avons vu dans la première partie — et cela devait paraître évident dès le départ — on peut concevoir plus d'une théorie de la rationalité. Etant donné que les différentes théories ne classeront pas les croyances de la même façon (certaines théories diront que telle croyance est rationnelle, alors que d'autres affirmeront le contraire), nous voyons qu'*un prolégomène essentiel pour toute sociologie cognitive de la connaissance adéquate est le choix d'une théorie de la rationalité*[12]. Si nous acceptons, comme certains sociologues ont tendance à le faire, une théorie trop simpliste de la rationalité, qui place des contraintes excessives sur ce qu'on peut considérer comme une croyance rationnelle, alors le domaine de l'a-rationalité — et donc le domaine sociologique — va s'agrandir largement. Si au contraire, nous acceptons une théorie de la rationalité plus riche, beaucoup plus de croyances apparaîtront comme «immanentes» et échapperont donc à l'analyse sociologique.

Le manque d'attention porté par de nombreux sociologues de valeur à la diversité des théories de la croyance rationnelle a été la cause d'erreurs et de confusions dans leurs écrits. Considérant que la théorie inductiviste des «manuels», dont ils avaient hérité des philosophes des sciences, était sacro-sainte et définitive, les sociologues ont eu tendance à estimer irrationnels (et donc sociologiques) beaucoup d'épisodes de l'histoire de la pensée qui sont, selon d'autres critères de la rationalité, entièrement rationnels. C'est cela même qui conduit de nombreux sociologues à rechercher des causes sociales pour des processus qui peuvent être expliqués entièrement en termes immanents.

Si, par exemple, nous souscrivons à un modèle «empiriste» grossier de la rationalité selon lequel le succès empirique d'une théorie est le seul déterminant adéquat de son acceptation rationnelle, nous jetterons un coup d'œil désapprobateur sur les épisodes de l'histoire de la pensée où (en utilisant la terminologie de la première partie) les problèmes conceptuels ont joué un rôle majeur dans les choix théoriques. Si, dans le passé, on a mis en doute une théorie en raison de son incompatibilité avec une structure de croyance métaphysique, épistémologique ou théologique, les défenseurs de ce modèle empiriste limité de la rationalité considéreront cet épisode comme intrinsèquement irrationnel. Ils jugeront que des préjugés sans fondement ont perverti le choix rationnel des agents en question. Ceci les amènera à conclure que certains facteurs sociaux doivent avoir joué un rôle dans la décision survenue, puisque les canons de la rationalité ont, apparemment, été ignorés.

Ce qui vicie cette approche de l'histoire, c'est l'existence d'autres modèles de la croyance rationnelle qui rendraient raisonnable dans *certaines* circonstances, l'entrée de certains facteurs philosophiques ou théologiques dans l'évaluation rationnelle d'une théorie particulière. Dans la perspective de ces modèles, certains épisodes historiques, dont on aurait pu affirmer qu'ils résultaient de préjugés, qu'ils étaient obscurantistes ou irrationnels, acquièrent une légitimité qui permet d'éviter de recourir au milieu social pour les expliquer. La leçon est claire : avant de classer un épisode comme échappant à la rationalité, avant de commencer à rechercher des causes sociales pour expliquer les «écarts» envers la norme rationnelle, nous devons nous assurer que notre notion de la rationalité elle-même est adéquate. A ma connaissance, presque aucun sociologue n'a perçu l'importance de cette question et la qualité du travail dans cette discipline s'en est fait ressentir. De plus, leur négligence dans ce domaine est d'autant plus grave qu'ils ont généralement choisi de souscrire au modèle le plus limité de la rationalité.

Pour bien comprendre à quel point cette erreur est répandue, il est utile d'en examiner quelques exemples marquants. Thomas Kuhn, dans son livre influent : *La structure des révolutions scientifiques*, étudie plusieurs modèles empiristes bien connus de la rationalité scientifique que les philosophes ont pu adopter. Il estime que les modèles de confirmation et de falsification sont tous deux inadéquats, et poursuit en énonçant son propre modèle. Dans ses traits essentiels, c'est un modèle purement empiriste qui partage avec les autres la conviction que c'est seulement la capacité d'une théorie à résoudre des problèmes empiriques qui est pertinente pour son évaluation. Kuhn fait remarquer alors, et avec raison, qu'il y a beaucoup d'épisodes dans l'histoire des sciences qui semblent indiquer que des décisions relatives à des théories ont été prises sur base de facteurs autres que les résultats empiriques de celles-ci[13]. Kuhn soutient alors, sans arguments, que dans ces cas, d'importantes pressions sociales ou institutionnelles ont dû intervenir. Pour en arriver là, il recourt, de toute évidence implicitement à l'hypothèse de l'a-rationalité. On ne peut rien objecter à cela, mais on pourrait souhaiter qu'il se soit un peu plus inquiété de la nature de la rationalité avant de conclure hâtivement que son modèle empiriste de celle-ci était assez subtil pour ménager une distinction précise entre l'immanent et l'a-rationnel.

Le livre récent de Maurice Richter: *Science as a Cultural Process*, nous donne aussi le même genre de présomptions d'a-rationalité précipitées. Richter soutient, par exemple, que la théorie de l'évolution de Darwin «a été critiquée pendant le XIXᵉ siècle non seulement au moyen d'*arguments scientifiques raisonnables*..., mais aussi sur la base de présupposés théologiques dogmatiques»[14]. Richter a peut-être raison en ce qui concerne sa thèse historique, mais l'image de la rationalité scientifique qui se dessine en filigrane de sa notion «d'arguments scientifiques raisonnables» est, au mieux, suspecte. Il soutient, par exemple, que «le contenu du savoir scientifique doit être déterminé par des observations de la nature»[15]. Cette notion hautement empiriste de ce qui constitue la science conduit tout naturellement Richter à considérer de nombreux épisodes historiques comme irrationnels — et donc comme sociologiques — parce qu'ils ne sont pas susceptibles d'une reconstruction en termes d'un modèle empiriste naïf de la rationalité.

L'un des cas les plus frappants du courant hyper-positiviste dans la sociologie cognitive des sciences actuelles nous est fourni par le travail bien connu de Bernard Barber. Dans un article souvent cité, paru dans *Science* en 1961[16], Barber a étudié les différents facteurs qui disposent les savants à accepter ou rejeter de nouvelles idées et de nouvelles découvertes. Dans cette version contemporaine des «idoles» de Bacon, Barber identifie la méthodologie et la théologie comme étant deux des causes majeures de «la résistance culturelle aux nouvelles idées». Il n'y a, certes, rien à redire sur l'intuition de Barber selon laquelle la philosophie et la théologie ont joué un rôle important dans le débat scientifique. Son positivisme n'apparaît que lorsque après avoir noté cette interaction, il la déplore et nous demande instamment de chercher à réduire cette influence pernicieuse[17]. Barber ne comprend pas qu'il est souvent parfaitement raisonnable de se préoccuper des implications méthodologiques et philosophiques plus larges d'une théorie scientifique nouvelle et que cette attitude n'a rien de dogmatique. De plus, il ne perçoit pas que la méthodologie et la théologie ont aussi souvent concouru à légitimer ces théories qu'à les discréditer. Barber rêve de ce qu'il appelle le savant à «l'esprit ouvert» qui se limiterait aux mérites clairement «scientifiques» d'une idée nouvelle. Son modèle, purement empiriste, d'évaluation ne permet d'ailleurs rien d'autre.

Dans ces cas, comme dans de nombreux autres qu'on pourrait choisir dans la littérature récente, les chercheurs semblent avoir conclu prématurément que l'inapplicabilité de l'un ou l'autre modèle standard de la rationalité à un quelconque cas particulier établit l'a-rationalité de celui-ci (et, en conséquence, son caractère social). Il doit être clair que si nous acceptons un autre modèle de la rationalité, par exemple celui que j'ai esquissé plus haut dans cet essai, alors le domaine des cas sociologiques potentiels sera beaucoup plus réduit que si nous adoptons l'une des théories empiristes plus traditionnelles. Quant à moi, je suggère qu'une analyse sociologique s'impose seulement dans les cas où nous pouvons montrer que l'évaluation réelle d'une théorie particulière du passé contredit radicalement l'évaluation qu'on devrait obtenir à la lumière du modèle «problem solving» de la rationalité.

J'ai largement insisté sur la dépendance parasitique de la sociologie cognitive de la connaissance sur les théories de la rationalité, non seulement pour attirer l'attention des sociologues sur la nécessité d'être plus autocritiques quant à leurs jugements relatifs à la rationalité de différents cas particuliers, mais aussi pour insister sur le fait que *l'application de la sociologie cognitive à des cas historiques doit attendre les résultats de l'application des méthodes de l'histoire intellectuelle*. Le sociologue cognitif doit trouver auprès des praticiens de cette dernière discipline les signes et les indices qui lui indiqueront les cas qu'il lui convient d'analyser. Jusqu'à ce que l'histoire rationnelle d'un épisode soit écrite (et cela en se servant de la meilleure théorie disponible) le sociologue cognitif doit tout simplement attendre son heure; en agissant autrement, il viole l'hypothèse de l'a-rationalité qui est au cœur de la pensée sociologique contemporaine (Mannheim[18] admettait quelque chose de semblable, mais ses disciples d'aujourd'hui ont eu tendance à croire qu'on pouvait faire de l'histoire sociologique tout en ignorant sans remords l'histoire rationnelle des idées!).

Nous voyons donc que le fait d'accepter l'hypothèse de l'a-rationalité a trois conséquences importantes: (1) le domaine de situations de croyance accessible à l'analyse sociologique se limite à celles où des agents acceptent des croyances ou pondèrent des problèmes de façon incompatible avec une évaluation rationnelle; (2) le sociologue de la connaissance doit pouvoir montrer que la théorie de la rationalité à laquelle il souscrit (afin de déterminer les cas qui pourraient être sociologiques) est la meilleure disponible ; (3) le sociologue, historien du savoir, doit démontrer que tout épisode qu'il souhaite expliquer, ne peut être analysé par l'histoire intellectuelle rationnelle.

En faisant une distinction entre explication rationnelle et sociale, je ne cherche pas à suggérer qu'il n'y a rien de social dans la rationalité, ni rien de rationnel dans les structures sociales. C'est tout le contraire. L'épanouissement de schémas rationnels de choix et de croyance dépend inévitablement de la préexistence de certaines structures et normes sociales. Pour prendre un cas limite : le choix rationnel entre théories serait impossible dans une société dont les institutions supprimeraient effectivement la discussion ouverte de théories alternatives. De même, le fonctionnement efficace de la plupart de nos institutions sociales (par exemple, l'utilisation de jurys dans les procès) présuppose que les agents, au sein de ces institutions, peuvent généralement prendre des décisions rationnelles.

Mais cette interpénétration continue de facteurs «rationnels» et «sociaux» ne devrait pas nous empêcher d'invoquer l'hypothèse de l'a-rationalité. Comme John Stuart Mill l'a fait remarquer il y a plus d'un siècle, lorsque nous présentons une explication pour un événement ou une croyance, *nous ne devons pas aspirer à en rendre compte complètement*. En effet, donner une explication «totale» d'une situation, S, nécessiterait sans doute une énumération complète de tous les événements survenus dans l'univers avant S, puisque tous ces événements sont reliés dans la chaîne causale qui culmine en S. Plutôt que d'aspirer à de telles explications complètes, Mill prétendait que, lorsqu'on analyse une situation, S, on doit sélectionner parmi ses antécédents les circonstances particulières, C, qui paraissent être cruciales et pertinentes en ce qui concerne l'occurrence de S. Si nous prenons l'analyse de Mill au sérieux (à défaut de quoi, on en arrive à une anarchie explicative), elle fournit les moyens d'échapper à l'éclectisme confus qui veut que les facteurs intellectuels et sociaux ne pourraient jamais être utilement distingués.

En suivant l'intuition de Mill, nous pouvons admettre que certains facteurs sociaux peuvent être des conditions nécessaires de la croyance rationnelle et en même temps exclure légitimement ces facteurs de l'explication d'une certaine croyance, *à condition* que nous puissions démontrer que les antécédents les plus cruciaux et pertinents pour l'acceptation de celle-ci résultent d'un processus de raisonnement bien fondé, effectué par le sujet. En défendant ainsi (comme l'hypothèse de l'a-rationalité le suggère) la priorité des explications rationnelles des croyances sur les explications sociales — dans la mesure où les deux sont disponibles — l'on ne veut pas dire que la prise de décisions rationnelles n'a pas de dimensions sociales; on soutient plutôt que dans les cas où les sujets ont des raisons valables pour leurs croyances, ce sont elles qui constituent les facteurs essentiels qu'il faut invoquer pour expliquer celles-ci.

L'hypothèse historico-sociale. Si le fait de ne pas reconnaître la dépendance de la sociologie cognitive vis-à-vis des théories de la rationalité a été un trait persistant de la sociologie du savoir, une autre source majeure d'ambiguïté résulte de la tendance à ne pas distinguer «l'historique» et le «social». Les écrits de Karl Mannheim nous fournissent de nombreux exemples de cette équivoque. Comme Mannheim le montre, il y a deux sortes de croyances très différentes auxquelles on a pu adhérer dans le passé: d'abord celles dont la formulation et les présuppositions portent clairement les marques de leur origine historique ou sociale, et ensuite celles qui ne trahissent presque rien de leurs origines. Pour exprimer autrement cette différence, on peut dire que certaines propositions héritées du passé portent *sur elles* une part de leur histoire, tandis que d'autres ne nous donnent aucun indice relatif au moment ou aux circonstances de leur première énonciation. Si, par exemple, nous rencontrons l'énoncé «le cœur est comme une pompe», nous savons parfaitement que cette affirmation doit avoir été établie après l'invention de la pompe et probablement après des études anatomiques détaillées du système circulatoire. C'est un énoncé qu'un Grec du IIIe siècle avant J.-C. ou un Polynésien du XVIIIe siècle n'auraient tout simplement pas pu faire. Par contre, certaines croyances (par exemple, «2 plus 2 font 4») ne nous disent pas grand-chose sur leur origine dans le temps et l'espace.

Nous pourrions appeler les croyances qui gardent quelque chose de leur histoire *contextuelles*, car elles fournissent des indices importants sur le contexte culturel qui les a engendrées. Les autres pourraient être appelées *non contextuelles*[19]. Evidemment, ces deux cas extrêmes sont idéalisés; pour l'historien au travail, chaque cas montrera plus ou moins de contextualité. (Même dans les cas extrêmes de croyance tels que «2 + 2 = 4» nous pouvons déduire des conclusions fiables relatives aux caractéristiques intellectuelles des cultures où ces croyances apparaissent.)

Ce qui est important, ce n'est pas la distinction en soi, mais ce que les sociologues du savoir cherchent à faire. Mannheim, par exemple, soutient qu'une croyance contextuelle (au sens exprimé plus haut) est une croyance qui est déterminée «historiquement et socialement». En prenant le terme «détermination» dans un sens suffisamment large, cet argument est trivialement valide. Mais, l'étape suivante de l'argumentation de Mannheim est de dire que toute croyance contextuelle — c'est-à-dire toute croyance qui peut être localisée précisément *dans l'histoire* — est par le fait même ouverte à l'analyse *sociologique*. Ainsi, selon Mannheim, si nous pouvons rapporter une croyance à un «contexte historique particulier», nous sommes conduits à la présomption d'une «infiltration de la position sociale du chercheur dans les résultats de son étude»[20].

Cet argument est complètement spécieux, précisément parce que Mannheim (comme d'autres qui le suivent) se fonde sur l'équivoque entre «historique» et «social». Devant l'affirmation «l'électricité est due à un fluide dont les particules se reposent mutuellement», toute personne familière avec l'histoire des sciences physiques pourra immédiatement fournir une datation approximative et faire des conjectures fiables sur le contexte intellectuel dans lequel elle est apparue pour la première fois. De même, devant l'énoncé «l'Absolu est devenir pur», quiconque connaît l'histoire de la philosophie peut faire des conjectures sur le moment, le lieu et la personne par qui celui-ci est devenu un objet de croyance. Mais le fait que ces affirmations soient contextuelles et que l'on y ait adhéré seulement à une certaine époque et dans un certain lieu *n'établit* ni qu'elles soient nécessairement d'origine *sociales*, ni même qu'elles soient ouvertes à l'analyse sociologique. Ce qui rend l'affirmation de Mannheim plausible de prime abord, c'est la conjonction constante des termes «historique» et «social» dans son discours, comme quand il parle de «croyances déterminées historiquement et socialement»[21]. Mannheim fait d'importants efforts pour établir, avec raison, que certaines croyances ont un caractère *historique*. C'est ensuite par un glissement rhétorique qu'il prétend avoir démontré que de telles croyances sont aussi déterminées socialement.

Même un penseur du rang de Durkheim fait preuve d'une tendance semblable en présumant qu'une croyance émergeant dans une culture donnée ou à un moment donné doit nécessairement être le produit de facteurs sociaux. Par exemple, dans son livre influent, *Les formes élémentaires de la vie religieuse*, il dit que certaines différences culturelles dans les lois de la logique «prouvent qu'elles dépendent, au moins en partie, de facteurs historiques, *par conséquent sociaux*»[22]. Ces derniers mots, mis en italiques, sont révélateurs. S'il suffit d'établir qu'une croyance est contextuelle pour pouvoir affirmer qu'elle est socialement déterminée, le sociologue cognitif a une tâche facile. Il n'a plus qu'à examiner l'histoire des idées pour trouver les croyances qui sont contextuelles et il obtient — du coup — tout un ensemble de questions nécessitant un traitement sociologique.

Comme nous l'avons dit précédemment, le glissement de la détermination historique à la détermination sociale n'est rien d'autre que de la prestidigitation intellectuelle. Dans le passage de Durkheim cité plus haut, la phrase «par conséquent social» est tout à fait gratuite; si on veut établir qu'une croyance est socialement déterminée, on doit — au minimum — établir l'un ou l'autre rapport entre elle et la situation sociale de celui qui la tient. Le fait que celui-ci y ait adhéré en 1890 plutôt qu'en 1870 — ce qui suffit pour établir le caractère historique de la croyance — laisse la question de son caractère social entièrement ouverte.

Il y a de nombreux autres sociologues cognitifs, à côté de Mannheim et Durkheim, qui semblent croire que si une croyance est apparue dans un certain contexte historique, elle est *a fortiori* susceptible d'une explication sociologique [23]. Mais cette supposition est le résultat d'une *confusion entre culture intellectuelle et culture sociale*. Comme la première partie de ce livre l'a clairement démontré, il arrive souvent que des croyances tendent à apparaître dans des circonstances intellectuelles spécifiques qui sont fonction des problèmes empiriques reconnus à l'époque et des traditions de recherche dominantes qui caractérisent celle-ci. Mais il se peut qu'il n'y ait rien qui soit d'intérêt social ou sociologique dans ce processus d'assimilation d'idées au sein d'un contexte ou cadre intellectuel préétabli.

L'hypothèse interdisciplinaire. Jusqu'ici, nous avons examiné certaines ambiguïtés implicites de l'hypothèse historico-sociale et certaines difficultés liées à l'hypothèse de l'a-rationalité. Il y a une autre hypothèse répandue, relative au domaine de la sociologie cognitive, qu'on pourrait appeler «l'hypothèse interdisciplinaire». Dans sa forme générale, elle suppose que nous pouvons présumer que des facteurs sociologiques entrent en jeu quand des penseurs d'une discipline donnée s'inspirent d'idées provenant d'autres disciplines, ou réagissent à ces mêmes idées. La version la plus spécifique de ce postulat, lorsqu'on l'applique à l'histoire des sciences, revient à dire que *quand «les savants» sont influencés par les conséquences «non scientifiques»* (par exemple morales, religieuses, épistémologiques, métaphysiques) *d'une théorie scientifique, cela indique l'intrusion de facteurs extra-rationnels ou sociaux dans la situation scientifique.*

Le postulat interdisciplinaire provient, je crois, d'une interprétation un peu particulière de l'hypothèse de l'a-rationalité. Si on présume qu'une science est rationnelle dans la seule mesure où elle est autonome et que tout ce qui est a-rationnel a des causes sociales, l'hypothèse interdisciplinaire s'ensuit sans difficulté. C'est la première prémisse qui rend l'inférence douteuse. Comme la première partie de ce livre l'a exprimé clairement, il n'est pas nécessairement irrationnel que des savants s'intéressent aux relations conceptuelles entre leur travail scientifique (au sens étroit) et les composantes intellectuelles plus larges de la culture contemporaine. Nous avons discuté des mérites de cette idée plus haut. Ce qu'il faut souligner ici, c'est qu'il y a des «écoles» de sociologie cognitive (on pense en particulier à Sorokin, Scheler, Durkheim[24] et Richter, par exemple) qui considèrent que le but central de la sociologie est l'étude des voies par lesquelles les différents éléments idéologiques d'une culture sont intégrés. Si les arguments de cet essai ont quelque force, les études de «l'intégration idéologique», pour autant que celle-ci soit rationnellement bien fondée, relèvent de l'histoire intellectuelle et échappent *complètement* au domaine de la sociologie cognitive.

L'on pourrait croire que ces considérations abstraites ont peu d'influence sur les recherches que font effectivement les sociologues à orientation historique et que cette confusion en ce qui concerne les fondements ne pose pas de problèmes quand on étudie des cas particuliers. Mais on peut constater que ce point de vue n'est pas tenable en regardant en détail deux études historiques récentes parmi les mieux connues sur la sociologie des idées scientifiques, à savoir les travaux de Theodore Brown et de Paul Forman.

Ces deux études historiques, quoiqu'elles portent sur des époques et des sciences différentes cherchent toutes deux à montrer que l'accueil de certaines théories scientifiques a dépendu de façon cruciale de circonstances sociales et institutionnelles. Ces enquêtes méritent d'être analysées en détail, car elles mettent en évidence certaines des suppositions confuses qui sous-tendent même les études les plus sophistiquées de la sociologie historique du savoir.

Le but de Brown est d'expliquer pourquoi certains éminents médecins et philosophes anglais ont accepté avec enthousiasme l'approche mécaniste de la vie vers le milieu du XVIIe siècle. En bref, sa réponse est la suivante. Ces penseurs étaient liés au Royal College of Physicians, or le prestige social de cette organisation était en péril. Elle risquait, en outre, de perdre le monopole qu'elle détenait sur la reconnaissance du droit à pratiquer la médecine. Or ces menaces résultaient en partie du fait que l'organisation était associée à une physiologie démodée et moribonde issue de Galien et Aristote. La philosophie mécaniste, au contraire, était perçue comme une approche moderne, à la mode, au moyen de laquelle les médecins pourraient combattre leurs adversaires traditionnels, les apothicaires. Brown suggère que l'approbation de la nouvelle approche mécaniste de la médecine par les membres du *College* était la conséquence directe de la crise institutionnelle et sociale à laquelle celui-ci était confronté. Dans les termes mêmes de Brown, «les médecins du *College*... empruntèrent des idées à la philosophie mécaniste... parce qu'ils étaient engagés dans des luttes politiques, leur prestige professionnel étant sérieusement diminué et parce qu'ils espéraient, par ces emprunts, rehausser celui-ci et, du coup, améliorer leur position politique »[25].

Quant à Forman, il cherche à expliquer pourquoi le principe d'incertitude fut accepté si vite et si facilement par les praticiens de la physique théorique en Allemagne à la fin des années 1920. L'hypothèse de Forman est que ces physiciens étaient prédisposés à accueillir avec sympathie les assauts contre le principe de causalité parce qu'il y avait dans le milieu intellectuel allemand un courant puissant (découlant surtout de Spengler) selon lequel la science était excessivement rationnelle, mécaniste et déterministe — en bref, elle ne laissait aucune place ni aux valeurs humaines ni à la fragilité de l'esprit humain. D'après Forman, ce mouvement néo-romantique, anti-mécaniste menaçait le prestige des physiciens à un point tel qu'ils cherchaient activement des moyens d'améliorer leur image en répudiant le matérialisme déterministe dont on les accusait[26]. Le principe d'incertitude (interprété naïvement) leur donnait une belle riposte contre leurs détracteurs, car les physiciens pouvaient s'en servir pour prouver qu'ils n'étaient pas commis à une vision purement mécaniste du monde.

Ce qui sous-tend les analyses de Brown et de Forman, c'est un ensemble de suppositions historiographiques sur le caractère de la science, suppositions qui leur permettent de construire leurs problèmes de la manière dont ils le font. On peut repérer, en particulier, diverses suppositions provenant de Kuhn selon lesquelles: (1) les disciplines ont généralement une autonomie qui les protège des «pressions extérieures» provenant de l'environnement, plus large, social et culturel[27]; (2) toute discipline scientifique est fondamentalement *conservatrice*, et résiste à toute réorientation de ses engagements conceptuels, sauf en période de crise grave; (3) ces périodes rares de crise intellectuelle (et en ceci Brown et Forman se séparent de Kuhn) proviennent non de la discipline elle-même, mais de menaces extérieures visant le prestige et la position intellectuelle de ses praticiens, ainsi que leurs ressources financières[28]; et (4) la réorganisation des croyances d'une communauté de savants est due à ces pressions extérieures plutôt qu'à un processus d'évaluation rationnelle au sein de la discipline elle-même. Forman lui-même énonce explicitement la plupart de ces présuppositions lorsqu'il écrit :

> On peut supposer que *lorsque les savants* et leur travail *jouissent d'un grand prestige* dans leur environnement social immédiat ou le plus important, *ils sont aussi relativement libres d'ignorer les doctrines spécifiques, les sympathies et les antipathies qui forment le milieu intellectuel correspondant*. L'approbation étant assurée, ils sont libres de pressions extérieures, libres de suivre la pente interne de la discipline, — *ce qui signifie généralement s'accrocher à l'idéologie traditionnelle et aux prédispositions conceptuelles*. Mais quand les savants et leur travail souffre d'une perte de prestige, ils sont forcés de prendre des mesures pour contrecarrer ce déclin... mesures [qui] peuvent affecter même les bases doctrinales de la discipline...[29].

Il vaut la peine de noter, de prime abord, que ni Forman, ni Brown n'explorent la possibilité que l'émergence de théories acausales dans la physique allemande ou de théories mécanistes dans la physiologie britannique puissent être des réponses appropriées et rationnelles aux critiques empiriques et conceptuelles élevées contre les théories précédemment dominantes. Il est évident qu'ils supposent immédiatement l'intervention de forces sociales parce qu'ils sont commis à la thèse selon laquelle les disciplines ne tolèrent une intrusion de considérations extérieures (par exemple, philosophiques, culturelles ou de nature politique) que lorsqu'elles sont soumises à une vive pression sociale. De même, dans la mesure où Forman et Brown sont convaincus que les disciplines sont réactionnaires et résistent au changement, ils sont amenés presque inévitablement — lorsque des changements conceptuels surviennent dans une discipline — à trouver des facteurs externes, sociaux et institutionnels, expliquant, dans une optique historique, un comportement qui leur paraît non caractéristique et même non scientifique (étant donné leur modèle du changement)[30].

Par conséquent, les investigations de Forman et de Brown dépendent crucialement de l'adéquation des hypothèses historiographiques (1) à (4). Si ces dernières sont douteuses (comme je l'ai montré dans la première partie), les recherches historiques faites sous leur égide ne peuvent convaincre.

Etant donné l'image qu'ils se font de la science (en se basant sur Kuhn), Forman et Brown ne peuvent concevoir que des savants puissants puissent jamais avoir des raisons scientifiques valables pour changer d'avis ou pour s'inquiéter de problèmes intellectuels plus larges. En conséquence, Forman et Brown ignorent systématiquement les mérites scientifiques et rationnels des idées dont ils discutent. Après tout, il se *pourrait* que Heisenberg ait énoncé le principe d'incertitude parce que, comme il le dit lui-même, il croyait que le poids de l'argumentation était en sa faveur. Il se *pourrait* que Walter Charleton ait accepté la philosophie mécaniste parce que — comme il l'explique en 400 pages passablement ampoulées — cette théorie était rationnellement plus acceptable que les autres. Ce recours à des explications sociales et institutionnelles opère donc dans un vide intellectuel surprenant. Ni Forman ni Brown ne se demandent si leurs analyses « sociales » de la réception des théories réussissent ou non à expliquer des situations historiques qui pourraient l'être par des raisons cognitives valables. Ils ne produisent aucune preuve pour étayer leur conviction historique centrale selon laquelle la science est intrinsèquement conservatrice et, dans des circonstances habituelles, entièrement autonome [31].

LES FONDEMENTS THEORIQUES DE LA SOCIOLOGIE COGNITIVE

L'origine sociale des idées. Jusqu'à présent, nous nous sommes consacrés à des questions préliminaires importantes, mais il nous reste à traiter du *contenu* des théories sociologiques. Si notre but jusqu'ici a été de préciser les types de situations auxquelles un sociologue cognitif peut, en principe, se trouver confronté, nous devons maintenant examiner la nature de la théorie sociologique elle-même. Bien qu'il n'y ait pas lieu ici de faire le détail des engagements importants de la sociologie cognitive, quelques observations sont nécessaires, en particulier sur la sociologie cognitive de la science.

Comme nous l'avons déjà noté, toute explication fournie par la sociologie cognitive affirme, au minimum, une relation causale entre une croyance x d'un penseur y et la situation sociale z de y. De plus, si ces explications prétendent à un quelconque caractère scientifique, il faut qu'elles se basent sur une loi générale qui affirme que tous les penseurs — ou du moins la majorité d'entre eux — dans une situation de type z adopteront des croyances de type x.

Il s'ensuit que la viabilité de la sociologie cognitive dépend de notre capacité à découvrir des relations causales (ou fonctionnelles) générales entre les structures sociales et les croyances. Plus spécifiquement, la sociologie cognitive des sciences se fonde sur l'existence de corrélations explicites entre le contexte social du savant et les croyances spécifiques auxquelles il adhère en ce qui concerne le monde physique.

Malgré des décennies de recherches sur cette question, *les sociologues cognitifs doivent encore fournir ne fût-ce qu'une seule loi générale qu'ils souhaiteraient utiliser pour expliquer la destinée cognitive d'une quelconque théorie scientifique.* L'acceptation de la loi de Boyle, le rejet de la théorie de l'hérédité de Lamarck, l'accueil de la géologie de Lyell, la genèse des idées de Newton, l'abandon de la physiologie de Galien, le caractère historique de la théorie de la relativité, voilà quelques exemples, parmi beaucoup d'autres, où la théorie sociologique contemporaine n'a pas été en mesure de fournir des analyses qui éclairent notre compréhension de l'histoire. Lorsque des explications sociologiques de cas spécifiques nous sont présentées, le lecteur doit généralement découvrir par lui-même quels principes elles présupposent[32].

Il ne faut d'ailleurs pas s'étonner de la faillite de la sociologie cognitive contemporaine des sciences. En effet, son répertoire actuel est de loin trop grossier pour permettre les discriminations requises. Qu'il s'agisse de classes sociales, de contextes économiques, de systèmes de parenté, de catégories d'activités professionnelles, de types psychologiques ou de schémas d'affiliation ethnique, nous constatons que toutes ces notions n'ont que peu de rapport avec les systèmes de croyance des grands savants. Au XVIIIe siècle, les défenseurs et les détracteurs de la théorie de Newton comptaient aussi bien des fils d'ouvriers que des fils de famille; dans les années 1870-1880, le darwinisme fut accepté par des savants conservateurs tout autant que par des radicaux. Les partisans de l'astronomie copernicienne au XVIIe siècle couvrent tout le spectre des activités professionnelles — professeurs d'université (Galilée), soldats gentilshommes (Descartes), prêtres (Mersenne) — et tous les types psychologiques.

Un examen judicieux des données historiques semble couper court à toute tentative visant à établir des liens entre les grandes théories scientifiques et un groupe socio-économique particulier. Les marxistes se trompent tout simplement en parlant de mathématiques spécifiquement bourgeoises; les partisans de Weber n'ont pas présenté de faits convaincants en faveur de l'existence d'une philosophie naturelle spécifiquement puritaine; contrairement à l'idéologie fasciste, il n'existe pas une «physique juive»; quoi qu'en disent de nombreux léninistes, nous n'avons aucune preuve qu'il y ait une version spécifiquement prolétarienne de la théorie de la relativité restreinte.

La raison principale de l'échec des sociologues dans leur recherche d'une corrélation entre classes sociales et croyances scientifiques est que la grande majorité de celles-ci — mais non toutes — semblent n'avoir aucune signification sociale. Que la loi de la gravitation comporte une division par le carré de la distance, que l'énergie mécanique puisse être transformée en chaleur, que les atomes aient des noyaux, ces croyances semblent (je dis bien semblent) n'avoir ni racine ni conséquence sociale concevables. Etant donné la distance conceptuelle évidente entre la plupart des croyances scientifiques et les hasards du changement social, il est très difficile d'imaginer que les pressions sociales puissent être responsables de l'invention ou de l'accueil de telles idées. Pire encore, la sociologie contemporaine fait peu de chose pour clarifier, même dans l'abstrait, les mécanismes par lesquels les facteurs sociaux pourraient influencer l'adoption d'idées scientifiques spécifiques. Que nous regardions vers Marx, Mannheim, Merton ou tout autre grand théoricien de la sociologie, ils ne nous éclairent pas quand il s'agit de spécifier un mécanisme général permettant d'expliquer la connexion entre une situation sociale et un engagement idéologique dans la sphère scientifique ou philosophique. Prenons quelques exemples bien connus. En quoi le fait de vivre dans une société mercantile favoriserait-il des conceptions empiristes ? Pourquoi le fait de vivre dans une société féodale favoriserait-il une théorie géocentrique de l'univers ? Pourquoi — je reprends ici un exemple célèbre de Hessen — le fait que Newton vivait au sein d'une nation de navigateurs l'aurait-il conduit à interpréter la loi de Boyle comme il l'a fait[33] ? Au bout du compte on constate que les schémas de croyance scientifique, rationnelle et irrationnelle, traversent toutes les catégories habituelles de l'analyse sociologique. C'est sans doute pour des raisons semblables que de nombreux sociologues contemporains du savoir (tels que Ben-David et même dans certaines circonstances Merton et Mannheim) sont peu optimistes. Comme le dit Ben-David, « les possibilités ouvertes à une sociologie du contenu conceptuel et théorique des sciences sont extrêmement limitées »[34].

Face à l'incapacité, largement reconnue de la sociologie cognitive contemporaine à expliquer des épisodes scientifiques intéressants, il nous faut tirer l'une des deux conclusions suivantes :

(a) nous pourrions conclure que l'échec de la sociologie cognitive des sciences est dû au fait que la discrimination entre croyances, dans les sciences naturelles, est intrinsèquement à l'abri des influences sociologiques, et par conséquent qu'elle n'est pas susceptible d'une analyse sociologique.

Alternativement, et plus charitablement, on pourrait suggérer que :

(b) il n'y a pas de raison *de principe* pour que les croyances scientifiques irrationnelles ne puissent être expliquées sociologiquement, à condition de pouvoir mettre au point des théories plus fines que celles dont nous disposons en ce qui concerne l'origine sociale des croyances scientifiques.

Beaucoup de grands sociologues des sciences défendent la position (a), considérant que le rôle de la sociologie est entièrement non cognitif, en tout cas en ce qui concerne les sciences naturelles.

Robert Merton, par exemple, dans son ouvrage classique *Science, Technology and Society in 17th-Century England* spécifie qu'il n'a aucune ambition d'expliquer le *contenu* de la science du XVIIe siècle en termes sociologiques, notant que les «découvertes et inventions spécifiques appartiennent à l'histoire interne des sciences et sont largement indépendantes de facteurs autres que purement scientifiques »[35]. Karl Mannheim va jusqu'à conclure que les développements historiques des « mathématiques et des sciences naturelles » sont « largement déterminés par des facteurs immanents »[36]. Leurs arguments en faveur de ce point de vue ne sont toutefois pas convaincants parce qu'ils reposent sur cette conception empiriste et naïve de la science et de la rationalité scientifique dont nous avons discuté précédemment. En général, les sociologues cognitifs qui excluent la science de leur domaine le font en raison de deux convictions apparentées, toutes deux profondément erronées mais tenaces.

Selon la première, les théories scientifiques sont dictées par les données et ne laissent aucune place au subjectif et au non-factuel dans la détermination du savoir; comme le dit Maurice Richter, « la société ne peut, en principe, déterminer le contenu de la connaissance scientifique car celle-ci doit être déterminée par les observations de la nature »[37].

La seconde veut que la connaissance scientifique proprement dite soit autonome et isolée des autres aspects de la croyance humaine (religion, philosophie, valeurs) qui, elles, sont déterminées en partie socialement.

C'est la conjonction de ces deux croyances qui conduit de nombreux penseurs à nier la possibilité d'une sociologie cognitive de la science. Dans la mesure où ces deux images du savoir sont fausses comme je l'ai soutenu tout au long de ce livre, il est peu justifié d'accepter la conclusion (a). En effet, il a été établi que les sciences ont des interactions avec les autres disciplines. Or, si on pouvait montrer que le contenu de celles-ci est déterminé « existentiellement », il s'ensuivrait que la science, dans la mesure même où elle interagit avec ces disciplines, est aussi déterminée socialement, (ne serait-ce qu'indirectement).

Pourtant, même si le refus des deux convictions ci-dessus conduit à admettre la possibilité d'une sociologie cognitive des croyances scientifiques non rationnelles (cf. (b) ci-dessus), il faut insister sur la nécessité d'un travail théorique approfondi en sociologie pour obtenir des analyses fructueuses.

S'il est exact que de nombreux sociologues sont pessimistes quant aux perspectives d'avenir de la sociologie cognitive des sciences, ils sont bien plus optimistes en ce qui concerne l'application de cette méthode aux disciplines comme la théologie ou la philosophie. Malheureusement leurs résultats dans ces domaines sont presque aussi décourageants que pour la science. Par exemple, dans sa discussion stimulante sur l'histoire de l'épistémologie, Mannheim remarque, avec raison, que les théories de la connaissance du XVIIe siècle étaient fortement influencées par les nouvelles théories scientifiques qui apparaissaient alors. En généralisant cette observation, il dit que «toute théorie de la connaissance est influencée par la forme que prend la science à son époque. Il n'y a, en effet, aucune autre source d'où elle puisse dériver sa conception de la nature de la connaissance»[38]. Mannheim affirme alors que cette dépendance de l'épistémologie sur la science prouve que les théories de la connaissance sont déterminées «socialement»[39]. Cette inférence ne pourra paraître fondée que si l'on présume qu'il n'est ni immanent ni rationnel pour une épistémologie de refléter des glissements dans le savoir scientifique. Mais, si nous adoptons un modèle alternatif de la rationalité, nous voyons qu'il est souvent entièrement rationnel et naturel qu'une interconnexion symbiotique existe entre science et philosophie. Cependant, l'existence de cette interdépendance ne signifie pas que la cause en soit sociale.

On a dit, dans la première partie de ce chapitre, que l'application des analyses sociologiques à l'histoire des idées scientifiques doit attendre l'étude préalable de l'histoire rationnelle ou intellectuelle de la science; il devrait également être clair que l'émergence d'une sociologie cognitive du savoir, au sein de l'histoire générale, doit attendre qu'on ait mis au point des instruments et concepts radicalement nouveaux pour l'analyse sociologique[40]. En attendant que ces deux tâches préliminaires soient entreprises, les assertions pieuses sur la détermination sociale des croyances scientifiques restent des articles de foi gratuits.

CONCLUSION

Dans ce chapitre, j'ai critiqué vivement la plupart du travail (théorique et appliqué) de la sociologie de la connaissance. Il est toutefois crucial d'insister sur le fait qu'il ne s'agit là que d'objections sur le sujet tel qu'il est pratiqué habituellement aujourd'hui. Rien de ce que j'ai dit ici ne doit faire douter de la possibilité d'une sociologie de la connaissance (pour autant qu'elle travaille dans le cadre de l'hypothèse de l'a-rationalité). Au contraire, c'est un vaste domaine qui est dévolu à la recherche en sociologie cognitive. Quand, par exemple, un savant *accepte* une tradition de recherche qui est moins adéquate qu'une rivale; quand il *poursuit* une théorie non progressiste; quand il donne à un problème ou une anomalie plus ou moins de *poids* qu'ils ne le méritent cognitivement; quand il choisit entre deux traditions de recherche également adéquates ou progressistes, dans tous ces cas nous devons nous tourner vers le sociologue (ou le psychologue) pour comprendre, puisqu'il n'y a aucune possibilité pour une analyse rationnelle de l'action en question. Nous avons grandement besoin de théories sociologiques qui puissent éclairer ces cas qui sont, sans le moindre doute, fréquents dans l'histoire de la pensée. En particulier, une exploration des *déterminants sociaux de la pondération des problèmes* serait pleine de promesses, puisque ce phénomène — sans doute plus que d'autres — paraît intuitivement être soumis à diverses influences sociales, les classes, la nationalité et la finance par exemple.

De même, nous avons besoin d'une recherche approfondie sur *les types de structures sociales qui permettent que la science fonctionne rationnellement*. Quoique aucun système social ne puisse garantir le progrès et le choix scientifique rationnel, certaines institutions sociopolitiques, plus que d'autres, sont susceptibles, semble-t-il, d'aider à atteindre ces buts. Toutefois, il nous faut à nouveau comprendre ce qu'est la rationalité scientifique, avant de pouvoir en étudier l'arrière-plan social.

Epilogue
Au-delà de la vérité et de la pratique

Parmi les nombreuses questions que cette étude a laissé sans réponse, deux au moins méritent plus ample développement :

1. Même si nous acceptons l'idée que le but de la science est de résoudre des problèmes, et que nous reconnaissons qu'elle y a souvent réussi, nous sommes autorisés à nous demander si ce système d'investigation — avec les techniques dont il dispose — est le mécanisme le plus efficace pour arriver à ces fins.

2. Nous sommes également en droit de nous demander si l'investigation du genre de problèmes intellectuels que la science se donne pour objet est justifiée, étant donné les autres demandes pressantes faites sur nos ressources mentales, physiques et financières limitées.

Des réponses définitives à ces questions sont difficilement accessibles, mais on peut au moins esquisser les directions à suivre pour y parvenir.

On a beaucoup écrit sur les méthodes de la science et pourtant, à l'exception de pragmatistes comme Peirce et de certains «analystes de systèmes», personne ne s'est sérieusement demandé si les méthodes utilisées par la science sont les plus efficaces pour engendrer des solutions. La préoccupation des philosophes des sciences classiques a été de montrer que les méthodes scientifiques sont des instruments aptes à produire soit la vérité, soit un haut degré de probabilité, soit encore des approximations toujours plus proches de la vérité. Or, ils ont tristement échoué dans cette entreprise. Ce que nous devons nous demander maintenant, c'est si les méthodes de la science — même si elles ont échoué en tant que «machines à trouver la vérité» — sont les meilleurs outils disponibles pour la solution de problèmes.

Que la science ait résolu des problèmes ne fait aucun doute; mais la question est de savoir si une amélioration des instruments traditionnels utilisés pour l'évaluation logique et empirique pourrait augmenter son efficacité.

Nous ne pouvons ici proposer des réponses à ces problèmes globaux. Mais nous croyons devoir affirmer, avec urgence, qu'il s'agit de questions sérieuses qui ne peuvent plus être ignorées. Jusqu'à ce que nous puissions montrer pourquoi la science peut être un instrument adéquat pour la solution de problèmes, ses succès du passé pourront toujours être considérés comme l'effet d'un heureux hasard qui pourrait à tout moment se tarir.

Mais ceci, en retour, soulève une question plus vaste encore, que nous avons évoquée ci-dessus. Même si on peut démontrer que la science est le meilleur instrument pour la solution des problèmes cognitifs, comment pouvons-nous justifier l'utilisation de ressources aussi importantes pour satisfaire un trait particulier de l'évolution animale, à savoir la curiosité humaine?

Les deux justifications classiques de la recherche scientifique sont les suivantes. D'une part, on affirmait que la quête de la vérité empirique («la connaissance pour la connaissance») est la force active qui soutient la recherche scientifique. D'autre part, on insistait sur le fait que la science a une valeur pratique et utilitaire énorme en ce qui concerne l'amélioration des conditions physiques de la vie. Cependant, ces deux approches ont perdu toute plausibilité. D'abord, la science, pour autant que nous en sachions quelque chose, ne produit pas des théories qui soient vraies ou hautement probables. Ensuite, nous devons admettre ouvertement que l'identification optimiste de la science avec le pouvoir, énoncée par Bacon, est aussi fausse aujourd'hui qu'elle l'était il y a 350 ans, quand le lord chancelier d'Angleterre l'a présentée pour la première fois. *La plus grande partie* de l'activité théorique des sciences, surtout dans ce qu'elle a de meilleur, ne vise pas à résoudre des problèmes ayant une importance sociale ou pratique. Même lorsque des théories profondes ont permis des retombées pratiques, on peut dire que cela a été largement accidentel; ces applications fortuites n'ont été ni la motivation ni le fil conducteur de la recherche. Si nous devions prendre au sérieux l'approche utilitaire de la recherche scientifique, il nous faudrait alors réordonner les priorités à grande échelle puisque, à l'heure actuelle, les talents et les ressources scientifiques ne sont manifestement pas alloués en fonction des nécessités pratiques.

Si nous voulons trouver une justification fondée de l'activité scientifique, peut-être devrons-nous reconnaître que la curiosité de l'homme envers le monde et envers lui-même est tout aussi irrésistible que ses besoins en vêtements et en nourriture. Tout ce que nous avons appris grâce à l'anthropologie culturelle, nous montre que dans toutes les cultures, même lorsqu'elles parviennent à peine à assurer leur subsistance, il existe des doctrines complexes sur le fonctionnement de l'univers. L'universalité de ce phénomène suggère que l'interprétation du monde et de la place de l'homme au sein de celui-ci a des racines profondes dans la psyché humaine. En reconnaissant que la solution de problèmes intellectuels est un besoin vital, aussi fondamental que la nourriture et la boisson, nous pouvons mettre fin à l'illusion dangereuse selon laquelle la science n'est légitime que dans la mesure où elle contribue à notre bien-être matériel, ou à notre fonds de vérités éternelles. Sous cet angle, le rejet des investigations scientifiques théoriques apparaît comme le reniement du trait humain le plus caractéristique.

En disant cela, je ne veux pas suggérer que l'attribution de ressources à tous les problèmes scientifiques théoriques est ipso facto justifiée. En effet, une partie bien trop importante de la recherche se consacre aujourd'hui à des problèmes sans portée cognitive ni sociale. Pour mériter les fonds qui lui sont à présent fournis généreusement, le praticien des sciences «pures» doit pouvoir montrer que les problèmes dont il s'occupe sont véritablement significatifs, et que son programme de recherche est suffisamment progressiste pour mériter qu'on y risque nos ressources précieuses et limitées.

Notes

PROLOGUE

[1] Rudolph Carnap, par exemple, concède volontiers que son système de logique inductive et sa théorie de la confirmation sont totalement inadéquats pour ce qui est de rendre compte des épisodes les plus importants de l'histoire des sciences : « Par exemple, on ne doit pas s'attendre à pouvoir appliquer la logique inductive à la théorie de la relativité générale d'Einstein, ni à trouver une valeur numérique qui caractérise son degré de confirmation... Il en va de même pour les autres étapes de la transformation révolutionnaire de la physique moderne... *l'application de la logique inductive à ces cas est hors de question*» (je souligne; [1962], p. 243). La plupart de ceux qui soutiennent des théories inductives de la rationalité ont fait des réserves similaires à l'égard de leurs modèles.

[2] Carnap, à nouveau, se voit obligé d'affirmer que le degré de confirmation — qui constitue l'unité de base de l'acceptation rationnelle selon lui — de toutes les théories scientifiques universelles est zéro. Or, ce chiffre correspond à une situation où ces théories n'auraient reçu *aucune* confirmation ! Carnap manie l'euphémisme en concédant que ce «résultat peut paraître surprenant; il semble ne pas s'accorder avec le fait que les scientifiques disent souvent d'une loi qu'elle est 'bien confirmée'... » (Ibid., p. 571).

[3] Je reviendrai, au chapitre 7, sur la question de savoir si ces épisodes sont véritablement irrationnels, ou si ce n'est qu'une apparence.

[4] Voir surtout Kuhn (1962) et Feyerabend (1975).

[5] Pour une discussion détaillée des opinions de Kuhn sur cette question, voir ci-dessous pp. 154 et suivantes.

[6] Cf. Lakatos (1968b) où il tente vaillamment de rendre cohérente la théorie poppérienne de la rationalité et de faire entrer ses propres idées, du reste intéressantes, dans un cadre poppérien (qui ne leur convient d'ailleurs guère).

[7] Quoique Hintikka évite certaines difficultés que rencontrait Carnap, il maintient, comme ce dernier, que les degrés de confirmation sont, en général, dépendants du langage utilisé. Cet échec est tout aussi inquiétant et non intuitif que les résultats antérieurs de Carnap.

[8] N.d.T. Nous avons choisi de conserver les termes «progressisme» et «progressiste» malgré leur forte connotation politique en français.

CHAPITRE 1

¹ Kuhn et Popper sont deux exceptions apparentes à cette affirmation. Ils soutiennent tous deux que leurs modèles de la science sont fondés sur une approche de la croissance scientifique basée sur la résolution de problèmes. Malheureusement, cette reconnaissance du statut des problèmes est purement théorique. Popper ne parvient pas à montrer en quoi la logique de la résolution des problèmes est liée aux éléments techniques de sa philosophie des sciences (tels que la «falsifiabilité» et le «contenu empirique»); quant à Kuhn, il nie que «la capacité à résoudre des problèmes constitue une base unique ou non équivoque dans le choix des paradigmes [c'est-à-dire des théories]» (Kuhn [1962], p. 168). Ainsi, ces deux philosophes enlèvent d'une main ce qu'ils accordent de l'autre.
² Je ne soutiens évidemment pas que les philosophes des sciences aient ignoré que la science est empirique. Mais, comme nous le verrons plus loin, il y a des différences importantes entre «expliquer des problèmes empiriques» et «résoudre des problèmes empiriques». Les philosophes des sciences se sont trop occupés de la première question, et n'ont presque rien dit sur la seconde.
³ Cf. Oresme (1968), p. 244. (Je dois cette référence au Dr A.G. Molland de l'Institut E.R.). On trouvera dans Martin (1880) un exposé fascinant sur certains phénomènes «non factuels» qui ont été traités comme des problèmes empiriques par les scientifiques.
⁴ Il existe d'autres différences techniques importantes entre les problèmes empiriques et les faits (par exemple, une théorie explique toujours une infinité de propositions factuelles mais ne résout jamais qu'un nombre fini de problèmes). Ces différences seront discutées plus loin.
⁵ La catégorie des problèmes empiriques non résolus que j'introduis ici correspond approximativement à la notion «d'énigme» (*puzzle*) de Kuhn. Cependant, il faut insister sur le fait que la conception de la science de ce dernier, basée sur la résolution d'énigmes, ne connaît que cette classe de problèmes non résolus.
⁶ Insistons sur le fait que cette conception des anomalies est très éloignée des idées conventionnelles sur ce sujet. Voir les sections suivantes pour une discussion détaillée.
⁷ Cependant, une fois qu'un problème a été résolu par une théorie quelconque, il conserve en général son statut de problème et est supposé être résolu par les théories ultérieures — à moins qu'elles ne montrent de façon convaincante qu'il s'agit d'un pseudo-problème.
⁸ Sur le problème du mouvement brownien, un contemporain de Brown, John Conybeare, écrit: «Je n'en crois pas un mot... [Biot] affirme qu'il se peut que les corps solides soient comparables à des systèmes de molécules en mouvement, représentant à une échelle réduite les systèmes planétaires. J'ajouterais une seule hypothèse supplémentaire, à savoir que ces molécules sont habitées, et qu'il y a parmi leur population des philosophes qui s'imaginent avoir développé le système de l'univers». Cette citation est empruntée à l'excellent ouvrage de Mary Jo Nye sur la réception du mouvement brownien (1972), pp. 21-22. Sur cette question, voir encore Brush (1968).
⁹ Voir Vartanian (1957).
¹⁰ Sur cette question, il est utile de faire remarquer que la théorie des «programmes de recherche» de Lakatos (malgré son insistance sur la compétition entre théories) ne peut expliquer des situations de ce type. En effet, la biologie matérialiste n'a pas prédit le polype *avant qu'il ne soit découvert*. Par conséquent, dans la perspective de Lakatos, cette discipline ne peut tirer aucun crédit du fait d'avoir pu l'expliquer.
¹¹ Voir le chapitre 4 ci-dessus, surtout pp. 134-136.
¹² Cf. surtout Duhem (1954), Neurath (1935) et Quine (1953).
¹³ Surtout Kuhn et Lakatos.

[14] Popper n'est pas loin du point (b'), lorsqu'il exige que toute nouvelle théorie, pour être acceptable, explique *tout* ce que peuvent expliquer ses prédécesseurs et ses rivales. Malheureusement, Popper va trop loin. En effet, parce qu'il adhère au point (a), il considère que toute perte de contenu explicatif porte un coup fatal à une théorie. Je soutiens, par contre, qu'une perte de contenu explicatif due à une anomalie non réfutante n'est pas nécessairement décisive. Pour une critique plus approfondie de la théorie cumulative de la science selon Popper (et Lakatos), voir ci-dessous pp. 153-156 ainsi que Laudan (1976b).

[15] Il faut souligner l'importance de la thèse réciproque, à savoir que si un problème n'a jamais été résolu par une théorie antérieure, il constitue seulement un problème non résolu, et non une anomalie pour les théories postérieures. Notons encore qu'il est possible que ce problème perde son statut de problème par la suite, et cesse par conséquent d'être non résolu.

[16] En effet, l'on ne serait sans doute pas loin de la vérité en soutenant qu'une proto-science devient une science, dès le moment où l'on cesse de donner un poids identique à tous les problèmes.

[17] Home (1972-73) montre de façon convaincante que l'analyse de la bouteille de Leyde par Franklin a effectivement détourné l'attention des physiciens des questions qui avaient été considérées auparavant comme les problèmes centraux de la théorie électrique.

[18] Cf. surtout Kuhn (1962).

[19] Voir Duhem (1916) et Laudan (1965).

[20] La plupart de ces thèses ont été contestées par Grünbaum; voir surtout (1960), (1969) et (1973).

[21] La seule façon, pour une certaine T_i, qui était un membre d'un ensemble E, de soustraire a de la classe de ses anomalies consiste à développer un ensemble alternatif E', qui comprend T_i, et qui transforme l'anomalie a en un problème résolu.

[22] Et de distinguer les cas où il est rationnel de conserver l'ensemble de théories en ignorant l'anomalie.

CHAPITRE 2

[1] Pour une critique des opinions de Kuhn sur cette question voir ci-dessous pp. 156-158, 179-181.

[2] Karl Popper, par exemple, a souvent soutenu que le recours à des croyances métaphysiques ou théologiques pour critiquer des théories scientifiques, n'a qu'un intérêt sociologique, et n'aide en rien à comprendre l'évaluation rationnelle. Dans l'un de ses essais les plus récents, par exemple, Popper écrit que le «fait historique et sociologique que les théories de Copernic et de Darwin se heurtaient à la religion n'est en rien pertinent en ce qui concerne l'évaluation rationnelle de celles-ci» ([1975], p. 88). Dans un esprit légèrement différent, Philip Frank, confronté au rejet des théories de Copernic par les astronomes de la renaissance, prétend qu'ils firent leur choix en se demandant «si la vie humaine deviendrait plus ou moins heureuse parce qu'on accepterait le système copernicien» ([1961], p. 17). Frank refuse toute alternative entre des évaluations purement «scientifiques» (c'est-à-dire empiriques) et des jugements de valeur hédonistes.

[3] Il y a néanmoins une exception récente et très intéressante: Gerd Buchdahl a discuté de façon approfondie (cf. surtout [1970]) le rôle des controverses portant sur des questions non empiriques dans l'histoire des sciences. Mon analyse des problèmes conceptuels, quoiqu'elle diffère de celle de Buchdahl, doit beaucoup à son analyse très fine de ce sujet.

⁴ Heimann (1969-70) utilise la quête de la cohérence interne pour expliquer l'évolution des idées de Maxwell sur l'électricité et le magnétisme.
⁵ Il faut remarquer cependant, que ce n'est pas parce qu'on rejette les théories inconsistantes que l'on s'interdit de travailler sur celles-ci. Voir ci-dessous pp. 119 et suivantes. Sur le rôle des problèmes conceptuels internes dans le développement des travaux de Thomas Young, voir Cantor (1970-71).
⁶ Voir Hare (1840) ainsi que la réponse perplexe de Faraday (1840) à cette critique conceptuelle.
⁷ Voir surtout Stallo (1960).
⁸ Voir Whewell (1840), II⁰ partie. On trouvera une excellente analyse des thèses de Whewell dans Butts (1977).
⁹ La forme la plus courante du renforcement mutuel entre théories est la relation dite d'«*analogie*». On trouvera une démonstration de l'importance cruciale des problèmes d'analogie dans la chimie du XIX⁰ siècle dans Brooke (1970-71).
¹⁰ Viner (1928) montre de façon convaincante que l'un des problèmes conceptuels centraux de la théorie économique d'Adam Smith était son incompatibilité avec la thèse newtonienne de l'équilibre des forces dans la nature. Ce problème était particulièrement aigu dans la mesure où la théorie économique de Smith se fondait sur un équilibre général (newtonien) de la nature tout en postulant des forces de motivation économiques (par exemple, l'intérêt personnel) qui semblaient incompatibles avec un système en équilibre. Certains ont soutenu que Smith a écrit son traité de philosophie morale pour résoudre cette tension.
¹¹ Par exemple, en acceptant des énoncés d'astronomie obtenus par des observations au télescope, on présuppose l'acceptabilité de certaines théories optiques. La meilleure discussion générale de l'interdépendance du conceptuel et de l'expérimental dans les sciences physiques reste Duhem (1906).
¹² Koyré exprimait ce point de vue en disant que «la méthodologie abstraite n'a pas grand-chose à voir avec le développement concret de la pensée scientifique» ([1956], p. 13).
¹³ Pour ne citer que quelques exemples: Buchdahl (1969) et Sabra (1967) ont examiné le rôle de la méthodologie dans la science mécaniste du XVII⁰ siècle; Cantor (1971), Olson (1975) et Laudan (1970) ont étudié l'impact de l'épistémologie de l'école écossaise sur la réception des théories physiques à la fin du XVIII⁰ siècle; Mc Evoy et Mc Guire (1975) ont exploré les relations entre la méthodologie de Priestley et les théories chimiques du phlogistique; Brooke (1970-71) a analysé l'impact du positivisme de Comte sur la chimie et la physique françaises du XIX⁰ siècle; Hooykaas (1963) et R. Laudan (1977) ont étudié l'influence de la méthodologie sur la géologie à l'époque de Lyell; Buchdahl (1959), Knight (1970) et L. Laudan (1976a) ont analysé la méthodologie des débats atomiques; Hull (1973), Ellegard (1957), Ghiselin (1969) et Hodge (à paraître), ont documenté l'impact des idées méthodologiques sur Darwin et ses critiques.
¹⁴ Voir Cantor (1971) et L. Laudan (1970).
¹⁵ Voir L. Laudan (1973b) et (1977).
¹⁶ Buchdahl (1970).
¹⁷ Mc Guire et Heimann (1971).
¹⁸ Voir surtout la préface de Cotes à la deuxième édition des *Principia* de Newton.
¹⁹ Ce point est solidement argumenté dans Mc Guire et Heimann (1971).
²⁰ On trouvera une étude brillante du rôle des questions épistémologiques et métaphysiques dans l'embryologie du XVIII⁰ siècle chez Roger (1963). L'étude de Buffon qui y est présentée fournit un modèle idéal du type d'analyse historique conceptuelle que ce chapitre tente de justifier.
²¹ Un exemple contemporain de difficultés dues à la conception du monde est présenté dans l'étude suggestive de Culotta (1974) sur la biophysique du XIX⁰ siècle.

²² Certains membres de ce groupe nient tout simplement que l'évolution des sciences doive quoi que ce soit à l'arrière-plan des convictions philosophiques; d'autres (Duhem, par exemple) reconnaissent l'impact de la philosophie sur la science, mais le déplorent.
²³ Voir ci-dessus, pp. 55-58.

CHAPITRE 3

¹ Cf. surtout l'excellente critique de Shapere (1964) et Masterman (1970). L'ambiguïté des analyses de Kuhn a été multipliée à cause des rétractions postérieures de celui-ci sur de nombreuses idées fondamentales de la première édition de son ouvrage: *La structure des révolutions scientifiques* (1962). Dans la mesure où je suis incapable de comprendre la logique de ces changements ultérieurs, je me vois obligé de caractériser les thèses de Kuhn sous leur forme originale.
² On trouvera une critique de la théorie de Kuhn sur les sciences «mûres» ci-dessous, pp. 156-158.
³ Insistons sur le fait que le concept d'anomalie chez Kuhn a son sens traditionnel, c'est-à-dire d'une observation qui réfute, plutôt que le sens que j'ai esquissé ci-dessus, pp. 45 et suivantes.
⁴ «S'il suffisait de trouver un seul conflit avec les données pour rejeter une théorie, toutes les théories devraient être rejetées à tout moment» (Kuhn [1962], p. 145).
⁵ Comme l'a dit Kuhn: «les révolutions scientifiques s'accompagnent aussi bien de pertes que de gains» ([1962], p. 66). Toutefois Kuhn n'est pas toujours cohérent sur cette question (voir ci-dessous, p. 240, n. 18).
⁶ Shapere (1964).
⁷ Voir surtout Feyerabend (1970c).
⁸ Voir la postface à la seconde édition de Kuhn (1962).
⁹ Kuhn (1962), p. 42.
¹⁰ Cf. Lakatos (1970), pp. 133-134.
¹¹ *Ibid.*, p. 135.
¹² *Ibid.*, p. 118.
¹³ Voir ci-dessous, pp. 148 et suivantes.
¹⁴ Malgré les difficultés universellement reconnues et, à première vue insolubles, qui se présentent à tout qui voudrait comparer le contenu logique ou empirique des théories scientifiques réelles, presque toutes les discussions récentes portant sur la croissance scientifique et issues de la tradition poppérienne — celles de Popper lui-même ainsi que celles de Watkins, Lakatos, Musgrave, Zahar et Koertge — posent encore que la pierre de touche du progrès scientifique, c'est l'augmentation du contenu empirique.
¹⁵ Cf. surtout Grünbaum (1976a).
¹⁶ Malgré leurs vœux pieux, ni l'étude de Bohr par Lakatos (1970), ni l'étude de Lorentz par Zahar (1973), ni l'étude de Copernic par ces deux auteurs (1975) n'utilise la théorie «officielle» du progrès selon Lakatos. Ces études ne montrent en aucun cas les relations d'inclusion entre contenus qui sont cruciales pour qu'il y ait progrès selon ce point de vue.
¹⁷ De même, Lakatos ne peut utiliser ces estimations pour expliquer les agissements des scientifiques puisqu'il nie la possibilité d'obtenir une estimation valable, sauf lors d'autopsies *rétrospectives* de controverses scientifiques mortes depuis longtemps.

[18] Ici, je suis peut-être injuste envers Lakatos, car sa discussion de ce point est totalement équivoque. D'un côté, il insiste sur le fait que le noyau dur infalsifiable d'une théorie est l'un des traits des programmes de recherche qui est présent dès le départ. Mais, d'autre part, il nous dit que le «noyau dur d'un programme n'émerge pas pleinement formé... [il] se développe lentement» ([1970], p. 133 n.). Si, en fait, le noyau dur ne peut être identifié durant une grande partie de l'histoire d'un programme de recherche, comment les savants peuvent-ils savoir à quoi s'accrocher lorsqu'ils sont confrontés à une anomalie?

[19] Dans son étude de la mécanique au XVIIIe siècle, Iltis (1972-73) semble trouver étrange que les savants qui acceptaient les mécaniques de Newton ou de Leibniz tendaient également à accepter l'ontologie, la méthodologie et même la théologie qui étaient associées à ces théories. La doctrine des traditions de recherche rend ce phénomène «surprenant» complètement naturel.

[20] On trouvera une étude utile de l'optique au XVIIe siècle dans Sabra (1967).

[21] Mc Kie et Partington (1937-39).

[22] On trouvera ci-dessous, pp. 133 et suivantes une discussion sur les conséquences qu'il y a à abandonner l'hypothèse selon laquelle on peut dire qu'une tradition de recherche est vraie ou fausse.

[23] Les historiens qui se concentrent sur des théories spécifiques, plutôt que sur les traditions plus larges dont elles font partie, sont généralement incapables d'expliquer la réception de ces théories, qui les laisse perplexes. Cette perplexité disparaît souvent quand on regarde les théories dans un contexte plus large. Par exemple, l'excellente étude d'Alan Shapiro (1973) sur l'optique ondulatoire au XVIIe siècle, se termine sur un «paradoxe». La théorie de la lumière de Huygens, comme le montre Shapiro, était à l'époque, la seule théorie capable d'expliquer la double réfraction dans le spath islandais. Pourquoi, se demande Shapiro, l'approche de Huygens fut-elle totalement ignorée pendant le siècle suivant? Pourquoi les scientifiques sont-ils restés attachés à l'approche newtonienne (qui ne pouvait rendre compte des problèmes posés par la double réfraction)? Shapiro n'offre aucune réponse. Il est clair qu'une partie de la réponse est à trouver dans le fait que la théorie de Huygens — quoiqu'elle pût résoudre le problème du spath islandais (mais même cela a pu paraître douteux) — présentait des déficiences graves, parce qu'elle refusait de s'adresser aux problèmes les plus importants de l'optique à la fin du XVIIe siècle et n'y fournissait aucune solution. Par exemple, elle ne pouvait résoudre ni le problème de la couleur, ni celui des anneaux de Newton. De même, on pensait qu'elle souffrait d'anomalies sérieuses. Par exemple, elle était incapable d'expliquer pourquoi les ombres ont des limites précises. Si nous ajoutons que les travaux optiques de Huygens étaient liés à la tradition cartésienne en optique — qui était bien moins progressiste que la tradition newtonienne — il ne paraît plus surprenant que le *Traité de la lumière* de Huygens «soit rapidement tombé dans l'oubli» (Shapiro [1937], p. 252). L'on pourrait même dire que la théorie de Huygens ne fut pas prise au sérieux, parce que, étant donné ses défauts, *elle ne le méritait pas.*

[24] Cf. Brown (1968).

[25] Comme nous l'avons déjà indiqué, la méthodologie de la tradition uniformitariste en géologie, telle qu'elle fut développée par Hutton, Playfair et Lyell, décrétait que tous les problèmes de cosmogonie — qui auparavant étaient considérés comme des problèmes géologiques — ne devaient plus être résolus par les géologues.

[26] On peut trouver une étude intéressante du sort des théories de l'éther à la fin du XIXe siècle dans Schaffner (1972). Pour une discussion de problèmes empiriques qui «disparaissent», voir Grünbaum (1976a).

[27] Voir surtout Cantor (1971).

[28] Cf. L. Laudan (1970), (1973b) et (1977).

²⁹ Lakatos a été induit en erreur par ce trait des traditions de recherche et en est venu à croire que les anomalies empiriques n'ont presque aucune *signification* dans le développement de la science. En fait, c'est l'inverse qui est le cas, et cela pour deux raisons au moins:
a) Il peut arriver que la puissance heuristique d'une tradition de recherche soit trop faible pour lui permettre de traiter certaines anomalies de façon convaincante. Dans ces cas, son échec pèse lourdement contre elle.
b) Même lorsqu'une tradition de recherche est suffisamment féconde pour fournir les grandes lignes d'une solution qui permette de transformer une anomalie en un problème résolu, l'existence même de cette anomalie a une importance cruciale si nous voulons comprendre, au sein d'une tradition de recherche, la séquence historique des théories. A l'inverse de ce que prédit l'apriorisme de Lakatos, l'ordre des théories qui constituent une tradition de recherche reflète, au moins partiellement, l'ordre d'apparition des anomalies.
³⁰ Il y a des ambiguïtés évidentes dans l'analyse de cette question par Lakatos. D'un côté, Lakatos caractérise un programme de recherche essentiellement par son prétendu noyau dur, c'est-à-dire les doctrines centrales qui ne peuvent être remises en cause par les savants qui travaillent dans ce programme. D'un autre côté, Lakatos soutient que «le noyau dur d'un programme n'émerge pas pleinement formé... [il] se développe lentement par un long processus préliminaire de tâtonnements» ([1970], p. 133 n.). Cette dernière approche suggère que les programmes de recherche n'ont *pas* de «noyau dur» dans les premières étapes de leur développement. Mais dans ce cas, Lakatos ne peut identifier les programmes de recherche qui sont à leurs débuts, puisque cette identification dépend de la spécification du contenu du noyau dur (cf. note 18 ci-dessus).
³¹ On trouvera dans l'étude de Brown (1969) sur les théories du courant électrique au début du XIX⁰ siècle, une analyse éclairante de la façon dont les hypothèses centrales d'une tradition de recherche peuvent subir des transformations radicales.
³² Comme Hull l'a démontré avec pertinence, aucun degré spécifique de ressemblance entre les étapes antérieures et postérieures du développement d'un «objet» historique comme une tradition de recherche n'est nécessaire pour que celui-ci soit toujours la même entité ([1975], p. 256).
³³ Malgré le mépris de Lakatos envers la méthode des «tâtonnements» (essai et erreur), sa seule explication de l'émergence du noyau dur d'une tradition de recherche consiste à dire qu'il résulte d'un long processus préliminaire de tâtonnements ([1970], p. 133 n.).
³⁴ En effet, si Forman (1971) à raison, l'abandon du déterminisme strict dans la mécanique quantique contemporaine serait dû à l'incompatibilité de la physique classique avec la vision du monde actuelle.
³⁵ (1961), p. 191.
³⁶ Schofield (1970).
³⁷ Voir ci-dessus, pp. 81-84.
³⁸ Mon analyse de cette question doit beaucoup à mes discussions avec Adolf Grünbaum.
³⁹ Il me paraît très difficile de comprendre les opinions précises de Kuhn sur cette question. Considérons, par exemple, la remarque suivante: «Bien que l'historien puisse toujours trouver des hommes — par exemple Priestley — qui ont montré une attitude déraisonnable en prolongeant leur résistance [contre un nouveau paradigme], il ne pourra désigner un moment particulier où cette résistance soit devenue illogique ou non scientifique» (Kuhn [1962], p. 158). La première partie de ce passage suggère qu'il y a des critères qui permettent de déterminer si l'acceptation ou le rejet d'un paradigme est rationnel; la proposition finale, par contre, nie qu'il y ait un point où l'acceptation devient rationnelle (du moins si l'on présume — et cela paraît légitime — que Kuhn utilise les mots «déraisonnables», «illogiques» et «non scientifique» comme des syno-

nymes approximatifs). Mais s'il n'y a aucun point où l'acceptation (ou le rejet) d'un paradigme devient raisonnable, comment pouvons-nous décider — comme le fait Kuhn — que Priestley agissait de façon «déraisonnable» en rejetant le paradigme de Lavoisier?

[40] Comme Feyerabend, Kuhn reconnaît qu'il y a un contexte de poursuite et nie qu'il y ait habituellement des bases rationnelles pour poursuivre une nouvelle théorie qui n'est pas encore bien confirmée : «L'homme qui adhère à un nouveau paradigme à ses débuts, doit souvent aller à l'encontre des indications fournies par sa capacité à résoudre des problèmes... *Une décision de ce type ne peut se baser que sur des questions de foi*» (Kuhn [1962], p. 157, je souligne).

[41] Dans un article célèbre publié en 1813, le chimiste suédois Berzelius discute d'un grand nombre d'anomalies auxquelles s'est trouvé confronté l'atomisme daltonien. Cependant, précisément parce que «il serait imprudent de conclure que nous [les atomistes] ne pourrons pas expliquer plus tard ces anomalies apparentes de façon adéquate» ([1813], p. 450), Berzelius ne suggérait pas qu'on cesse toute poursuite de la théorie atomique, et cela bien que dans le contexte de l'acceptation, «l'hypothèse des atomes ne puisse ni être adoptée, ni être considérée comme vraie» (Ibid.). Cf. aussi Berzelius (1815).

[42] Voir par exemple, A. Grünbaum (1973), pp. 715-25, 837-39; I. Lakatos (1970); E. Zahar (1973), surtout pp. 100 et suivantes, K. Schaffner (1974), surtout pp. 78-79; et J. Leplin (1975). Une analyse historique approfondie de l'évolution de la notion d'explication *ad hoc* montrerait probablement que cette idée est née à une époque où les scientifiques et les philosophes croyaient : (1) que les parties constitutives d'une théorie pouvaient être testées isolément; et (2) que seules des entités *directivement observables* pouvaient être postulées légitimement dans une théorie. Or la majorité des philosophes et des scientifiques ont abandonné ces critères. Pourtant, ils continuent à croire qu'il faut que les hypothèses puissent être testées indépendamment. On n'a pas encore fourni de réponse à la question de savoir si cette dernière position reste justifiable étant donné le rejet de la philosophie des sciences simpliste qui l'avait motivée à l'origine. [Grünbaum (1976b) est paru trop tardivement pour que je puisse en discuter ici — L.L.].

[43] Voir les écrits de Lakatos et de Grünbaum cités ci-dessus, ainsi que les sections pertinentes de Karl Popper (1959) et (1963).

[44] Cf. Grünbaum (1973), p. 713. (Quoique cette clarification utile soit due à Grünbaum, elle n'est pas représentative de sa propre approche de ce problème).

[45] Cf. ci-dessus, pp. 58-62.

[46] On trouvera un traitement plus complet de ce problème dans L. Laudan (1976b).

[47] Une telle interprétation des hypothèses ad hoc, selon laquelle elles dépendent du contexte et de facteurs comparatifs, est discutée avec bienveillance dans Grünbaum (1973).

[48] En recourant aux mécanismes esquissés pp. 81-84.

[49] Zahar, par exemple, dit qu'une théorie est ad hoc «si elle est obtenue à partir de la précédente par une modification des hypothèses auxiliaires qui ne s'accordent pas avec l'esprit de l'heuristique du programme [de recherche]» ([1973], p. 101, je souligne). A un autre endroit, il suggère qu'une théorie est ad hoc si elle «détruit l'unité organique de la structure toute entière» (Ibid., p. 105). Il se peut que Zahar dispose de critères clairs permettant d'identifier ces processus, mais il n'explicite jamais ce que signifie ne pas être en «accord» avec «l'esprit de l'heuristique d'un programme» ou en détruire «l'unité organique». Schaffner est un peu plus précis. Il suggère que les théories peuvent rencontrer des difficultés «trans-empiriques» telles que la «complexité» ou le «désordre théorique»; mais, tant que ces questions ne seront pas plus développées, on ne pourra être sûr que Scheffner a en tête le même type d'analyse que celui que je défends ici.

CHAPITRE 4

[1] On trouvera une discussion de certaines faiblesses des théories classiques de l'autocorrection et des approximations successives de la vérité dans L. Laudan (1973a). Grünbaum (1976) contient une critique dévastatrice de la théorie de la vérisimilitude de Popper.
[2] Maxwell a tenté de défendre l'opinion selon laquelle il est rationnel de chercher un but (comme la vérité) « même si nous n'avons aucune assurance rationnelle d'arriver à un succès » ([1972], p. 151). C'est ce même argument qui justifie que l'on croit à l'immortalité, à la pierre philosophale et à l'El Dorado. Selon ce point de vue, les quêtes don quichotesques sont toujours rationnelles jusqu'à preuve du contraire. Mais il est clair que la charge de la preuve incombe à l'autre partie, la chasse au snark ne devient pas rationnelle parce que nous n'avons pas encore prouvé la non-existence de celui-ci!
[3] Scheffler (1967), pp. 9-10.
[4] De toute évidence, ils tremblent à l'idée que l'incorporation de critères qui évoluent, dans un modèle de la rationalité, puisse exclure celui-ci du « monde-3 ». Par conséquent, ils ont délibérément rejeté l'utilisation de telles notions, et se sont réfugiés dans ce qu'ils imaginent être des propriétés indépendantes du temps (cf. Zahar [1973], p. 242 n.; Lakatos [1970], p. 137) comme la « cohérence mathématique ». Sans parler de la thèse douteuse qui veut que les conceptions de la cohérence mathématique n'évoluent pas au cours du temps, on peut se demander ce que l'on gagne à soutenir que toutes les caractéristiques significatives que l'on a pu établir sur les sciences sont restées inchangées depuis le jardin d'Eden.
[5] Ce modèle nous permet donc de conserver ce qu'il y a de meilleur dans ces deux conceptions; nous pouvons admettre que les critères spécifiques de la rationalité ont évolué, sans abandonner toute possibilité de porter des jugements normatifs sur le passé. L'on retrouve souvent dans les écrits sociologiques une distinction — similaire à celle que je viens de tracer — entre rationalité *dans* un contexte de croyance et ce qu'on appelle fréquemment la « rationalité transcendante » (voir, par exemple, Winch [1964] et Lukes [1967]). Ce qui n'a pas encore été suggéré, pour autant que je sache, c'est qu'il y a une troisième interprétation hybride de rationalité, qui nous permet d'établir des jugements transcendants sur la rationalité des croyances, sans ignorer les particularités pertinentes du contexte.
[6] « C'est précisément l'abandon du discours critique qui marque la transition vers la science... [par la suite, celui-ci] ne reparaît que dans les moments de crise, quand les fondements de la discipline sont à nouveau en péril » (Kuhn [1970], pp. 6-7).
[7] Truesdell (1968), célèbre historien de la mécanique du XVIII siècle, s'échine à diminuer l'importance de ces questions, surtout celles qui n'ont pas un caractère mathématique. Costabel (1973) et Aiton (1972) analysent de façon beaucoup plus sensible les questions philosophiques liées à la mécanique du siècle des lumières.
[8] En ce qui concerne l'ontologie, cf. surtout Mc Guire et Heimann (1971) et Schofield (1970). Sur la méthodologie, cf. L. Laudan (1973b) et (1976). Voir aussi ci-dessus, pp. 73-77.
[9] Cf. Kuhn (1962), p. 10.
[10] Kuhn défend un point de vue cynique selon lequel les révolutions scientifiques sont considérées comme progressistes parce que ce sont les « vainqueurs » qui écrivent l'histoire, et que ceux-ci ne peuvent considérer leur succès autrement que comme un progrès. (Cf. surtout son [1962], pp. 159 et suivantes). Ici, comme ailleurs, Kuhn glisse trop facilement entre caractérisations cognitives et politiques de la science.

¹¹ Voir ci-dessous, pp. 153-156.
¹² Suppe (1974), pp. 199 et suivantes et Shapere (1966) contiennent d'excellentes discussions de synthèse sur les difficultés des théories du sens fondées sur la définition implicite.
¹³ Kuhn (1970), p. 266.
¹⁴ Si les hypothèses théoriques sont incompatibles avec la théorie analysée, le problème deviendra un pseudo-problème.
¹⁵ Pour déterminer cela, il nous faut nous restreindre, évidemment, aux problèmes et aux anomalies que l'on peut exprimer dans le cadre de la tradition de recherche examinée et ignorer les traditions de recherche rivales, et, par hypothèse, incommensurables. L'on peut évaluer ces variables sans que les théories qui constituent la tradition de recherche ne soient intertraductibles.
¹⁶ Mon approche du problème de l'incommensurabilité ressemble à celle de Kordig (1971), dans la mesure où nous soutenons tous deux qu'il existe des critères méthodologiques pour la comparaison des théories, même lorsqu'une traduction substantielle entre celles-ci est inappropriée. Cependant, nous avons des positions radicalement différentes en ce qui concerne la nature de ces critères. Suivant Margenau, Kordig insiste sur la nécessité d'une comparaison des théories en termes de leur confirmation empirique, de leur «extensibilité», de leurs «connexions multiples», de leur simplicité et de leur «causalité». Malheureusement, la plupart de ces notions restent intuitives dans le propos de Kordig. Il est à espérer qu'il les approfondira pour en faire les instruments d'analyse sensibles nécessaires à l'évaluation comparative des théories.
¹⁷ Cet argument reste pertinent même si l'on n'accepte pas le modèle esquissé dans cet essai. Tout modèle de la rationalité qui offre une méthode permettant d'évaluer les théories scientifiques sans traduction entre théories, peut éviter les problèmes d'incommensurabilité.
¹⁸ Ici, comme ailleurs, Kuhn est ambivalent. D'un côté, il insiste sur le caractère non cumulatif des sciences en soutenant qu'il y a toujours des pertes et des gains à chaque changement de paradigme (voir ci-dessus, p. 235 n. 5). Cependant, d'un autre côté, il affirme qu'«une communauté scientifique n'adoptera jamais — ou du moins très rarement — une théorie nouvelle à moins qu'elle ne résolve la quasi-totalité des énigmes quantitatives et numériques dont rendait compte la précédente» ([1970], p. 20).
¹⁹ Collingwood (1956), p. 329, je souligne. Collingwood soutient la même thèse ailleurs: «Le progrès, en science, consisterait à remplacer une théorie par une autre qui pourrait à la fois expliquer tout ce qu'expliquait la première, mais encore... des phénomènes que la première aurait dû pouvoir expliquer, mais face auxquelles elle avait échoué... La philosophie progresse dans la mesure où une étape de son développement résout les problèmes auxquels se heurtait l'étape précédente, sans perdre prise sur les solutions obtenues» ([1956], p. 332).
²⁰ Popper (1963). Comme il le dit ailleurs: «une nouvelle théorie, aussi révolutionnaire soit-elle, doit toujours pouvoir expliquer pleinement les succès de ses prédécesseurs. Dans tous les cas où celles-ci avaient connu le succès, elle doit fournir des résultats au moins aussi bons...» ([1975], p. 83).
²¹ Cf. Lakatos (1970), p. 118.
²² Post (1971), p. 229. Cf. aussi Koertge (1973). Les théories phénoménologiques du progrès sont soumises au postulat cumulatif, tout autant que les théories positivistes et idéalistes. Pour un exemple détaillé, voir Harris (1970), surtout pp. 352-69.
²³ Cf. surtout Kuhn (1962), p. 169.
²⁴ Ce point a été remarqué, entre autres, par Berzelius (1815).
²⁵ L'étude de Home (1972-1973) montre clairement que Franklin avait perçu que sa théorie échouait sur ce point, mais qu'il ne considérait pas que c'était une raison suffisante pour la rejeter. On peut ajouter que la théorie de Franklin était de même incapable de donner une explication quelconque du fait bien connu — et expliqué

précédemment — qu'il y a généralement une corrélation entre la densité d'une substance et sa conductivité.

²⁶ On peut illustrer ce point par un exemple. Supposons que notre but scientifique soit de comprendre l'embryologie des oiseaux. Nous avons une théorie T_a qui présente une explication détaillée du développement embryologique des aigles et des aigrettes. Nous disposons également d'une théorie T_p qui explique le développement embryologique de tous les oiseaux plus petits que les aigles, y compris les aigrettes, mais qui ne marche pas pour les aigles. Dans de telles circonstances, nous considérerions certainement T_p comme préférable à T_a — c'est-à-dire comme constituant un progrès par rapport à celle-ci — même si T_p ne peut résoudre le problème du développement embryologique des aigles. Ce jugement plausible est exclu par toutes les théories cumulatives du progrès scientifique. Pour un traitement plus approfondi de ces questions, on peut se référer à L. Laudan (1976b).

²⁷ Pour les discussions qui se rapportent à cette question, voir Lakatos (1970), pp. 137, 175-177, et Kuhn (1962), pp. 11 et suivantes et (1968).

²⁸ Lakatos a — au mieux — montré comment un programme peut être progressiste tout en ignorant de nombreuses anomalies. Mais cela ne justifie en rien l'affirmation plus forte — requise par sa théorie de la science mûre — selon laquelle les programmes qui ignorent les anomalies sont *ipso facto* plus progressistes que ceux qui en tiennent compte sérieusement.

²⁹ Etant donné son aversion envers les anomalies — qui est due à Kuhn — Lakatos aurait probablement considéré ce trait même de la dichotomie comme positif. Cependant, pour ceux d'entre nous qui ne partagent pas ses vues sur la non-pertinence des anomalies et des critiques, le fait de rendre non testables les modèles de la rationalité est un sérieux handicap.

³⁰ Il est intéressant de se demander ce qui motive la quête d'une distinction entre science mûre et immature. Selon moi, cette quête rejoint la vieille conviction inductiviste et positiviste selon laquelle la science «convenable» ne commence qu'avec Galilée, Newton, et les autres héros traditionnels du XVIIᵉ siècle. Quoiqu'ils évitent l'inductivisme, Kuhn et Lakatos proposent un critère de démarcation entre science mûre et immature qui ranime la recherche menée par les inductivistes pour trouver le moment précis où la science est devenue véritablement «scientifique». On trouvera dans Gillispie [1960] une longue illustration des efforts fournis par un historien pour écrire sur l'histoire des sciences en utilisant un tel critère de démarcation.

CHAPITRE 5

¹ Agassi (1963).
² Grünbaum (1963).
³ Suppe (1974) est un bon guide pour la plus grande partie de ces écrits.
⁴ Sauf Lakatos qui soutient cette thèse. (Voir ci-dessous, p. 168-169).
⁵ Giere (1973).
⁶ *Ibid.*, p. 292.
⁷ *Ibid.*, p. 293.
⁸ *Ibid.*
⁹ *Ibid.*, p. 290.

[10] La plupart des philosophes des sciences finissent par revenir à une telle classe «d'intuitions privilégiées» sur des épisodes particuliers, qu'ils utilisent comme arbitre final. Popper, par exemple, écrit que: «Ce n'est qu'en réfléchissant aux conséquences de ma définition de la science empirique, et aux décisions méthodologiques qui en dépendent, que *le scientifique pourra vérifier que celles-ci sont bien conformes à l'idée intuitive qu'il se fait du but de sa recherche*» (je souligne; Popper [1959], p. 55).

[11] Pour une exploration détaillée de ces questions, voir la discussion précieuse de Mc Mullin (1970).

[12] Cf. les affirmations suivantes de Lakatos: (1) «*Toutes les méthodologies... peuvent être critiquées par l'intermédiaire de la critique des reconstructions rationnelles historiques auxquelles elles conduisent*». ([1971], p. 109); (2) «*Une théorie de la rationalité doit être rejetée si elle est en contradiction avec les 'jugements de valeur de base' acceptés par l'élite scientifique*» ([1971], p. 110); (3) «*... de meilleures reconstructions rationnelles... peuvent toujours reconstruire de plus grandes parties de la science actuelle sous forme rationnelle*» ([1971], p. 117); et, plus explicitement, (4) «*Ainsi, le progrès dans la théorie de la rationalité se marque... par la reconstruction rationnelle d'une partie de plus en plus grande de l'histoire imprégnée de valeur*». [1971], p. 118).

[13] Bien que Lakatos tente d'éviter ce dilemme, (en disant qu'«aucune théorie de la rationalité «ne peut ni ne devrait montrer que toute l'histoire des sciences est rationnelle», [1971], p. 118), il découle inévitablement de sa méthode de classement des théories de la rationalité, que la meilleure théorie est celle qui rend rationnelle la plus grande partie de l'histoire des sciences.

[14] La plus grande partie de cette section traite du rôle des normes dans l'histoire des *idées* scientifiques. L'autre branche principale de ce sujet, l'histoire *sociale* des sciences, recourt également aux normes de rationalité, mais de façon différente. Ces questions seront discutées ci-dessous pp. 189 et suivantes, 206 et suivantes.

[15] Agassi (1963).

[16] On trouve chez Cohen (1974) une expression candide de ces inquiétudes.

[17] Le côté «ahistorique» de ces philosophes est mis en évidence dans Mc Mullin (1970), Machamer (1973), Mc Evoy (1975), et Beckman (1971).

[18] Bien qu'elle soit implicite dans la majorité de ses travaux, cette doctrine reçoit sa formulation la plus explicite dans Lakatos (1971). La méthode de reconstruction rationnelle était initialement une technique philosophique destinée à éclairer la nature de la délibération et du choix rationnels. Dans sa conception originale, elle devait recourir à des cas de choix, élaborés artificiellement, qui étaient délibérément simplifiés afin de les rendre maniables. Ces cas sursimplifiés devaient ensuite être rendus applicables aux situations réelles par l'addition progressive de facteurs supplémentaires qui ajoutent des complications.

[19] *Ibid.*, p. 91.

[20] *Ibid.*, p. 106.

[21] De même, Törnebohm, affirme, dans sa «reconstruction rationnelle» de l'astronomie du XVII siècle, «que les accidents [*sic*] historiques qui ont affecté la croissance de ce savoir n'ont aucun intérêt... Je me permettrai donc de faire une reconstruction rationnelle du développement historique. La distribution sera tenue par deux personnes de ma propre invention...» ([1970], p. 79).

[22] Lakatos (1971), p. 107.

[23] *Ibid.*

[24] *Ibid.*, p. 106.

[25] On trouvera un autre exemple qui illustre la pertinence historique douteuse des techniques de reconstruction rationnelle dans le livre de Watson (1966) sur la chute du cartésianisme. La démarche de Watson consiste à définir «un modèle du système métaphysique cartésien de la fin du XVII siècle», dont il explore ensuite les faiblesses. Watson

attribue la chute du cartésianisme au fait que son « modèle » est incapable de résoudre certaines faiblesses sérieuses qui lui sont inhérentes. Ce qui est curieux, c'est que Watson reconnaît volontiers que « aucun cartésien... n'a soutenu un système exactement identique » à celui que définit son modèle ([1966], p. 29). Etant donné qu'aucun cartésien n'accepte la reconstruction de Watson, sa longue analyse ne peut expliquer pourquoi la philosophie cartésienne véritable a été abandonnée. Les discussions de Watson sur les défaillances logiques de sa version ersatz et pleine d'imagination du cartésianisme, ne constituent jamais de l'histoire authentique, aussi suggestives soient-elles.

[26] Lakatos (1971), p. 107.
[27] *Ibid.*, p. 108.
[28] *Ibid.*, p. 107.
[29] En fait, il n'y a même pas, ici, forte similarité, car le partisan de la reconstruction n'évalue pas la rationalité d'épisodes historiques mais bien des récits fictifs.
[30] Comme je l'ai déjà fait remarquer, c'est sans doute la prédilection de nombreux philosophes « orientés vers l'histoire » (de Hegel à Lakatos) pour la méthode désinvolte de reconstruction rationnelle qui a rendu la plupart des historiens si méfiants envers les études philosophiques de l'histoire de la pensée.

CHAPITRE 6

[1] Voir surtout la discussion des problèmes conceptuels dans le chapitre 2.
[2] Kuhn (1968), p. 81.
[3] *Ibid.*
[4] Les opinions de Kuhn sur l'autonomie des disciplines sont largement partagées chez les historiens, qu'ils soient de la « vieille » école inductiviste, ou du « nouveau » courant orienté vers la sociologie. Voir ci-dessous, pp. 216-220 pour des références sur cette question.
[5] L'étude de Hodge (1970-71) consacré à l'évolution des idées de Lamarck, montre clairement à quel point il est important de comprendre les problèmes auxquels s'adresse un savant. Hodge montre qu'une analyse erronée mais très répandue des problèmes qui confrontaient Lamarck, a conduit de nombreux historiens à mal interpréter le sens de toute sa recherche théorique. On trouvera une analyse similaire des travaux de Chambers dans Hodge (1972).
[6] Cf. surtout Gilson (1951) et Popkin (1960).
[7] Cf. Karl Jaspers: « Par leur caractère suprahistorique, [les grands philosophes] sont comme d'éternels contemporains... [les] aspects historiques... passent à l'arrière-plan » ([1966], p. 11).
[8] Bien entendu, je ne soutiens pas qu'il n'y a rien de commun entre ces trois versions du problème. Mais, la compréhension historique dépend souvent de notre capacité à reconnaître qu'au cours des temps, les problèmes subissent des changements subtils, et parfois profonds, dans leur formulation et leur substance. Quentin Skinner observe avec pertinence que: « C'est cette croyance essentielle selon laquelle on peut s'attendre à ce que chacun des auteurs classiques envisage et explique une classe définissable de

'concepts fondamentaux' dont 'l'intérêt est éternel', qui semble être à la source des confusions engendrées par cette approche de l'histoire des idées philosophiques ou littéraires» ([1969], p. 5).
⁹ Nelson écrit que «l'histoire de la philosophie elle-même est constituée d'une succession de solutions de plus en plus adéquates à ces problèmes [qui ne changent pas]» ([1962], p. 22).
¹⁰ Voir notamment Collingwood (1939).
¹¹ *Ibid.*, p. 70.
¹² La forme de structuralisme associée aux travaux de Michel Foucault, (cf. surtout [1966]) — mouvement particulièrement banal, mais en vogue actuellement dans l'histoire des idées — nie la possibilité même de répondre à de telles questions. En ce qui concerne notre propos, les deux défauts principaux de l'historiographie foucaldienne sont : (a) *son caractère purement stochastique*. «L'archéologie des idées» (c'est-à-dire l'histoire intellectuelle selon Foucault) affirme qu'il est impossible d'expliquer de façon cohérente le processus par lequel les différentes conceptions du monde (les épistémès) se succèdent les unes aux autres, et d'expliquer leurs interconnections mutuelles. Parce que Foucault soutient que l'émergence d'un système conceptuel nouveau est le résultat d'une «rupture dans la conscience humaine», on ne peut expliquer l'apparition d'une nouvelle épistémè, que ce soit en termes intellectuels ou socio-économiques; (b) en deuxième lieu, cette forme d'historiographie *recourt vaguement au Zeitgeist*. Quoiqu'il évite, soi-disant, les catégories traditionnelles de l'analyse historique, Foucault reprend en fait l'idée, souvent discréditée, selon laquelle la «conscience collective» et les idées qui sont «dans l'air» sont les modalités causales appropriées pour les analyses historiques. C'est, en effet, le résultat de sa quête des structures communes et des métaphores qui, selon lui, imprègnent la pensée de toute époque. Comprendre un texte classique, selon Foucault, ce n'est ni le relier à la biographie de son auteur, ni en examiner les arguments. En réalité, l'historien étudie de tels textes pour découvrir ce qu'ils nous révèlent sur la conscience (linguistique) d'une époque. Dans la mesure où il insiste sur l'aspect mystérieux et opaque de la pensée humaine et sur «l'histoire comme poésie», le structuralisme foucaldien doit apparaître comme l'un des modes historiographiques les plus obscurantistes du xx⁰ siècle. Le fait que de nombreux historiens des idées sont prêts à rendre hommage à un travail, comme celui de Foucault, dont ils admettent en général qu'il est inintelligible, nous apprend beaucoup sur leur état d'esprit. Comme Bergson et Teilhard avant lui, Foucault a tiré profit de cette curieuse opinion anglo-américaine, selon laquelle lorsqu'un Français semble délirer, c'est que son discours repose sur une pensée trop profonde pour être comprise par un anglophone.
¹³ J'ai essayé de fournir quelques réponses préliminaires à ces questions dans L. Laudan (1973a) et (1977).
¹⁴ Cf. Holton (1973), surtout les chapitres un et trois. Holton soutient qu'il a identifié la plupart des concepts centraux (les «themata») apparus au cours de l'histoire des sciences. Il lui paraît probable «qu'il y en aura au total moins de 100» ([1975], p. 331).
¹⁵ Voir ci-dessus, chapitre 3.
¹⁶ Skinner (1969).
¹⁷ Les profils correspondent en gros à l'histoire exégétique ou descriptive.
¹⁸ Et ils ont été massivement discrédités par *l'expérience*.
¹⁹ Cf. Lakatos (1963).
²⁰ Popper illustre une position typique en soutenant que «dans les sciences, et dans les sciences seulement, nous pouvons affirmer que nous avons fait de véritables progrès : que nous savons plus qu'auparavant» (Popper [1970], p. 57).
²¹ Lakatos a bien compris qu'il fallait abandonner cette doctrine fétiche des philosophes avant que l'on ne puisse développer une théorie adéquate de la rationalité. On trouvera des exemples de cette approche dans Lakatos (1968) et L. Laudan (1973a).

CHAPITRE 7

[1] Quoique la plus grande partie de ce chapitre se concentre sur la sociologie du savoir, la majorité des conclusions s'applique, *mutatis mutandis*, à la psycho-histoire des idées.

[2] Par exemple, il y a peu de chance qu'un chercheur qui ne croit pas aux particules subatomiques s'engage dans un laboratoire où l'on effectue des recherches sur la structure du noyau.

[3] Voir, par exemple, Scheler qui affirme que «le caractère sociologique de toute connaissance, de toute forme de pensée, d'intuition et de cognition est incontestable» (cité dans Merton [1949], p. 231).

[4] A propos de ces deux extrêmes, il est assez surprenant de constater que Mannheim critique les «anciens» historiens des idées parce qu'ils supposaient *a priori* «que les changement doivent s'expliquer au niveau des idées» ([1936], alors que lui-même soutient — également *a priori* — que presque tous les changements dans les idées sont «liés à l'existence sociale» (*Ibid.*, p. 278).

[5] Mannheim s'est attaché à ce problème, sans succès, pendant la plus grande partie de sa carrière. D'une part, il voulait affirmer que la sociologie avait montré l'origine sociale de quasi tous les systèmes de pensées, y compris la sociologie elle-même: «Dès le moment où l'on conçoit que les idéologies de nos adversaires ne sont, après tout, qu'une fonction de leur position dans le monde, nous ne pouvons nous empêcher de conclure que nos propres idées sont aussi dictées par notre situation sociale» ([1952], p. 145). D'autre part, Mannheim s'est peu à peu rendu compte que ce point de vue viciait les prétentions de la sociologie à une validité objective et, peut-être sous la pression des arguments d'Alfred Weber, il commença à affirmer que les penseurs — *comme lui-même* — étaient souvent à l'abri des influences sociales; il développa la notion de «l'intelligentsia relativement socialement indépendante» (*Ibid.*, pp. 252 et suivantes). Mais si celle-ci peut transcender la détermination sociale, et si c'est à elle que s'intéresse principalement l'histoire des idées, quelle place reste-t-il — même selon Mannheim — à la sociologie cognitive?

[6] Grünwald (1934), p. 229.

[7] Pour une analyse de cette distinction, voir surtout Mannheim (1936), chapitre 5.

[8] Il se peut, évidemment, que l'acceptation des croyances y et z soit une fonction de facteurs sociaux, auquel cas on pourrait dire que l'acceptation de x (qui est rationnellement dictée par y et z) est indirectement le résultat de la situation sociale. Mais ceci n'infirme pas que l'explication la plus directe et la plus fondamentale de l'acceptation de x par certains penseurs soit le fait que x découle rationnellement de y et z.

[9] Merton (1949), pp. 516, 558. Mannheim formule cette hypothèse dans (1936), p. 267.

[10] Comme Mannheim le fit remarquer en 1931, «la tâche la plus importante de la sociologie du savoir... est de démontrer sa capacité [explicative] en ce qui concerne les recherches dans le domaine historico-social» (*Ibid.*, p. 306). Cette affirmation reste tout aussi valide aujourd'hui.

[11] On trouvera une discussion d'un certain nombre de ces problèmes conceptuels ci-dessous, pp. 220 et suivantes.

[12] Imre Lakatos affirmait quelque chose de semblable en écrivant: «*L'histoire interne* (de la science) *est primordiale, l'histoire externe n'est que secondaire, puisque les problèmes importants de celle-ci sont définis par celle-là*» ([1971], p. 105). Mais l'analyse de Lakatos est mise en péril parce qu'il ne reconnaît pas la différence entre les approches cognitives et non cognitives de l'histoire des sciences. Bien que nous puissions légitimement affirmer que les «problèmes importants» de la sociologie *cognitive* sont définis par l'histoire rationnelle des sciences, c'est manifestement une erreur de croire que «les problèmes importants» de la sociologie non cognitive sont, d'une façon quelque peu significative, définis par l'histoire soi-disant interne (ou rationnelle) de la science.

[13] Voir par exemple, la remarque de Kuhn citée ci-dessus, p. 238 n. 40.

[14] Richter (1973), p. 81, je souligne.
[15] *Ibid.*, p. 6.
[16] Barber (1962).
[17] Barber, par exemple, dit qu'il fallait que Kelvin soit «aveugle» pour s'opposer à la théorie de la lumière de Maxwell parce que celle-ci n'était pas assez mécaniste (*Ibid.*, p. 540). Avec le recul, on peut ergoter sur le fait que Kelvin cherchait des modèles mécanistes; mais étant donné les circonstances historiques, il n'y avait rien d'aveugle, ni d'irrationnel dans sa réaction initiale aux travaux de Maxwell.
[18] Mannheim admet cette conclusion dans (1952), pp. 181 et suivantes.
[19] Ce que j'appelle croyances contextuelles est habituellement nommé «croyances existentiellement déterminées» ou encore «croyances déterminées par la situation». J'ai évité cette terminologie parce qu'elle évoque inutilement des images de la philosophie académique allemande du XIX siècle, qui n'ont aucune pertinence ici.
[20] Mannheim (1936), p. 272. Voir aussi pp. 265, 266, 271 et suivantes.
[21] Cf. Mannheim (1936), pp. 264-299 *passim*.
[22] Je souligne; cité par Merton (1949), p. 232.
[23] Pour quelques exemples, voir ci-dessus p. 223-224.
[24] S'il semble étonnant que je cite aussi Durkheim, il suffit de se rappeler qu'il soutenait que, dès le moment où l'acceptation ou le rejet de concepts est déterminé par leur compatibilité avec les croyances dominantes, il s'agit d'un «processus sociologique».
[25] Brown (1970), p. 29.
[26] Forman: «Lorsque la réaction romantique contre la science exacte fut parvenue à un degré de popularité suffisant dans l'université et à l'extérieur pour menacer sérieusement le statut social des physiciens et des mathématiciens, ils furent contraints de la confronter» ([1971], p. 110).
[27] A comparer, par exemple avec la position de Kuhn sur «l'isolation sans précédent des communautés scientifiques mûres vis-à-vis des exigences des profanes et de la vie de tous les jours» ([1962], p. 163). Voir aussi ma discussion des thèses de Kuhn sur l'autonomie des disciplines, ci-dessus, pp. 179-181.
[28] Cette conviction que tous les conflits et débats intellectuels sont essentiellement une forme sublimée de conflit social, imprègne les travaux de nombreux historiens des sciences. L'historien-sociologue Steven Shapin dit que le «bon» historien doit «essayer d'assimiler les conflits entre idées à des conflits entre groupes sociaux en compétition» ([1975], p. 221). Cette croyance peut difficilement être considérée comme autre chose qu'un pur préjugé *a priori*, dans la mesure où aucun des historiens qui y souscrivent ne présente de justification en sa faveur. Il en va de même pour de nombreuses croyances apparentées: «les disciplines scientifiques sont réactionnaires», «les scientifiques ne se soucient de philosophie que quand leur prestige est menacé», «toute influence du milieu culturel sur la science doit être causée par des facteurs sociaux», et ainsi de suite *ad nauseam*. On trouvera une critique détaillée de certaines thèses de Shapin dans Cantor (1975b).
[29] Forman (1971), p. 6. Lorsqu'on est confronté à des assertions de ce type, il est difficile de résister à l'hypothèse *ad hominem* selon laquelle les sociologues historiens projettent massivement leurs propres insécurités vis-à-vis de leur discipline sur l'histoire des sciences, et qu'ils sont convaincus que les scientifiques sont tout aussi sensibles aux questions de prestige qu'ils le sont eux-mêmes, de toute évidence.
Cette critique n'est pas purement rhétorique. Comme l'admet Mannheim, la sociologie du savoir a été engendrée au départ par une généralisation des caractéristiques de la sociologie elle-même. En étudiant l'histoire de leur propre discipline, les sociologues du début du XX siècle ont conclu qu'elle était pleine de doctrines qui devaient plus aux origines sociales de ceux qui les défendaient qu'à leurs mérites rationnels intrinsèques. La thèse générale de la sociologie de la connaissance (à savoir que les idées dans la

plupart des disciplines sont socialement déterminées) était fondée sur l'espoir que toutes les autres formes du savoir s'avèreraient aussi subjectives que la sociologie elle-même.

L'on peut percevoir ce phénomène à la fois en microcosme et en macrocosme en étudiant les déclarations les plus candides des sociologues historiens. Steven Shapin, par exemple, tente de justifier la réduction du choix des théories scientifiques à des cas évidents de conflit social, en arguant que, dans la vie de «tous les jours», on essaye en général d'expliquer «les comportements et les motivations des gens» ([1975], pp. 220-224) en les réduisant à des causes sociales, et qu'on néglige les raisons qu'ils avouent pour expliquer leurs actions et leurs croyances. Shapin croit-il vraiment que dans la vie de «tous les jours» nous ne pouvons concevoir que les gens puissent croire certaines choses parce qu'ils ont de bonnes raisons — qui n'ont rien de social — pour cela? Est-il vraiment sérieux quand il affirme que les motivations sociales des croyances sont «relativement familières et connues» par opposition aux motivations intellectuelles? Dans une veine différente, Thackray (1970) soutient que l'histoire des sciences doit devenir plus sociologique et moins intellectuelle afin qu'elle monte dans l'estime des historiens généraux, des sociologues et des radicaux des campus!

Quasi toutes les raisons concevables pour faire de la sociologie des sciences ont été avancées dans les écrits récents, excepté le fait que la sociologie pourrait peut-être offrir certaines explications convaincantes pour des situations historiques importantes.

[30] Malgré leur opposition à «l'histoire rétrospective», et au fait de regarder le passé dans la perspective du présent, Kuhn, Forman et Brown projettent dans le passé une conception de l'autonomie et de l'insularité des disciplines qui provient de la science d'aujourd'hui. Aucune étude consciencieuse de la science du XVIIe, du XVIIIe ou du XIXe siècle n'aurait pu produire le point de vue de Kuhn, Brown et Forman, que ce dernier exprime comme suit: «Lorsque les scientifiques et leur entreprise connaissent un haut degré de prestige... ils sont relativement libres d'ignorer les doctrines spécifiques... qui constituent le milieu intellectuel correspondant» ([1971], p. 6).

[31] Lorsque le modèle sociologique de Forman ne parvient pas à expliquer les croyances d'un savant (il admet que c'est parfois le cas), il soutient qu'il faut chercher une explication «psychologique» à la résistance qu'oppose celui-ci aux forces sociales qui s'exercent sur lui et non chercher un fondement rationnel pour ses croyances. Cette position est particulièrement révélatrice (cf. surtout Forman [1971], pp. 114-115).

[32] Considérons, par exemple, l'assertion récente d'Elkana qui soutient que «la loi de la conservation n'aurait pu naître ni dans le cadre institutionnel de la France, ni dans celui de l'Angleterre» ([1974], p. 155). Quelles sont donc les règles ou les lois générales de la sociologie qui permettent une affirmation aussi radicale? Où sont donc les études détaillées des relations entre cadres institutionnels et découvertes scientifiques qui pourraient nous convaincre que nous comprenons suffisamment les circonstances dans lesquelles naissent les théories, pour avancer des thèses aussi fortes que celles d'Elkana?

[33] Cf. Hessen (1971).
[34] Ben-David (1971), pp. 13-14.
[35] Merton (1970), p. 75.
[36] Mannheim (1952), p. 135.
[37] Richter (1973), p. 6.
[38] Mannheim (1936), p. 288.
[39] Ibid.
[40] Des conclusions très similaires s'appliquent également à la psycho-histoire du savoir scientifique. Cette discipline ne dispose d'aucun modèle psycho-dynamique qui puisse établir des corrélations entre les croyances sur le monde naturel et les dispositions psychologiques (ou psychiatriques) de ceux qui les entretiennent. La question de savoir si les maniaco-dépressifs préfèrent les théories des champs est à peu près du même niveau que de se demander si les hommes préfèrent les blondes!

Bibliographie

AGASSI, J., « Towards an Historiography of Science ». *History and Theory* Beiheft 2 (1963).
—, « Scientific Problems and their Roots in Metaphysics ». In *The Critical Approach to Science and Philosophy*, édité par M. Bunge, pp. 189-211, 1964.
AITON, E., *The Vortex Theory of Planetary Motions*. London, 1972.
BARBER, B., « Resistance by Scientists to Scientific Discovery ». *Science* 134 (1961): 596 sv. (Mes références renvoient à la réédition de cet article dans Barber, B., and Hirsch, W., éds. *Sociology of Science*. New York, pp. 539 sv., 1962).
BARTLEY, W., « Theories of Demarcation between Science and Metaphysics ». In *Problems in the Philosophy of Science*, édité par Lakatos and Musgrave, pp. 46-64. Amsterdam, 1968.
BECKMAN, T., « On the Use of Historical Examples in Agassi's 'Sensationalism' ». *Stud. Hist. Phil. Sci.* 1 (1971): 293.
BEN-DAVID, J., *The Scientist's Role in Society*. Englewood Cliffs, New Jersey, 1971.
BERZELIUS, J., « Essay on the Cause of Chemical Proportions », *Ann. Phil.* 2 (1813): 443 sv.
—, « An Address to those Chemists Who Wish to Examine the Laws of Chemical Proportions ». *Ann. Phil.* 5 (1815): 122 sv.
BORING, E., « The Dual Role of the *Zeitgeist* in Scientific Creativity ». In *The Validation of Scientific Theories*, édité par P. Frank, pp. 187 sv. New York, 1961.
BROOKE, J., « Organic Synthesis and the Unification of Chemistry — a Reappraisal ». *Brit. J. Hist. Sci.* 5 (1970-71): 363 sv.
BROWN, T., *The Mechanical Philosophy and the Animal Oeconomy*. Thèse de doctorat, Princeton University, 1968.
—, « The Electric Current in Early 19th-century French Physics ». *Hist. Stud. in the Phy. Sci.* 1 (1969): 61 sv.
—, « The College of Physicians and the Acceptance of Iatro-Mechanism in England, 1665-1695 ». *Bull. of the History of Medicine* 44 (1970): 12 sv.

BRUSH, S., «A History of Random Process. I. Brownian Movement from Brown to Perrin». *Archive for History of Exact Sciences* 5 (1968-69): 1-36.
BUCHDAHL, G., «Sources of Skepticism in Atomic Theory». *Brit. J. Phil. Sci.* 10 (1959): 120-34.
—, *Metaphysics and Philosophy of Science*. London, 1969.
—, «History of Science and Criteria of Choice». In *Historical and Philosophical Perspectives of Science*, édité par R. Stuewer, pp. 204 sv. Mineapolis, 1970.
—, «Methodological Aspects of Kepler's Theory of Refraction». *Stud. Hist. Phil. Sci.* 3 (1972): 265 sv.
BUNGE, M., *Scientific Research*. 2 v. Berlin, 1967.
BUTTS, R., «Consilience of Inductions and the Problem of Conceptual Change in Science», In *Logic, Laws and Life, Pittsburgh Series in Philosophy of Science 6*, édité par R. Colodny (1977).
CANTOR, G., «The Changing Role of Young's Ether». *Brit. J. Hist. Sci.* 5 (1970-71): 44 sv.
—, «Henry Brougham and the Scottish Methodological Tradition». *Stud. Hist. Phil. Sci.* 2 (1971): 68 sv.
—, «The Edinburgh Phrenology Debate: 1803-1828». *Annals of Science* 32 (1975a): 195 sv.
—, «A Critique of Shapin's Social Interpretation of the Edinburgh Phrenology Debate». *Annals of Science* 32 (1975b): 245 sv.
CARNAP, R., *Logical Foundations of Probability*. 2e éd. Chicago, 1962.
COHEN, I.B., «History and the Philosopher of Science». In *The Structure of Scientific Theories*, édité par F. Suppe, pp. 308 sv. Urbana, 1974.
COLLINGWOOD, R.G., *Autobiography*, Oxford, 1939.
—, *The Idea of History*. New York, 1956.
COSTABEL, P., *Leibniz and Dynamics: the Texts of 1692*. Ithaca, New York, 1973.
CULOTTA, C., «German Biophysics, Objective Knowledge, and Romanticism». *Historical Studies in the Physical Sciences*, 4 (1974): 3 sv.
DUHEM, P., *La théorie physique, son objet, sa structure*, 2e éd., Paris, 1914.
DURKHEIM, E., *Les formes élémentaires de la vie religieuse*, 2e éd., Paris, 1925.
ELKANA, Y., *The Discovery of the Conservation of Energy*. London, 1974.
ELLEGARD, A., «The Darwinian Theory and 19th-Century Philosophies of Science», *J. Hist. Ideas* 18 (1957): 360 sv.
ERIKSSON, B., *Problems of an Empirical Sociology of Knowledge*. Uppsala, 1975.
FARADAY, M., «An Answer to Dr. Hare's Letter on Certain Theoretical Opinions». *Phil. Mag.* 17 (1840): 54-65.
FARLEY, J., «The Spontaneous Generation Controversy, I & II». *J. Hist. Bio.* 5 (1972): 95 sv., 285 sv.
FEYERABEND, P., «Problems of Empiricism». In *Beyond the Edge of Certainty*, édité par R. Colodny, pp. 145-260. Englewood Cliffs, New Jersey, 1965.
—, «Problems of Empiricism, II». In *The Nature and Function of Scientific Theory*, édité par R. Colodny. Pittsburgh, 1970a.
—, «Against Method». In *Minnesota Studies in the Philosophy of Science*, vol. 4. Minneapolis, 1970b.
—, «Consolations for the Specialist», in *Criticism and the Growth of Knowledge*, édité par Lakatos and Musgrave, pp. 197 sv. Cambridge, 1970c.
—, *Against Method*. London, 1975.
—, *Contre la méthode: esquisse d'une théorie anarchiste de la connaissance*. (Traduction du précédent). Paris, 1979.
FISCHER, D., *Historians' Fallacies: Toward a Logic of Historical Thought*. New York, 1970.

FORMAN, P., «Weimar Culture, Causality, and Quantum Theory, 1918-1927: Adaptation by German Physicists and Mathematicians to a Hostile Intellectual Environment». *Historical Studies in the Physical Sciences* 3 (1971): 1 sv.
FOUCAULT, M., *Les mots et les choses*. Paris, 1966.
FOX, R., «The Rise and Fall of Laplacian Physics». *Historical Studies in the Physical Sciences* 4 (1974): 89 sv.
FRANK, P., «The Variety of Reasons for the Acceptance of Scientific Theories». In *The Validation of Scientific Theories*, édité par P. Frank, pp. 13 sv. New York, 1961.
GHISELIN, M., *The Triumph of the Darwinian Method*. Berkeley, 1969.
GIERE, R., «History and Philosophy of Science: Intimate Relationship or Marriage of Convenience?» *Brit. J. Phil. Sci.* 24 (1973): 282-97.
GILLISPIE, C., *The Edge of Objectivity*. Princeton, 1960.
GILSON, E., *Etudes sur le rôle de la pensée médiévale*. Paris, 1951.
GOLDBERG, S., «Poincaré's Silence and Einstein's Relativity». *Brit. J. Hist. Sci.* 5 (1970-71): 73 sv.
GRÜNBAUM, A., «The Duhemian Argument», *Phil. of Sci.* 11 (1960): 75-87.
—, «The Special Theory of Relativity as a Case Study of the Importance of Philosophy of Science for the History of Science». In *Philosophy of Science*, vol. I, édité par B. Baumrin. New York, 1963.
—, «Can We Ascertain the Falsity of a Scientific Hypothesis», *Studium Generale* 22 (1969): 1061-93.
—, *Philosophical Problems of Space and Time*. 2ᵉ éd. Dordrecht, 1973.
—, «Can a Theory Answer More Questions than One of Its Rivals?» *Brit. J. Phil. Sci.* 27 (1967a): 1 sv.
—, «*Ad Hoc* Auxiliary Hypotheses and Falsificationism». *Brit. J. Phil. Sci.* 27 (1976b).
GRÜNWALD, E., *Das Problem einer Soziologie des Wissens*. Wien, 1934.
HARE, R., «A Letter to Prof. Faraday on Certain Theoretical Opinions». *Phil. Mag.* 17 (1840): 44-54.
HARRIS, E., *Hypothesis and Perception*. London, 1970.
HEIMANN, P., «Maxwell and the Modes of Consistent Representation». *Archive for History of Exact Sciences* 6 (1969-70): 171 sv.
HESSEN, B., *The Social and Economic Roots of Newton's «Principia»*. New York, 1971.
HODGE, M.J.S.P.H.D., «Lamarck's Science of Living Bodies». *Brit. J. Hist. Sci.* 5 (1970-71): 323 sv.
—, «The Universal Gestation of Nature: Chambers' *Vestiges* and *Explanations*». *J. Hist. Bio.* 5 (1972): 127 sv.
—, «Methodological Issues in the Darwinian Controversy» (à paraître).
HOLTON, G., *Thematic Origins of Scientific Thought*. Cambridge, Mass., 1973.
—, *L'invention scientifique. Themata et interprétation*. (Traduction du précédent), Paris, 1982.
—, «On the Role of Themata in Scientific Thought». *Science* 188 (1975): 328 sv.
HOME, R., «Francis Hauksbee's Theory of Electricity». *Archive for History of Exact Sciences* 4 (1967-68): 203 sv.
—, «Franklin's Electrical Atmospheres». *Brit. J. Hist. Sci.* 6 (1972-73): 343 sv.
HOOYKAAS, R., *The Principle of Uniformity in Geology, Biology and Theology*. Leiden, 1963.
HULL, D., *Darwin and his Critics*. Cambridge, Mass., 1973.
—, «Central Subjects and Historical Narratives». *History and Theory* 14 (1975): 253 sv.
ILTIS, C., «The Leibnizian-Newtonian Debates: Natural Philosophy and Social Psychology». *Brit. J. Hist. Sci.* 6 (1972-73): 343 sv.
JASPERS, K., *Les grands philosophes*. 3 vol. Paris, 1966, 67, 72.

KING, M., « Reason, Tradition, and the Progressiveness of Science ». *History and Theory* 10 (1971): 3 sv.
KNIGHT, D., *Atoms and Elements*. London, 1970.
KOERTGE, N., « Theory Change in Science ». In *Conceptual Change*, édité par Pearce and Maynard, pp. 167 sv. Dordrecht, 1973.
KOPNIN, P., *et al.*, éds. *Logik der wissenschaflichen Forschung*. Berlin, 1969.
KORCH, H., *Die wissenschaftliche Hypothese*. Berlin, 1972.
KORDIG, C., *The Justification of Scientific Change*. Dordrecht, 1971.
KOYRE, A., « Les origines de la science moderne ». *Diogène*, 16 (1956): 14-42.
KUHN, T., *The Structure of Scientific Revolutions*. Chicago, 1962.
—, *La structure des révolutions scientifiques*. (Traduction du précédent). Paris, 1972.
—, « History of Science ». In *International Encyclopedia of the Social Sciences*, pp. 74-83. New York, 1968.
—, « Logic of Discovery or Psychology of Research? » In *Criticism and the Growth of Knowledge*, édité par Lakatos and Musgrave, pp. 1 sv. Cambridge, 1970.
LAKATOS, I., « Proofs and Refutations ». *B.J.P.S.* 14 (1963): 1-25, 120-39, 221-43, 296-342.
—, « Criticism and the Methodology of Scientific Research Programmes ». *Proc. Aristotelian Soc.* 69 (1968a): 149 sv.
—, « Changes in the Problem of Inductive Logic ». In *The Problem of Inductive Logic*, édité par I. Lakatos, pp. 315-417. New York, 1968b.
—, « Falsification and the Methodology of Scientific Research Programmes ». In *Criticism and the Growth of Knowledge*, édité par Lakatos and Musgrave, pp. 91 sv. Cambridge, 1970.
—, « History of Science and its Rational Reconstructions ». In *Boston Studies in the Philosophy of Science*, vol. 8, édité par R. Buck and R. Cohen, pp. 91 sv., 1971.
LAKATOS, I. et ZAHAR, E., « Why did Copernicus' Research Program Supercede Ptolemy's? ». In *The Copernican Achievement*, édité par R. Westman, pp. 354 sv. Berkeley, 1975.
LAUDAN, L., « Grünbaum on the 'Duhemian Argument' ». *Philosophy of Science* 32 (1965): 295 sv. (Repris dans S. Harding, éd. *Can Theories Be Refuted?* Dordrecht, 1976).
—, « Thomas Reid and the Newtonian Turn of British Methodological Thought ». In *The Methodological Heritage of Newton*, édité par Butts and Davis, pp. 103 sv. Toronto, 1970.
—, « C. S. Peirce and the Trivialization of the Self-Corrective Thesis ». In *Foundations of Scientific Method in the 19th Century*, édité par R. Giere et R. Westfall, pp. 275 sv. Bloomington, 1973a.
—, « G. L. Le Sage: a case Study in the Interaction of Physics and Philosophy ». In *Logic, Methodology and Philosophy of Science-IV*, édité par P. Suppes *et al.*, pp. 429 sv. Amsterdam, 1973b.
—, « The Methodological Foundations of Mach's Opposition to Atomism ». In *Space and Time, Matter and Motion*, édité par P. Machamer et R. Turnbull, pp. 390 sv. Columbus, 1976.
—, « Two Dogmas of Methodology ». *Philosophy of Science* 43 (1976b).
—, « The Sources of Modern Methodology ». In *Logic, Methodology and Philosophy of Science-V*, édité par R. Butts and J. Hintikka, Dordrecht. 1977.
LAUDAN, R., « Ideas and Organizations in British Geology: A Case Study in Institutional History ». Isis 68 (1977): 527-38.
LEPLIN, J., « The Concept of an *Ad Hoc* Hypothesis ». *Stud. Hist. Phil. Sci.* 5 (1975): 309-45.

LUKES, S., «Some Problems about Rationality». *Archives Européennes de Sociologie* 8 (1967): 247 sv.
McEVOY, J., «A 'Revolutionary' Philosophy of Science». *Philosophy of Science* 42 (1975): 49 sv.
McEVOY, J. et McGUIRE, J., «God and Nature: Priestley's Way of Rational Dissent». *Hist. Stud. Phys. Sci.* 5 (1975).
McGUIRE, J., «Atoms and the 'Analogy of Nature'». *Stud. Hist. Phil. Sci.* 1 (1970): 3 sv.
McGUIRE, J.E. et HEIMANN, P., «Newtonian Forces and Lockean Powers». *Hist. Stud. in Phys. Sci.* 3 (1971): 233 sv.
MACHAMER, P., «Feyerabend and Galileo». *Stud. Hist. Phil. Sci.* 4 (1973): 1 sv.
McKIE, D. et PARTINGTON, J., «Historical Studies on the Phlogiston Theory, I-IV». *Annals of Science* 2 (1937): 361 sv. 3 (1938): 1 sv. and 337 sv. 4 (1939): 113 sv.
McMULLIN, E., «The History and Philosophy of Science: a Taxonomy». In *Historical and Philosophical Perspectives of Science*, édité par R. Stuewer, p. 12 sv. Minneapolis, 1970.
MANNHEIM, K., *Ideology and Utopia*. London, 1936.
—, *Idéologie et utopie*. (Traduction du précédent). Paris, 1956.
—, *Essays on the Sociology of Knowledge*. London, 1952.
MARTIN, E., *Histoire des monstres depuis l'antiquité jusqu'à nos jours*. Paris, 1880.
MASTERMAN, M., «The Nature of a Paradigm». In *Criticism and the Growth of Knowledge*, édité par Lakatos and Musgrave, pp. 59 sv. Cambridge, 1970.
MAXWELL, A., «A Critique of Popper's Views on Scientific Method.». *Phil. Sci.* 39 (1972): 31-52.
MERTON, R., *Social Theory and Social Structure*. Chicago, 1949.
—, *Eléments de théorie et de méthode sociologique*. (Traduction du précédent). Paris, 1953.
—, *Science, Technology and Society in 17th-century England*. New York, 1970.
MITTELSTRASS, J., «Methodological Elements of Keplerian Astronomy». *Stud. Hist. Phil. Sci.* 3 (1972): 203 sv.
—, *Die Möglichkeit von Wissenschaft*. Frankfurt am Main, 1974.
MITROFF, I., *The Subjective Side of Science*. Amsterdam, 1974.
MUTSCHALOW, I., «Das Problem als Kategorie der Logik der wissenschaftlichen Erkenntnis». *Voprosy Filosofii* 11 (1964): 27-36.
NELSON, L., «What is the History of Philosophy?» *Ratio*, 1962.
NEURATH, O., «Pseudorationalismus der Falsifikation». *Erkenntnis* 5 (1935): 353-65.
NYE, M.J., *Molecular Reality*, London, 1972.
—, «Gustave LeBon's Black Light: a Study in Physics and Philosophy in France at the Turn of the Century». *Hist. Stud. in the Phys. Sci.* 4 (1974): 163 sv.
OLSON, R., *Scottish Philosophy and British Physics, 1750-1880*. Princeton, 1975.
ORESME, N., *A Treatise on the Uniformity and Difformity of Intensities*. Edited by M. Clagett. Madison, Wisconsin, 1968.
PEPPER, S., «On the Cognitive Value of World Hypotheses». *Journal of Philosophy* 33 (1936): 575-77.
POPKIN, R., *The History of Scepticism from Erasmus to Descartes*. Assen, 1960.
POPPER, K., *The Logic of Scientific Discovery*. London, 1959.
—, *La logique de la découverte scientifique*. (Traduction du précédent). Paris, 1973.
—, *Conjectures and Refutations*. London, 1963.
—, *Conjectures et Réfutations*. (Traduction du précédent). Paris, 1985.
—, *Objective Knowledge*. Oxford, 1972.
—, *La connaissance objective*. (Traduction du précédent). Bruxelles, 1982.

—, «The Rationality of Scientific Revolutions». In *Problems of Scientific Revolution*, édité par R. Harré, pp. 72-101. Oxford, 1975.
POST, H., «Correspondence, Invariance and Heuristics». *Stud. Hist. Phil. Sci.* 2 (1971): 213 sv.
QUINE, W., *From a Logical Point of View*. Cambridge, Mass., 1953.
RESCHER, N., *Methodological Pragmatism*. Oxford, 1977.
RICHTER, M., *Science as a Cultural Process*. New York, 1973.
ROGER, J., *Les sciences de la vie dans la pensée française du XVIII siècle*. Paris, 1963.
RUDWICK, M., «Uniformity and Progression». In *Perspectives in the History of Science and Technology*, édité par D. Roller, pp. 209 sv. Norman, Oklahoma, 1971.
SABRA, A., *Theories of Light from Descartes to Newton*. London, 1967.
SALMON, W., «Baye's Theorem and the History of Science». In *Historical and Philosophical Perspectives of Science*, édité par R. Stuewer, pp. 68 sv. Minneapolis, 1970.
SCHAFFNER, K., «Outlines of a Logic of Comparative Theory Evaluation». In *Historical and Philosophical Perspectives of Science*, édité par R. Stuewer, pp. 311 sv. Minneapolis, 1970.
—, *Nineteenth-century Aether Theories*. Oxford, 1972.
—, «Einstein vs. Lorentz». *Brit. J. Phil. Sci.* 25 (1974): 45-78.
SCHAGRIN, M., «Resistance to Ohm's Law». *Amer. J. of Phys.* 31 (1963): 536-47.
SCHEFFLER, I., *Science and Subjectivity*. Indianapolis, 1967.
SCHOFIELD, R., *Mechanism and Materialism*. Princeton, 1970.
SHAPERE, D., «The Structure of Scientific Revolutions». *Phil. Rev.* 73 (1964): 383-94.
—, «Meaning and Scientific Change». In *Mind and Cosmos*, édité par R. Colodny, pp. 41 sv. Pittsburgh, 1966.
SHAPIN, S., «Phrenological Knowledge and the Social Structure of Early 19th-century Edinburgh». *Annals of Science* 32 (1975): 219 sv.
SHAPIRO, A., «Kinematic Optics: A Study of the Wave Theory of Light in the 17th-century». *Archive for History of Exact Sciences* 11 (1973): 134 sv.
SHARIKOW, W., «Das wissenschaftliche problem». In *Logik der wissenschaftlichen Forschung*, édité par P. Koptin *et al.* Berlin, 1972.
SIMON, H., «Scientific Discovery and the Psychology of Problem Solving». In *Mind and Cosmos*, édité par R. Colodny, pp. 22 sv. Pittsburgh, 1966.
SKINNER, Q., «Meaning and Understanding in the History of Ideas». *History and Theory* 8 (1969): 3 sv.
SLOAN, P., «John Locke, John Ray and the Problem of the Natural System». *J. Hist. Biol.* 5 (1972): 1 sv.
STALLO, J., *Concepts and Theories of Modern Physics*. Cambridge, Mass., 1960.
STEGMÜLLER, W., «Theoriendynamik...», *Theorie der Wissenschaftgeschichte*, édité par W. Diederich, Frankfrut am Main, pp. 167 sv.
SUPPE, F., ed. *The Structure of Scientific Theories*. Urbana, 1974.
THACKRAY, A., «Has the Present Past a Future?» In *Historical and Philosophical Perspectives of Science*, édité par R. Stuewer. Minneapolis, 1970.
TÖRNEBOHM, H., «The Growth of a Theoretical Model». In *Physics. Logic and History*. London, 1970.
TOULMIN, S., «Does the Distinction between Normal and Revolutionary Science Hold Water?» In *Criticism and the Growth of Knowledge*, édité par I. Lakatos et A. Musgrave, pp. 39 sv. Cambridge, 1970.
TRUESDELL, C., *Essays in the History of Mechanics*. New York, 1968.
VARTANIAN, A., «Trembley's Polyp, La Mettrie, and 18th-Century French Materialism». In *Roots of Scientific Thought*, édité par P. Wiener et A. Noland, pp. 497 sv. New York, 1957.
VINER, J., «Adam Smith and laissez faire». In *Adam Smith, 1776-1926*. Chicago, 1928.

WATKINS, J., «Influential and Confirmable Metaphysics». *Mind*, N.S. 67 (1958): 344-65.
WATSON, R., *The Downfall of Cartesianism: 1673-1712*. The Hague, 1966.
WHEWELL, W., *The Philosophy of Inductive Sciences, Founded upon their History*, 2v., London, 1840.
—, *On the Philosophy of Discovery*. London, 1860.
WINCH, P., «Understanding a Primitive Society». *Amer. Phil. Quart.* 1 (1964): 307 sv.
WITTICH, D., *et al.*, éds. *Problemstruktur und Problemverhalten in der wissenschaftlichen Forschung*. Rostock, 1966.
ZAHAR, E., «Why did Einstein's Programme Supersede Lorentz's? I, II» *Brit. J. Phil. Sci.* 24 (1973): 95 sv., 223 sv.

Index des noms propres

Agassi, 162, 169, 173, 241, 242
Aiton, 239
Ampère, 98, 117
Aquin, Thomas d', 109, 140
Aristote, 21, 22, 44, 45, 68, 72, 74, 110, 123, 140, 165, 218

Bacon, 45, 46, 76, 185, 190, 211, 228
Barber, 211, 212, 246
Barrow, 151
Beckman, 242
Ben-David, 222, 247
Bergson, 244
Berkeley, 64, 143
Bernard, 74
Bernoulli, 45, 111, 116, 143
Berzelius, 50, 238, 240
Biot, 117, 232
Black, 97
Boerhaave, 97
Bohr, 86, 174, 187, 235
Boltzmann, 98
Borelli, 97
Boring, 114
Boscovich, 116, 143
Boyle, 59, 99, 185, 221, 222
Brewster, 39
Brongniart, 39
Brooke, 234

Brown, R., 39, 232
Brown, T., 217-220, 236, 237, 246, 247
Brush, 232
Buchdahl, 78, 233, 234
Buffon, 234
Butts, 234

Cantor, 234
Carnap, 23, 65, 231
Carnot, 43, 103-105, 107
Chambers, 243
Charleton, 220
Clapeyron, 107
Clarke, 78
Clausius, 23, 107
Cohen, 242
Collingwood, 65, 131, 153-156, 183, 188, 191, 240, 244
Comte, 234
Condorcet, 153
Conybeare, 232
Copernic, 41, 64, 65, 72, 121, 123, 148, 221, 233, 235
Costabel, 239.
Cotes, 78, 234
Cramer, 40
Culotta, 234
Cuvier, 155

Dalton, 123, 124, 127, 156, 238
Darwin, 22, 53, 64, 79, 89, 92, 109, 113, 127, 144, 145, 148, 211, 221, 233, 234
Democrite, 187
Descartes, 44, 48, 53, 55, 65, 69, 74, 89, 93, 94, 95, 98, 100, 101, 102, 104, 107, 109, 110, 111, 113-116, 127, 136, 147, 151, 152, 171, 181, 182, 185, 221, 236, 242, 243
Dilthey, 188
Duhem, 46, 59-62, 129, 153, 187, 232-235
Dujardin, 39
Durkheim, 215-217, 246

Eddington, 42
Einstein, 39, 42, 53, 86, 102, 136, 147, 148, 231
Elkana, 247
Ellegard, 234
Engels, 181
Euclide, 206
Eudoxe, 68
Euler, 143

Faraday, 67, 101, 111, 186, 234
Feuerbach, 116
Feyerabend, 22, 24, 65, 81, 88, 120, 121, 124, 148, 150, 155, 162, 173, 187, 231, 235, 238
Fischer, 177
FitzGerald, 127
Forman, 217-220, 237, 246, 247
Foucault, 244
Fourier, 117
Frank, 233
Franklin, 53, 103, 156, 233, 240
Frege, 112
Freud, 22, 64, 86, 92, 109

Galien, 218, 221
Galilée, 43, 44, 48, 52, 72, 75, 106, 122, 123, 170, 221, 241
Ghiselin, 234
Giere, 164, 165, 241
Gillispie, 241
Gilson, 181, 243
Grosseteste, 140
Grünbaum, 45, 91, 124-125, 162, 233, 235-238, 241
Grünwald, 205, 245

Hales, 105
Hanson, 81, 148, 150, 162, 187
Hare, 67, 234
Harris, 240
Hartley, 76, 99, 143
Hegel, 116, 204, 243
Heimann, 78, 234, 239
Heisenberg, 220
Hertz, 99, 101
Hessen, 222, 247
Hintikka, 23, 231
Hippocrate, 74
Hobbes, 95, 151, 185, 186
Hodge, 234, 243
Holton, 187, 244
Home, 233, 240
Hooke, 95, 151
Hooykaas, 234
Hull, 234, 237
Hume, 182
Hutchinson, 143
Hutton, 78, 116, 152, 155, 236
Huygens, 44, 64, 77, 80, 95, 98, 101, 102, 107, 110, 143, 151, 156, 236

Iltis, 236

Jaspers, 243

Kant, 78, 143, 185
Kelvin, *voir* Thomson
Kepler, 48, 54
Knight, 234
Koertge, 235, 240
Kordig, 240
Koyré, 75, 234
Kramers, 86
Kuhn, 21-24, 55, 56, 65, 81, 87-92, 109, 111, 112, 120, 121, 124, 141-144, 146, 148-150, 152, 154, 156-158, 162, 177, 180, 210, 211, 218-219, 231, 232-238, 239, 240, 241, 243, 245-247

Lakatos, 23, 45, 65, 81, 87, 90-92, 104, 109, 111, 112, 124, 126, 128, 138, 154-158, 161, 162, 168, 173-175, 195, 231-233, 235-245
Lamarck, 148, 221, 243
Lambert, 76, 143
La Mettrie, 40
Laudan, L., 233, 234, 236, 239, 241, 244
Laudan, R., 234

Lavoisier, 44, 107, 238
Leibniz, 64, 77, 78, 80, 101, 102, 116, 143, 185, 187, 236, 237
Lénine, 221
Leplin, 238
Le Sage, 76, 143
Locke, 64, 76, 181, 188
Lorentz, 126, 127, 235
Lovejoy, 186, 187
Lukes, 239
Lyell, 94, 143-145, 155, 221, 234, 236
Lyonnet, 40
Lyssenko, 79

McEvoy, 234, 242
McGuire, 78, 234, 239
Mach, 67, 74, 112
Machamer, 242
McKie, 236
McMullin, 162, 242
Malebranche, 185
Mannheim, 201, 206, 212, 214-216, 222-224, 245-247
Margenau, 240
Martin, 232
Marx, 22, 79, 86, 92-94, 111, 113, 116, 141, 170, 184, 204, 221, 222
Masterman, 235
Maupertuis, 116, 143
Maxwell, A., 239
Maxwell, J., 86, 99, 101, 107, 127, 234, 246
Mendel, 54, 79
Mersenne, 221
Merton, 206, 222, 223, 245-247
Michelson, 52, 101
Mill, 45, 182, 185, 213
Molland, 232
Morgan, 201
Morley, 52, 101
Musgrave, 235

Nelson, 182, 183, 244
Neurath, 46, 232
Newton, 22, 42-45, 48, 49, 53, 64, 65, 67, 69, 74-78, 80, 89, 94, 95, 98, 101, 102, 105, 107, 109, 111-116, 127, 136, 143, 145, 147-149, 151-153, 156, 165, 171, 184-186, 188, 193, 221, 222, 234, 236, 241
Nye, 232

Olson, 234
Oresme, 232

Parménide, 135
Partington, 236
Pasteur, 106
Peirce, 135, 153, 185, 227
Perrin, 39
Pitcairn, 97
Planck, 107, 187
Platon, 21, 69, 135, 187
Playfair, 236
Poisson, 117
Popkin, 181, 243
Popper, 23, 24, 29, 45, 46, 55, 65, 91, 124, 126, 135, 138, 144, 154, 155, 231, 232, 233, 235, 238, 239, 242, 244
Post, 154, 240
Priestley, 78, 234, 237, 238
Prout, 50, 174
Ptolémée, 44, 63, 64, 65, 68, 69, 123, 127, 133, 148

Quine, 46, 148, 187, 232

Rayleigh, *voir* Strutt
Régis, 95
Reichenbach, 23, 65, 135, 154
Richter, 211, 217, 223, 246, 247
Roger, 234
Rohault, 95
Rumford, *voir* Thompson

Sabra, 234, 236
Salmon, 23, 63
Schaffner, 128, 236, 238
Scheffler, 138, 239
Scheler, 217, 245
Schofield, 115, 237
Shapere, 88, 235, 240
Shapin, 246, 247
Shapiro, 236
Simon, 31
Skinner, B., 64, 188
Skinner, Q., 243, 244
Slater, 86
Smith, 116, 234
Sorokin, 217
Spengler, 218
Stahl, 109
Stallo, 67, 234
Stegmüller, 154

Strutt, 57
Suppe, 240, 241

Tarski, 91
Teilhard, 244
Thackray, 247
Thomas d'Aquin, 109, 140
Thompson, 97, 156
Thomson, 73, 246
Törnebohm, 242
Toulmin, 85, 162
Trembley, 39, 40
Truesdell, 239

van der Waals, 45

Vartanian, 40, 232
Viner, 234

Watkins, 235
Watson, 242, 243
Weber, 221, 245
Wegener, 86
Werner, 152
Whewell, 68, 153, 162, 185, 234
Winch, 239
Wolff, 80

Young, 44, 101, 234

Zahar, 126, 128, 235, 238, 239

Table des matières

Préface: Le savoir en question 7

Avant-propos 19

Prologue 21

Première partie: Un modèle du progrès scientifique

1. Le rôle des problèmes empiriques 31

   La nature des problèmes scientifiques — Les problèmes empiriques — Les types de problèmes empiriques — Le statut des problèmes non résolus — La nature des problèmes résolus — Le rôle spécial des anomalies — La conversion des anomalies en problèmes résolus — La pondération des problèmes empiriques — Les ensembles de théories et les problèmes scientifiques

2. Les problèmes conceptuels 63

   La nature des problèmes conceptuels — Les sources des problèmes conceptuels — L'évaluation du poids relatif des problèmes conceptuels — Sommaire et résumé

3. Des théories aux traditions de recherche 85

   La théorie des «paradigmes» scientifiques de Kuhn — La théorie des «programmes de recherché» de Lakatos — La nature des traditions de recherche — Théories et traditions de recherche — Peut-on séparer une théorie de sa tradition de recherche? — L'évolution des traditions de recherche — Traditions de recherche et changements des conceptions du monde — L'intégration des traditions de recherche — Les traditions de recherche «non standard» — L'évaluation des traditions de recherche — Hypothèses ad hoc et évolution des traditions de recherche — Retour aux anomalies — Sommaire: une caractérisation générale du changement scientifique

4. Progrès et révolution 131

Progrès et rationalité scientifique — Les révolutions scientifiques — Révolution, continuité et commensurabilité — Le progrès non cumulatif — En défense de la science immature.

Deuxième partie: Applications

5. Histoire et philosophie des sciences 161

Le rôle de l'histoire dans la philosophie des sciences — Le rôle des normes dans l'histoire des sciences — L'évaluation rationnelle et la «reconstruction rationnelle»

6. L'histoire des idées 177

Autonomie des disciplines et histoire des idées — Les idées et les problèmes qui forment leur contexte — Les buts et les moyens de l'histoire intellectuelle — La solution de problèmes et les traditions de recherche non scientifiques — La nécessité de l'histoire dans l'évaluation des théories

7. Rationalité et sociologie de la connaissance 201

Le domaine de la sociologie cognitive — Les fondements théoriques de la sociologie cognitive — Conclusion

Epilogue: Au-delà de la vérité et de la pratique 227

Notes 231

Bibliographie 249

Index des noms propres 257

PHILOSOPHIE ET LANGAGE
collection publiée sous la direction de MICHEL MEYER

Ouvrages déjà parus dans la même collection :

ANSCOMBRE / DUCROT : L'argumentation dans la langue

MAINGUENEAU : Genèses du discours

CASEBEER : Hermann Hesse

DOMINICY : La naissance de la grammaire moderne

BORILLO : Informatique pour les Sciences de l'homme

ISER : L'acte de lecture

HEYNDELS : La pensée fragmentée

SHERIDAN : Discours, sexualité et pouvoir (Michel Foucault)

MEYER : De la problématologie

PARRET : Les passions

VERNANT : Introduction à la philosophie de la logique

COMMETTI : Musil

MARTIN : Langage et croyance

KREMER-MARIETTI : Les racines philosophiques de la science moderne

GELVEN : *Etre et temps* de Heidegger

LAUDAN : Dynamique de la science

A paraître :

ROSEN : Philosophie et crise des valeurs contemporaines

HAARSCHER : La raison du plus fort

LATRAVERSE : La Pragmatique. Histoire et critique

LARUELLE : Théorie de la décision philosophique

AUROUX : Histoire des idées linguistiques